ECONOMICS & MANAGEMENT

高等学校经济管理类主干课程教材

电子商务系列

Introduction to Electronic Commerce

电子商务概论

▸▸程絮森　杨　波　王刊良　编著

中国人民大学出版社

· 北京 ·

图书在版编目（CIP）数据

电子商务概论 / 程絮森，杨波，王刊良编著. --北京：中国人民大学出版社，2022.6
高等学校经济管理类主干课程教材．电子商务系列
ISBN 978-7-300-30620-9

Ⅰ.①电… Ⅱ.①程… ②杨… ③王… Ⅲ.①电子商务－高等学校－教材 Ⅳ.①F713.36

中国版本图书馆 CIP 数据核字（2022）第 086370 号

高等学校经济管理类主干课程教材·电子商务系列
电子商务概论
程絮森　杨　波　王刊良　编著
Dianzi Shangwu Gailun

出版发行	中国人民大学出版社		
社　　址	北京中关村大街 31 号	**邮政编码**	100080
电　　话	010－62511242（总编室）		010－62511770（质管部）
	010－82501766（邮购部）		010－62514148（门市部）
	010－62515195（发行公司）		010－62515275（盗版举报）
网　　址	http://www.crup.com.cn		
经　　销	新华书店		
印　　刷	北京密兴印刷有限公司		
开　　本	787 mm×1092 mm　1/16	**版　　次**	2022 年 6 月第 1 版
印　　张	14.75 插页 1	**印　　次**	2024 年 1 月第 2 次印刷
字　　数	325 000	**定　　价**	38.00 元

前　言

党的二十大报告明确指出，加快发展数字经济，促进数字经济和实体经济深度融合，打造具有国际竞争力的数字产业集群。电子商务作为数字经济和数字化转型的有力抓手，对我国数字经济发展与壮大发挥着至关重要的作用。近年来，电子商务快速发展，为社会各个领域的发展创新指明了新方向。不少行业在电子商务的助力下都焕发出新活力，并涌现出一批新型商业模式，如共享经济、电子竞技、互联网医疗、智慧城市和新零售等。与此同时，5G、人工智能、区块链等新型数字技术的出现进一步将电子商务的发展推向高峰。21 世纪的电子商务已不同于以往的电子商务，新时代赋予电子商务新内涵、新模式和新业态，新技术赋能电子商务发展新方向、新领域、新场景。与此同时，全社会也对电子商务人才提出了新要求和新标准，培养出符合企业发展要求的应用型电子商务人才，是时代的呼唤，也是经济社会发展的必然要求，这也给高校电子商务人才的培养和教育带来了挑战。

为突破现有电子商务教材知识陈旧、案例过时的桎梏，本教材针对当前电子商务发展现状，从电子商务的内涵、模式、案例的多视角开展教学，融合理论知识和实践内容，旨在培养学生对新时代电子商务的认知能力和实践技能。本教材内容既包括电子商务概述、商业模式、理论基础、商务基础等基础理论知识，又包括电子商务技术基础、电子商务隐私与安全等基本内容，还涵盖了电子商务法律、电子商务支付、电子商务物流和新型电子商务模式等应用内容。本教材能为电子商务专业高职、本科及研究生教育，以及涉及电子商务课程的相关专业提供教学内容。

习近平总书记在中国人民大学考察时提出，加快构建中国特色哲学社会科学，归根结底是建构中国自主的知识体系。本教材的特色在于扎根中国本土化电子商务发展，所用案例均为中国特色的本土案例，立足电子商务的中国实际，探讨与解决电子商务的中国问题，积极推动中国特色的知识创新，关注新时代中国电子商务发展新动向，致力于让世界更好地读懂中国的电子商务。

本教材除了注重电子商务基础知识的介绍，还囊括了电子商务领域新型商业模式的新发展。本教材紧密结合中国电子商务发展实际，注重与时俱进，能够有效解决现有教材陈旧、知识老化、案例过时等问题，具有理论创新、知识系统、内容充实、案例新颖等特点，并具有浓厚的中国新时代特色。此外，本书全面、系统、清晰地阐述了当今中国电子商务专业人才培养的各类需求，课程思政特色明显，能够满足各层次电子商务课程的系统化教学需要，通过理论及案例的贯穿提高学生对电子商务的认知和实践技能。本教材重印版本中以二十大报告的精神为指导，增加了与党的二十大报告相关的内容。同时，我们也在积极的准备第 2 版的修订工作，更多的增加课程思政内容，更加深度融入党的二十大报告的精神。

中国人民大学信息学院教授程絮森负责起草本教材大纲和全书统稿、定稿工作；中国人民大学信息学院案例中心主任杨波提供和修正了书内案例；中国人民大学商学院教授王刊良对部分章节的修改和补充提供了众多宝贵意见；张晓萍、王天姿、黄晓雯、关云天、薛童、许玥、胡越、唐君林也参与了教材资料编审和校对工作。电子商务发展日新月异，本书难免有疏漏之处，还请各位专家、同行、读者批评指正。

程絮森

目 录

第一章 电子商务概述 …… 1
1.1 电子商务概述 …… 2
1.2 电子商务的产生与发展历程 …… 7
1.3 电子商务产生的影响 …… 10
1.4 电子商务的发展现状与趋势 …… 14
思考题 …… 21
练习题 …… 22
第二章 电子商务的商业模式 …… 24
2.1 B2C 电子商务交易模式 …… 25
2.2 C2C 电子商务交易模式 …… 30
2.3 B2B 电子商务交易模式 …… 33
2.4 O2O 电子商务交易模式 …… 38
思考题 …… 42
练习题 …… 43
第三章 电子商务的理论基础 …… 45
3.1 电子商务的网络经济学基础 …… 46
3.2 电子商务的信息经济学基础 …… 50
3.3 新兴概念与理论 …… 54
思考题 …… 60
练习题 …… 61
第四章 电子商务的商务基础 …… 63
4.1 国际贸易概述 …… 65
4.2 国际贸易支付 …… 67
4.3 国际物流与物流国际化 …… 72

4.4 交易磋商的电子化 …… 75
4.5 国际货物运输保险 …… 78
思考题 …… 82
练习题 …… 82
第五章 电子商务技术基础 …… 84
5.1 互联网技术基础 …… 85
5.2 Web应用 …… 90
5.3 新型数字化技术 …… 95
思考题 …… 98
练习题 …… 98
第六章 电子商务隐私与安全 …… 100
6.1 电子商务安全概述 …… 101
6.2 电子商务安全管理 …… 105
6.3 电子商务安全技术 …… 109
思考题 …… 113
练习题 …… 114
第七章 电子商务法律 …… 116
7.1 电子商务法概述 …… 117
7.2 电子商务交易法律法规 …… 121
7.3 电子商务消费者权益保护 …… 124
7.4 知识产权保护 …… 128
思考题 …… 133
练习题 …… 133
第八章 电子商务支付 …… 136
8.1 电子支付系统 …… 137
8.2 第三方支付 …… 142
8.3 移动支付 …… 148
8.4 互联网金融 …… 153
8.5 跨境支付 …… 157
思考题 …… 161
练习题 …… 161
第九章 电子商务物流 …… 163
9.1 电子商务物流管理信息系统 …… 164
9.2 电子商务物流模式 …… 169
9.3 电子商务物流信息技术 …… 172
9.4 跨境电子商务物流 …… 178
思考题 …… 182
练习题 …… 183

第十章 新型电子商务模式 …… 185
10.1 移动电子商务 …… 186
10.2 社交电子商务 …… 190
10.3 共享经济 …… 194
10.4 新零售 …… 199
思考题 …… 204
练习题 …… 204
第十一章 电子商务案例 …… 206
11.1 两三事——让每一件衣服都诉说出自己的故事 …… 206
11.2 速途网络——打造中国领先的新媒体生态运营商 …… 210
11.3 从电商平台开店到微信自有平台——农副产品B2C电子商务在中国的探索 …… 215
11.4 敦煌网——打造数字贸易生态体系 …… 219
11.5 易宝支付案例分析 …… 223

参考文献 …… 228

第一章

电子商务概述

案例导入

双十一："光棍节"的狂欢

双十一即每年的 11 月 11 日，是以电子商务为代表的、在全中国范围内兴起的大型购物狂欢日。自 2009 年淘宝提出并举办了第一届双十一活动，每年的 11 月 11 日，以天猫（原淘宝商城）、京东、苏宁易购为代表的大型电子商务网站利用这一天开展大规模的打折促销活动，以吸引消费者，提高平台销售额，逐渐成为我国乃至全球互联网最大规模的商业促销狂欢活动。2021 年双十一综合电子商务平台销售总额为 3 146.28 亿元，共产生 11.58 亿个包裹，平均客单价为 271.8 元，再度突破历史新高。

2009 年，金融危机还未结束，传统商业的遇冷让很多商家将目光投向淘宝这一电子商务平台，淘宝入驻的商家多了起来。天猫这一域名正式开始启用，于是负责人张勇决定策划一个专属于网购用户的活动，以打开销售局面。正值 11 月份，前有十一黄金周，后有圣诞节，是传统商业的销售淡季，在节日最匮乏的时候，要以一个什么样的由头来举办这场活动呢？此时大火的"光棍节"就是一个不错的选择。于是淘宝联合 27 家店铺，开展了五折促销的活动，这也是第一届双十一购物节的情景。这一促销活动让淘宝销售额呈现爆炸式增长，最终实现了 5 000 万元的销售额，在当时，这个成绩已经足够令人震惊。从此，每年的 11 月 11 日被固定为双十一购物节，举办的平台和参加的商家不断增多，逐渐成为电子商务领域统一的年度狂欢。

双十一购物狂欢活动从线上电商开始，由淘宝首创，而后京东、苏宁易购等电子商务平台也纷纷加入双十一的战场，推出自己的促销活动。时至今日，双十一购物节早已不再限于电子商务平台，甚至不再拘泥于线上，它已经成为一种全行业全品类的固定进行促销活动的节日。当然，除了双十一外，电子商务平台还推出了"六一八"

"双十二""女王节"等众多购物促销活动日，它们同双十一一样，用高涨的销售额展示着我国电子商务的蓬勃发展。

13年来，随着电子商务不断向前发展，新的商业模式不断涌现，双十一购物节也始终在创新其营销内容和活动玩法。2021年10月20日，头部淘宝主播李佳琦直播间预售销售额超过100亿元，电子商务进入了直播电商的新发展阶段。

思考题

1. 相比传统的节日促销，为什么双十一购物节有如此大的反响?
2. 了解双十一这13年的发展历程，谈谈电子商务在发展过程中进行了哪些创新。

1.1 电子商务概述

1.1.1 电子商务的概念

电子商务（electronic commerce）是20世纪信息化和网络化的产物。从本质上讲，电子商务是人类追求商务交易效率，促使商务活动无纸化和信息化的必然结果，是一种新型经济形态。随着信息技术的迅猛发展，电子商务活动已演变为一种基于信息技术进行经济活动的网络经济。

电子商务指在互联网上进行的商务活动。电子商务内容包含两个方面，一是电子方式；二是商务活动。其中，电子解决怎么做的问题，商务解决做什么的问题。从狭义上讲，电子商务特指利用电子化手段进行的线上商务交易活动，涉及企业与企业之间和企业与消费者个人之间的商务交易，是各方交易主体借助计算机网络技术进行的商务活动，亦称为电子交易，包括电子商情、电子合同签订、电子广告、电子购物、电子支付、电子转账、电子交易、电子结算、电子银行等不同层次的电子商务活动。从广义上讲，电子商务涉及社会各种行业领域、各种业务的电子化和网络化，亦称为电子业务，包括电子商务、电子军务、电子教务、电子政务、电子公务、电子医务、电子事务、电子家务等。

目前，业界尚无全面、统一的电子商务定义，许多社会组织、企业组织和学者根据自己的实践经验提供了自己的观点。

1. 社会组织对电子商务的定义

全球信息基础设施委员会（GIIC）电子商务工作委员会将电子商务定义为：电子商务是运用电子通信等电子化手段进行的经济活动，人们通过这种方式宣传、购买和结算具有经济价值的产品和服务，且不受地理位置和零售渠道的影响。电子商务涉及商业、农业、林业、工业和服务业等多个行业领域，企业、政府机构、社会团体、一般公民都能够参与到该经济活动中。

中国电子商务协会发布的《中国电子商务发展分析报告》将电子商务定义为运用现代通信信息技术、计算机和网络技术进行的一种社会经济形态，其目的在于通过降低社会经营成本、提高社会生产效率、优化社会资源配置，实现社会财富的最大化利用。它建立在全社会"网络就绪"的基础上，利用信息技术实现社会商业模式、管理模式、组织结构的创新与变革，使全社会资源以透明、快捷、互动的方式流动，带来整个社会生产经营活动价值链的改变。

美国政府在《全球电子商务纲要》中指出，电子商务是基于互联网进行的商务活动总和，包括电子广告、电子交易、电子交付、电子服务等活动。

2. 企业组织对电子商务的定义

美国国际商用机器公司（IBM）从企业内部网、企业外部网和电子商务本身三个方面概括了电子商务的概念。它强调网络环境下的商业应用，认为电子商务是将买卖双方、厂商及其合作伙伴在互联网、企业内部网和企业外部网结合起来的应用，只有预先建立良好的企业内部网和信息基础设施及完善的标准，才能扩展到企业外部网，最终拓展到电子商务。

美国通用电气公司（General Electric，GE）将电子商务定义为商业交易的电子化，包括商家与消费者间的电子商务和商家与商家间的电子商务。商家与消费者间的电子商务建立在互联网服务的基础上，实现消费、服务提供和付款方式的电子化；商家与商家间的电子商务以电子数据交换（electronic data interchange，EDI）为核心技术，以增值网和互联网为基础，实现企业间的业务流程如从生产、库存到流通等各环节的电子化。

3. 学者对电子商务的定义

我国专家王可从过程角度将电子商务定义为在计算机与通信网络基础上，利用电子工具实现商业交换和行政作业的全过程。

我国学者鲜军认为电子商务可以从宏观和微观角度两方面进行解读：从宏观上讲，电子商务是通过电子手段建立一个新的经济秩序，它不仅涉及电子技术和商业交易本身，而且涉及诸如金融、税务、教育等社会其他层面。从微观上讲，电子商务指各种具有商业活动能力的实体（生产企业、商贸企业、金融机构、政府机构、个人消费者等），利用网络和先进的数字化传播技术进行的各项商业贸易活动。

美国学者瑞维·卡拉科塔和安德鲁·B. 惠斯顿在其专著《电子商务的前沿》中指出，广义地讲，电子商务是一种现代商业方法。这种方法通过改善产品和服务质量、提高服务传递速度，满足政府组织、厂商和消费者降低成本的需求。

1.1.2 电子商务的基本组成要素

总体而言，电子商务系统的基本组成要素包括网络系统、电子商务用户、安全认证中心、配送中心、商家、网络银行等，如图 1－1 所示。

1. 网络系统

计算机网络系统主要包括互联网（Internet）、企业内部网（Intranet）、企业外部网（Extranet）。其中，互联网是电子商务的基础，是传送商务信息和业务信息的主要载体；企业内部网是互联网技术在企业内部的应用，是企业内部活动的场所；企业外部网是公用互联网和专用内部网之间的桥梁，也是使企业与其他企业或其他客户连接起来完成共同目标的合作网络，被视为企业之间进行商务活动的纽带。

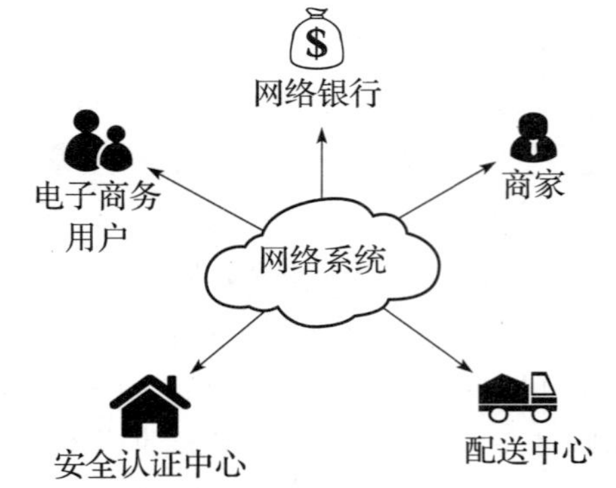

图1-1 电子商务系统基本组成要素

2. 电子商务用户

电子商务用户可以分为个人用户和企业用户。这些用户能利用计算机网络进行一系列的商务活动，如在线搜索、在线浏览、在线购买、在线支付等。

3. 安全认证中心

电子商务安全认证是以电子认证证书（又称数字证书）为核心的加密技术，它以公钥基础设施（PKI）技术为基础，是电子商务的核心环节，通过数据加密解密、数字签名、签名验证等技术，确保网上传递信息的保密性、完整性和不可否认性，保证网络交易的安全性。

4. 配送中心

配送中心属于电子商务物流的范畴，其主要功能是提供配送服务。在物流供应链中，配送中心是一个重要的物流节点，为下游零售商、经销商、客户进行货物配送。具体来讲，配送中心利用流通设施和信息系统平台对货物进行倒装、分类、流通加工、配套、设计运输路线、运输，以实现节约运输成本和保障客户满意的目标。

5. 商家

商家是电子商务中产品所有权的拥有者，可能是企业，也可能是消费者，他们愿意以合理的价格向买方转让商品。

6. 网络银行

网络银行又称在线银行、网上银行，是指银行利用互联网技术向客户提供开户、查询、对账、转账、信贷、网上证券、投资理财等传统金融服务项目的业务，能够在任何时间、任何地点，以任何方式为电子商务交易中的商家和消费者提供付款及收款等金融服务。

1.1.3 电子商务的性质

电子商务象征着一场巨大的商业模式变革，为现代商业的发展指明了新方向。一方面，电子商务冲击了传统商业经营模式；另一方面，它又无法完全摆脱传统商业模式。然而，电子商务作为一种新型经济运作方式，其运作模式、运行平台和管理理念均表现出明显的特征。电子商务的性质可总结为如下几点。

1. 交易商务性

商务性是电子商务最基本的特性。电子商务为买卖双方提供了一种促进高效交易的服务方式、场所和机构。同时，为满足消费者所需提供了一种方便快捷的购物途径，为企业提供了一个遍布世界各地的、广阔的、有巨大潜力的消费群。因此，对任何规模的企业而言，电子商务都是一种机遇。就其商务机遇而言，电子商务能通过拓展海内外市场来增大客户规模，通过构建大型数据库服务器来记录用户访问、销售、购买行为，并基于这些用户行为数据挖掘出个人偏好。一方面，有助于为消费者提供个性化推荐服务；另一方面，为产品的生产、开发提供可靠信息，从而给企业带来无限的机遇，提高整个社会的工作效率。

2. 服务可扩展性

可扩展性是确保电子商务正常运行的基础，体现在对服务对象的开放性。我国互联网用户规模巨大，在用户访问高峰时段，数据传输过程中不时发生用户拥堵，这严重影响用户的互联网使用体验。作为电子商务服务提供者，企业必须考虑扩展用户访问服务器，支持用户高峰期快速访问，降低系统拥堵程度，保证用户高峰期访问的系统稳定性。否则，会使用户体验骤减，造成大量客户流失，给企业利润造成巨大损失。可见，对于电子商务而言，可扩展的系统才是稳定的系统；稳定的系统才能提供优质的客户服务，才能保证电子商务稳定、可持续地发展。

3. 电子集成性

电子集成性指实现新旧资源、人工操作和电子系统处理的有机集成。首先，就新旧资源集成而言，电子商务发展过程中采用了大量新技术，但这并不意味着旧技术的淘汰。企业可以通过互联网技术更新和完善旧技术，更好地集成新旧资源和有效地利用现有资源、技术以发挥其作用。其次，从人工操作和电子系统处理集成来看，事务处理具有整体性和统一性。电子商务将人工操作和电子系统信息处理视为不可分割的主体，从而能够规范事务处理流程。一方面，可以有效利用人力和物力；另一方面，提高了系统运行的严密性。

4. 多方协调性

商务活动本身是一种协调过程，它需要客户与公司内部、生产商、零售商之间进行多方协调。与此同时，它更要求银行、通信部门、配送中心、仓储部门、技术服务部门等多个部门的通力协作。互联网技术在电子商务统筹协调流程中发挥重要作用，它能帮助企业有效地规范事务处理的工作流程，从而节约企业内部业务流程操作时间，提高企业整体运作效率。

5. 环境安全性

安全性是电子商务交易的核心问题。电子商务交易过程中面临欺诈、窃听、病毒和非法入侵等多种安全威胁。对于消费者而言，如果感知电子商务交易环境处于不安全状态，他们就会自动终止在线交易行为。因此，网络必须提供一种端到端的安全机制来确保网络交易的安全性，包括数据加密机制、数字签名机制、存取控制机制、防火墙、分布式安全管理、杀毒保护等。目前，国际上已出台安全电子交易的技术标准，如安全套接层（SSL）和安全电子交易（SET）等协议标准。

1.1.4 电子商务的特征

传统商务贸易在实体市场中进行，而电子商务是在基于互联网环境的虚拟市场中进行的。相比传统商务贸易，电子商务将贸易流程中的实体更紧密地联系在一起，以便更迅速地满足各方需求，以最小投入获取最大利润。与传统商务活动相比，电子商务具有以下几个特点。

1. 虚拟性

电子商务平台作为数字化的电子虚拟市场，利用其进行网络交易时，交易双方在整个商务活动过程中无须进行面对面交流，仅通过计算机网络就可以完成整个贸易活动。此外，电子商务还为交易双方提供了良好的沟通平台，利用这个平台进行信息的交换，最终可以促成电子合同的签订并进行电子支付。整个交易都是在这种虚拟状态下完成的。

2. 信息化

电子商务信息化指企业利用现代信息技术，通过对外部战略、信息、组织、流程、技术等资源进行整合、应用与深入开发，经历从简单业务 IT 策略到整个电子商务信息化系统构建过程，形成匹配企业运营的战略、信息、组织、流程、技术等资源，最终实现提升企业生产、经营与决策水平与效率的目标。从技术角度来看，电子商务信息化是企业对现代信息技术的广泛应用。从作用对象来看，电子商务信息化是企业对内部信息资源的整合、开发与应用。电子商务信息化是一个动态发展过程，在该过程中企业的竞争力、经营效益、决策水平都会不断地提升。

3. 全球化

传统商务依托门店、电商、报纸杂志等进行营销，其销售市场是区域范围内的，仅部分跨国公司有全球性业务。电子商务依托的是能够实现全球范围内双向信息沟通和信息传输的互联网技术。因此，企业在互联网的支持下容易构建一个全球交易市场。在这个虚拟市场中，企业业务范围可以突破地域和国界的限制，在任何时间、任何地点进行交易活动。几乎所有行业企业都可以通过互联网和全球各地的合作伙伴进行联系、沟通、合作，向全世界销售自己的产品。但是，全球化也给电子商务企业带来了来自其他竞争对手的压力。

4. 高效性

传统商务是通过电话、传真、电报等手段传送信息或资料的，不仅信息传递环节复杂，耗费大量时间，而且容易出错，降低工作效率。在电子商务活动中，各种商业报文都是标准化的，可在世界范围内快速地传递并实现计算机自动处理，贸易洽谈、合同签订、货款支付和电子报关等过程直接通过电子化手段在最短时间内完成，极大地提升了商务通信的速度和效率，使得整个商务交易过程更加快捷和便利。此外，电子商务系统允许贸易伙伴间沟通供求信息，这有利于企业对市场需求做出快速反应，提高产品生产速度，从而做到即时生产、即时销售。

5. 透明化

电子商务透明化表现在两个方面。一是交易双方的交易谈判、合同签订、线上支付、物流记录和交货通知等整个交易流程都是在网上完成的，这有利于交易信息互相核对，防止交易方伪造和篡改信息，保证了线上交易的安全性。二是建立在传统市场分隔基础上的依靠信息不对称所制定的价格策略将不再发挥其作用。电子商务允许决策者对多方所提供的产品或服务进行比较，从中获取高价值的商业情报，辨别隐藏的商业关系。因此，他们能够做出更具战略性和创造性的决策。

6. 个性化

个性化指满足用户个人偏好和个人需求的能力，主要体现在个性化信息、个性化服务和个性化产品三个方面。随着电子商务的不断完善和发展，个性化推荐技术成为精准化营销领域的一个热点。个性化系统在电子商务的运行过程中，通过对用户搜索历史、浏览历史、购买历史等数据进行分析，可以对用户日常爱好进行挖掘，并预测用户感兴趣的商品，从而进行推荐。个性化推荐不仅能增加企业产品销售量，而且能够使用户在交易或购买过程中得到良好的体验。

1.2　电子商务的产生与发展历程

1.2.1　电子商务的产生

电子商务产生的动力源于社会商业的发展和信息技术的进步。早在20世纪60年代，人们就开始用电报发送商务文件；20世纪70年代，基于EDI技术的无纸化贸易诞生，这被认为是电子商务的雏形。早期电子商务建立在功能单一的软硬件设施的基础上，呈现出应用水平较低、应用范围狭窄等明显缺点。90年代，互联网的诞生将信息技术革新推向一个新高潮，加速了信息技术和商业的深入融合，加剧了经济数字化、社会网络化、贸易自由化、竞争全球化趋势。与此同时，互联网的迅猛发展在技术、经济、环境上也为电子商务的产生和发展创造了有利条件。

总体而言，电子商务最早出现于20世纪60年代，大规模发展于90年代，其产生和发展的重要条件包括以下几个。

1. 计算机和网络技术的发展

随着大规模集成电路的成功研制并广泛应用于计算机硬件生产过程，计算机处理能力和处理速度都得以提升，性能也得到较大幅度地改善。因此，计算机也被广泛地使用，这为电子商务的产生和发展奠定了良好基础。

2. 互联网的普及和成熟

20世纪90年代，互联网在全球范围内普及，其用户数量呈指数级增长趋势，成为全球通信和交易的重要媒介。互联网以快速、便捷、安全和低成本等优点为电子商务的产生和发展提供了基本条件。

3. 信用卡的普及

信用卡因其方便、快捷和安全等显著优点成为人们在消费购物时的主要支付手段，可靠、安全的全球性信用卡网络支付与结算系统得以形成，这为电子商务的线上支付业务提供了可靠的手段。各大银行也推出电子金融服务以支持在线交易，在保障交易安全的情况下，电子银行的出现和发展解决了线上商务活动中的支付问题，成为促进电子商务发展的强大动力。

4. 电子安全交易协议的制定

1997 年 5 月 31 日，美国威士（Visa）和万事达卡（Master Card）两大国际组织联合制定了一套电子安全交易协议（Secure Electronic Transfer Protocol，SET），该协议已被多数电子商务厂商认可和实施，为电子商务的产生和发展提供了一个良好安全的环境。

5. 政府的支持和推动

为促进电子商务的发展，我国政府自 1993 年以来相继实施“金桥”“金关”“金卡”“金贸”等一系列金字工程；1997 年欧盟发布欧洲电子商务协议；同年，美国发布《全球电子商务框架》。电子商务在世界范围内引起高度重视，许多国家政府开始尝试电子商务贸易，这为电子商务的发展提供了有力的支持。

6. 经济全球化的发展

经济全球化促进了跨国公司的发展，使得国际范围内的商务活动变得愈加频繁，国际贸易成了各国经济发展的重要组成部分。与此同时，人们必须寻找更为合适和便利的方式来满足这种跨国商务交易。在这种背景下，电子商务应运而生，并以其独特的优势成为经济全球化趋势中的中坚力量，在国际商务活动中扮演着愈加重要的角色。

1.2.2 电子商务的发展历程

全球经济一体化和互联网技术的发展推动了电子商务的快速发展。电子商务的发展大致可分为三个阶段。

1. 基于 EDI 的电子商务

从技术角度而言，人类社会较早地利用了电子化手段进行商贸活动。早在 20 世纪 60 年代，人们使用电报传送商务数据和文件；70 年代，人们又使用方便快捷的传真文件来代替电报传送商务数据和文件，但传真文件是借助纸面打印来管理和传递信息数据的，信息数据难以转储于计算机信息系统中。因此，人们又开始采用 EDI 技术开展企业之间的电子商务活动，这也是电子商务的雏形。

EDI 技术最早出现于美国运输业。贸易商在用计算机处理商务文件时发现，人工输入一台计算机的数据中，有 70%来自另一台计算机的输出文件，该过程中重复的人工录入工作严重影响了数据的准确性和工作效率的提高。为了简化业务操作流程，节省人力资源，提高交易双方业务交换效率并降低数据出错率，人们开始尝试在贸易双方计算机信息系统间实现自动的数据信息交换，EDI 应运而生。具体来说，EDI 是指按照一套通用标准格式，通过计算机通信网络传输标准的经济信息，在贸易伙伴的电子计算机系统之间自动地实现数据交换和处理，并完成以贸易为中心的全部业务过程。由于 EDI 技术能有效地减少甚至淘汰商务交易过程中的纸面单证，因此 EDI 亦称为无纸交易，并广泛应用于贸易、保险、运输、海关和银行等行业领域。

EDI 包括硬件和软件两大部分。从硬件方面来看，出于对安全性问题的考虑，20

世纪 90 年代之前的 EDI 是通过租用通信线路在增值网（value added network，VAN）这种专用网络上实现的。随着互联网安全性的提高，互联网凭借费用低、覆盖面广、服务效率高等优势，逐渐成为可替代 VAN 的硬件载体，以互联网为硬件载体的 EDI 亦称为 Internet EDI。从软件方面来看，EDI 软件主要由转换软件、翻译软件、通信软件三个部分组成。其中，转换软件可以将原有计算机系统文件转换为翻译软件可以理解的平面文件（flatfile），或者也可以进行反向转换，即将翻译软件接收的平面文件转换为计算机系统文件；翻译软件能够实现将平面文件翻译成 EDI 标准格式，同时也可以将 EDI 标准格式翻译为平面文件；通信软件可以将 EDI 标准文件外层封装通信信封（envelope），然后将其传递到 EDI 系统交换中心的邮箱，或者是从 EDI 系统交换中心取回其所接收到的文件。

EDI 意味着更为准确的数据，实现了数据标准化和计算机自动识别处理，消除了人工干预和错误，同时消除了纸面作业和重复性劳动，在一定程度上提高了贸易交易过程的效率和准确性。然而，EDI 仍然存在成本高、能耗高和不易操作等缺陷。

2. 基于互联网的电子商务

20 世纪 90 年代，互联网迅速发展并普及，成为全球范围内的信息传播和共享媒介。1991 年，互联网和商务贸易活动正式融合，真正意义上的电子商务由此诞生。基于互联网的电子商务使得商务活动的运行和发展更加趋于实时、灵活和全球化，是现代商务贸易最流行的形式。互联网电子商务采用先进的计算机通信技术、数据库技术及多媒体技术，通过互联网实现网上营销和网上购物等商业活动。这种模式突破了传统商业生产、批发、零售以及采购、销售、储存、调配的流转程序和营销模式，实现了低成本、少投入、零库存、高效率，避免了商品货物的无效搬运，从而实现了全社会资源的高效运转和最大结余。相比基于 EDI 的电子商务，基于互联网的电子商务具有以下几个优势：

（1）成本低。互联网是覆盖全球的开放性网络，任何人都能容易地进入网络世界，利用互联网进行商务活动的成本要远低于 VAN 所支持的电子商务。

（2）覆盖范围广。基于互联网的信息应用系统可在全球范围内共享，用户在接入互联网后就能便捷地与其贸易伙伴进行信息沟通和传递，自由地进行商务活动。

（3）功能全。互联网能够实现多功能服务和多功能应用，且应用资源丰富。基于互联网的电子商务可以为不同类型用户实现不同层次商业目标提供有力支持，比如电子商务网站构建、在线商务谈判等。

（4）灵活性。基于互联网的电子商务可以为不同用户提供灵活的服务，如针对不同国家和地区设置不同语言展示，针对不同性别用户提供个性化用户界面等。

3. 基于移动设备的移动电子商务

移动电子商务是近几年随着移动通信技术、互联网技术、短距离通信技术的发展而兴起的新型商务模式，它利用移动互联网和无线通信技术进行数据传递，通过智能手机、平板电脑和笔记本电脑等无线终端移动设备与企业电子商务平台网连接来完成购物与交易、在线电子支付以及各种商务活动、交易活动、金融活动和相关综合服务活动等。

移动电子商务允许用户利用移动终端设备浏览商品，这就使得用户可以在任何时间、任何地点通过移动终端设备实现移动购物或消费，从根本上突破了传统电子商务只能在固定时间、固定地点完成交易的时间和空间限制。因此，移动电子商务为用户提供了极大的便利性，进而撼动了传统电子商务的线上交易规模。区别于传统电子商务，移动电子商务模式表现出如下特征：

（1）自由化。自由是移动电子商务的最本质特点。传统电子商务虽然丰富和方便了人们的消费方式，但仍局限于有线接入，属于有线电子商务范畴。移动电子商务彻底地摆脱了传统电子商务中的时间和空间限制，使用户可以随时随地利用移动终端设备浏览和购买商品，从而提高了用户的商务体验，极大地拓展了电子商务销售渠道，进一步提高了电子商务交易规模。

（2）高效化。移动电子商务的高效化是建立在其自由化的基础上的。在移动电子商务中，由于用户使用的是移动终端设备，电子商务活动从传统单一固定电脑平台端转换为随时随地能方便用户购物的移动贴身服务，这使交易更为方便快捷，极大地提升了电子商务交易效率。

（3）安全性。用户消费信用问题一直是影响传统电子商务发展的一大问题，而移动电子商务在该方面具有明显优势。这是因为移动电子商务所依赖的移动终端设备具有更完备的用户信息标识，以智能手机为例，手机号码具有唯一性，手机 SIM 卡片上存储的用户信息可以唯一标识一个用户，手机实名制的推行使得这种身份确认工作变得更为简单容易。

（4）用户规模大。随着移动终端设备的大量普及应用，移动电子商务用户迅猛增加。中国互联网络信息中心（CNNIC）数据显示，截至 2020 年 6 月，我国网络购物用户规模达 7.49 亿，其中，手机网购用户规模达 7.47 亿。显然，移动电子商务用户已成为整个电子商务行业的主力军。从消费群体来看，手机网购用户基本上包括消费能力相对较强的中高端用户，而传统网购用户以缺乏支付能力的年轻人及中老年人为主。因此，以移动手机为载体的移动电子商务在用户消费能力和用户规模上，均优于传统电子商务。

（5）定制化服务。由于移动设备比电脑端设备具有更强的可定位性和可联通性，因此移动电子商务服务商可利用该特点更好地发挥主动性，为不同用户提供定制化服务。例如，开展基于用户搜索行为数据库的个性化推荐服务，满足不同用户的需求。

1.3 电子商务产生的影响

1.3.1 电子商务对经济社会的影响

电子商务从根本上改变了社会经济，推动了社会发展和经济增长，具体体现在以下五个方面。

1. 电子商务促进了经济增长模式的改变

电子商务是经济新的增长点，也是经济增长的转折点，不仅通过节约营销成本、采购成本、制造成本及运输成本等途径来促进经济快速增长，也加速了经济增长模式的转变。首先，电子商务使经济增长模式由物质资源密集型转向信息资源密集型，用信息流代替人流、物流和商流。这种转变实际上是生产模式和商务模式的变革，促使生产要素合理配置和重新组合，以及信息资源有效和高效利用。其次，将封闭的发展模式转向开放的发展模式。在电子商务崭新的发展模式下，传统的商务活动转移到网上进行，使服务业具有可移动性，使社会性服务信息化、便捷化。最后，电子商务促进消费者市场从实体市场转向虚拟市场，消费者可以在虚拟市场中随时进行交易。

2. 电子商务加快了经济信息化进程

国民经济信息化是指以信息为基本生产要素，提高物质、能源的使用效率和劳动、资本的投入产出效益。国民经济信息化包括现代信息技术的应用和信息产业如电子商务行业的发展。电子商务运营模式推进了企业信息化进程，企业使用现代信息网络技术开展国际商务活动，实现了企业经济结构战略性调整，不仅有利于提高企业自身社会竞争力，也有利于加快国民经济信息化进程。

3. 电子商务促进了第三产业结构的调整

电子商务促进了产业结构的优化升级，尤其加快了第三产业的发展。第三产业除了传统商品销售服务外，也包括正向知识型、文化型服务产业转换，而电子商务的发展为服务型和知识型经济扩展提供了通道和桥梁。例如，电子商务发展已经催生出新的服务行业，包括金融、人才、信息服务、教育培训、物流等领域。电子商务促进了第三产业结构的调整，也加大了第三产业在总产值中的比重，使之成为新的经济增长点。

4. 电子商务促进了企业经营方式和竞争形态的改变

电子商务促进了企业经营方式的转变。在电子商务时代，顾客需求和购买行为发生全新变化，因此企业必须全面地转向以顾客为中心的经营理念，必须从顾客角度出发来设计和生产产品。电子商务促进了企业竞争形态的转变，电子商务使得网络上信息更为公开，市场竞争更为公平，产业界限更为模糊，企业竞争也因此变得尤为激烈。电子商务为企业提供了巨大的市场潜力和全新的销售方式，通过互联网完成商品和顾客的互动。在网络的冲击下，如果企业没有创新意识，不及时更新产品和服务，就难以在激烈的市场竞争中生存。

5. 电子商务将转变政府行为

政府承担着大量社会、经济、文化的管理和服务的功能。电子商务时代也对政府管理行为提出了新的要求，加强政府的信息化建设。在这种背景下，电子政务（又称网上政府）的概念应运而生，电子政务是国家实施政府职能转变，提高政府管理、公共服务和应急能力的重要举措，有利于带动整个国民经济和社会信息化的发展，电子政务也将与电子商务一起快速发展推进。

1.3.2 电子商务对企业的影响

电子商务的应用使得时空距离缩短、市场准入门槛降低、市场结构改变、潜在机会增加，这为企业发展提供了机遇和无限商机，尤其对于中小企业而言，电子商务为其提供了一个前所未有的发展机遇。

1. 电子商务改变了企业生产经营方式

电子商务促进了顾客、供应商、生产商及配送中心的纵向一体化。企业可以利用管理信息系统、企业资源计划、供应链管理系统、客户关系管理系统来协调有关部门的运作，从而提高企业运作效率；电子商务模式允许上下游企业共享库存信息、需求信息，并通过互联网将这些信息快速地传递给生产商、供应商，从而形成一体化的信息传递和信息处理体系，提高各方协作效率；基于计算机网络所进行的商贸活动有效减少了相关活动经历的时间和所要跨越的空间，使得购货订单、图纸设计、票据结算、发货通知等活动能快速地进行，商品设计、生产、发货、结算等工作也能快速完成，尽早地投入下一轮生产，极大地缩短生产周期；采用高效快捷的配送中心进行货物配送，提高了货物配送效率。

2. 电子商务提高了企业决策效率

首先，电子商务使企业能快速地获取市场信息，及时、准确地掌握市场动态，从而做出更加准确、理性的生产经营决策。电子商务所依赖的计算机网络能够使企业联结贸易活动中的所有环节，编织出商贸活动协作网络，从而帮助企业在这一巨大的协作网络中实现无障碍、高效率的信息交流。其次，电子商务模式下企业通常采用现代化手段进行信息处理，这在很大程度上保证了信息处理的精确程度。企业通过这些较为精确的信息，能够把握其内部的运行状态和趋势，如资金状态、人力状态、生产进度等，有利于企业管理层及时地调整企业经营策略和发展战略，使其在激烈的市场竞争中牢牢掌握制胜权。

3. 电子商务改变了企业管理模式

在传统企业管理模式下，企业内部的信息交流以单向一对多的金字塔形模式为主，部门间沟通效率低下且易于出错。在电子商务时代，企业加强内部信息化建设，其内部组织可以通过电子化信息系统双向传递信息与沟通，组织结构趋于扁平化。在这种环境下，原先各业务单元间的界限被打破，基层工作者甚至能直接联系高层决策者。一份业务资料或报告也能通过企业内部的信息系统瞬间传递给多个部门。

4. 电子商务降低了商业交易成本

首先，电子商务有效地降低了企业采购成本。电子商务帮助企业扩大了原材料选择范围，企业既可以在全球范围内寻求低价优质的供应商，也可以通过网上招标形式大幅降低原材料成本。其次，电子商务帮助企业降低了信息处理成本。电子商务使得企业可以通过信息通讯系统进行报价、询价等活动，该方式的信息传输成本要远低于电话、电报、传真等方式的信息传递成本。同时，互联网信息传输缩短了数据传输路径并减少了人工重复录入数据。因此，电子商务的运用提高了信息传递效率，使企业业务流程得以高效运转。最后，电子商务有效地降低了库存成本。互联网可以让企业、供应商、生产商之间及时沟通供需信息，确保按照实时供需状况下达生产计划，使无库存生产和无库存销售成为可能，不仅减少了库存和产品的积压，降低了库存成本，而且减少了生产的盲目性。

5. 电子商务提升了客户服务质量

首先，电子商务加强了企业和客户之间的实时互动。企业能够及时解决客户的不满，或者对客户提出的产品意见及时做出反馈，从而改善客户服务质量。其次，为客户提供个性化服务。个性化消费成为当今消费的主流。消费者期望以满足个人偏好为基础，购买个性化的产品或服务。电子商务为企业提供了把握消费者需求和偏好的能力。利用互联网和大数据分析技术，企业能及时了解消费者的爱好、需求、购买习惯等，通过增强针对性和时效性，为客户提供量身定做的个性化服务，极大地满足客户需求。

1.3.3　电子商务对人类生活方式的影响

电子商务已经成为一种生活常态，对我们的生活、学习、工作等各个方面都产生了巨大的影响。

1. 电子商务改变了消费者的购物方式

日益兴起的电子商务正渐渐取代以实体店为主的传统购物方式，改变人们的消费习惯和消费方式，越来越多的消费者开始倾向于网络购物。据报告统计，截至2020年6月，我国网购用户规模达7.49亿，占网民整体规模的79.7%，网络购物已经成为一种全新的商业模式。在电子商务模式下，互联网平台可以提供多种产品信息，而这些海量信息是传统购物难以企及的。相比线下商场购物，网络购物使消费者能足不出户地搜索、浏览、购买自己心仪的产品或服务，消费者购买行为不受时间、空间的限制，产品选择具有较大的范围和余地。对于选定的产品或服务，消费者可直接使用电子支付软件完成线上支付，以一种轻松自由的自我服务方式完成整个购物流程。在订单发出后，商家会尽早地安排邮寄消费者购买的产品。在电子商务模式下，消费者只需要拥有一个网络账号，就能实现在任意时间、任意地点快速浏览和购买产品，极大地提高了消费者的购买体验，也带来了更多的便利性和快捷性。

2. 电子商务改变了消费者的信息获取方式

在传统商业模式下，人们主要从图书、报纸、杂志、电视、广播等传统媒体获取信息。在电子商务模式下，人们获取信息的渠道得以丰富，可以从互联网这种全新的媒体获取所需信息。作为一种大众媒体，互联网能比任何一种方式更快、更直观、更有效地把信息和思想传播开来。网络信息传播具有双向性的特点，客户可根据个人需要不受时间、地域限制地获取所需信息。相比传统信息传播媒介，网络信息传播具有传播成本低、传播范围广、信息量大、获取方便等优势。因此，越来越多的人借助互联网来获取信息服务，网上信息服务已发展成为电子商务的一个重要组成部分。

3. 电子商务改变了消费者的学习教育方式

远程教育可以使世界各地的人不必局限于学校就能接受良好的教育。电子商务所营造的网络环境为远程教育提供了便利，带来了教育方式的变革。随着互联网的普及和电子商务的应用，网络学校作为一种现代远程教育形式应运而生。网络学校是试图替代或辅助正规教育的一种网络产物，它以计算机信息技术为依托，采用远程、实时、多点、双向交互式的多媒体现代教学手段，实时地传输声音、图像、视频、教师板书和电子课件，使得身处不同地域空间的师生能像现场教学一样进行双向的试听问答。这种教育方式为人们接受教育提供了新的方法，对现代社会的进步和发展具有重大意义。因为社会进步与发展依赖不同层次、各个领域的人不断地进行学习和知识更新，教育的对象已经不局限于学生群体，还包括不同年龄层次、知识结构和行业的从业者。这种终身继续教育的任务，从时间和空间来讲都不是现行教育模式所能够胜任的。电子商务所催生的新型在线教育模式真正实现了跨越时间和空间的教育传送工作，满足了社会发展和进步的需求。

4. 电子商务改变了消费者的休闲娱乐方式

互联网和电子商务也改变了人们休闲娱乐的方式。人们可以足不出户地在网络世界中购买观看各种类型的电影、电视、综艺节目；可以购买和欣赏个人崇拜的音乐家、歌唱家演奏和演唱的曲目；可以下载种类繁多的游戏，和世界各地的人组队享受游戏乐趣；可以在网络环境中结交天南海北、志趣相投的朋友，甚至还能找到终身伴侣。在虚拟的网络环境中，人们可以做一些在现实生活中难以实现的事情，如可以在戈壁沙漠“种树”，可以在自己的乐园“喂养”宠物，可以充当农夫辛勤地播种、耕耘以获得丰收的喜悦，虽然这一切都是虚拟的，但是网络也确实给人们提供了一种新的休闲方式。可以预见，互联网中的娱乐、休闲活动将会对人们产生越来越大的吸引力，因而电子商务娱乐和休闲也成为一种新电商热潮。

1.4 电子商务的发展现状与趋势

我国电子商务发展正迈入快速扩张和密集创新的新阶段，日益成为促进传统产业升级、拉动我国消费需求、发展现代服务业的重要动力和引擎。

1.4.1 电子商务发展现状

1. 电子商务交易额保持快速增长态势

近几年，我国电子商务交易规模一直保持增长态势，如图 1-2 所示。2019 年，全国电子商务交易额为 34.81 万亿元，比上年增长 6.70%。尤其是网络零售行业，其增长尤为迅速。国家统计局数据显示，2019 年全国网络零售额达 10.63 万亿元，比上年增长 16.50%，如图 1-3 所示。仅 2020 年双十一购物节期间支付宝成交额就高达 4 982 亿元，网络零售市场正呈现出巨大的发展潜力。毫无疑问，电子商务已成为拉动国民经济快速增长的重要动力。

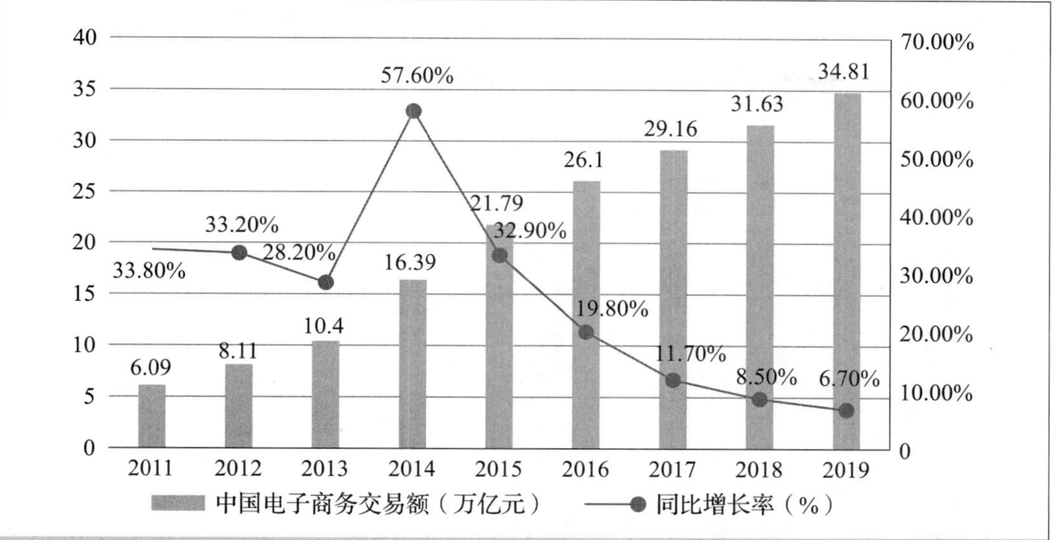

图 1-2　2011—2019 年中国电子商务交易额

资料来源：国家统计局 .

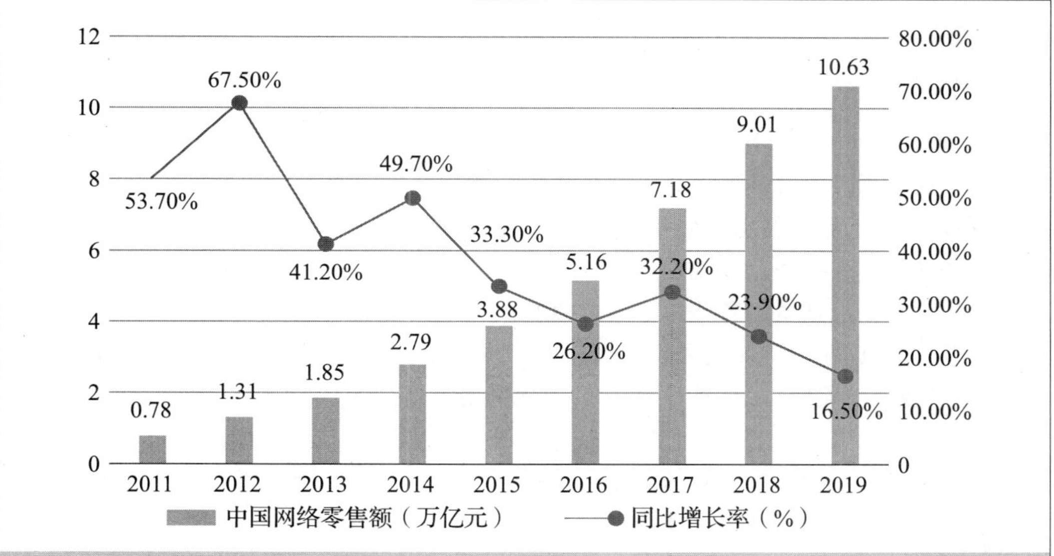

图 1-3　2011—2019 年中国网络零售额

资料来源：国家统计局 .

2. 农村电子商务进入专业化发展阶段

近年来，在国家大力推进信息化的环境下，农村信息化建设取得了显著成绩，农村围绕自身市场资源优势，开展了具有农村特色的电子商务应用，创新了电子商务应用模式。根据商务大数据监测，2019 年全国农村网络零售额达 1.7 万亿元，同比增长 19.10%，高于全国网络零售额增速 2.6 个百分点，如图 1-4 所示。其中，农村实物商品网络零售额为 1.3 万亿元，占全国农村网络零售额的 78.0%，同比增长 21.2%。全国贫困县网络零售额达 1 489.9 亿元，同比增长 18.5%。农村电子商务步入新一轮创新增长空间。

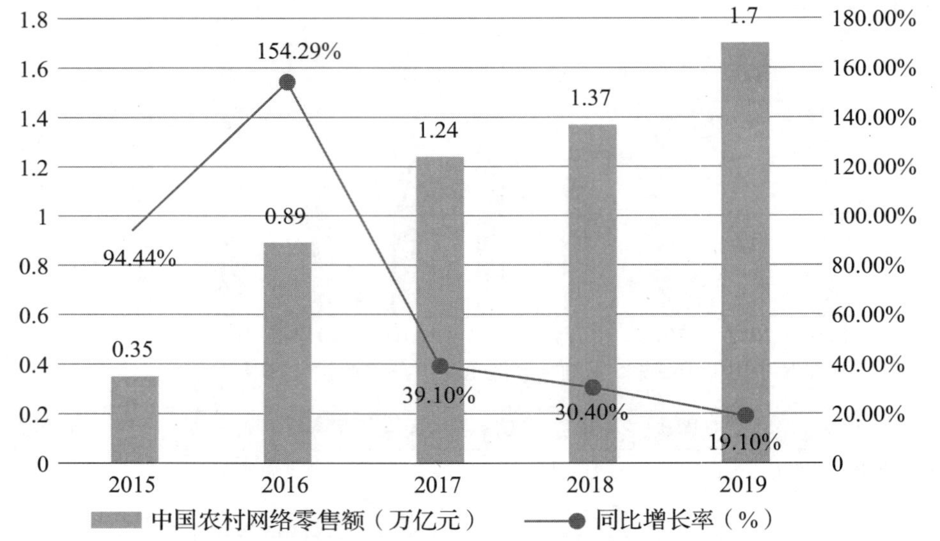

图 1-4　2015—2019 年中国农村网络零售额

资料来源：商务大数据.

3. 电子商务服务业保持稳步增长

电子商务服务业继续保持稳步增长态势，初步形成功能完善的业态体系。2019 年，电子商务服务业营收规模达到 44 741 亿元，同比增长 27.20%，如图 1-5 所示。其中，电子商务交易平台服务营收规模达 8 412 亿元，增速为 27.0%；支撑服务领域中的电子支付、物流、信息技术服务等市场营收规模达 1.8 万亿元，增速为 38.1%；衍生服务领域业务营收规模达 1.84 亿元，增速为 18.2%。从支撑性电子商务服务业来看，其近年来也呈现出显著变化。比如，各方面功能呈现高度分工的局面；新一代信息技术快速应用于电子商务服务业，除物联网技术之外，数据挖掘技术正辅助发挥精准营销功能。从辅助性电子商务服务来看，围绕电子商务衍生出了大量新型服务行业，如网络模特、网店运营服务与外包、网络议价等。

4. 跨境电商保持蓬勃发展态势

在国际经济贸易形式萎靡不振的大环境下，我国企业跨境电子商务仍逆势而上，近年来一直保持平稳增长。有关数据显示，2019 年，我国跨境电子商务零售进出口商品总额达 1 862.1 亿元，同比增长 38.30%，如图 1-6 所示。目前，相关部门正完善跨境电子商务交易在平台、支付结算、物流等方面的配套政策措施，以促进跨境电子商务模式不断创新，使更多的中国制造产品得以通过跨境电子商务平台走向国外市场。

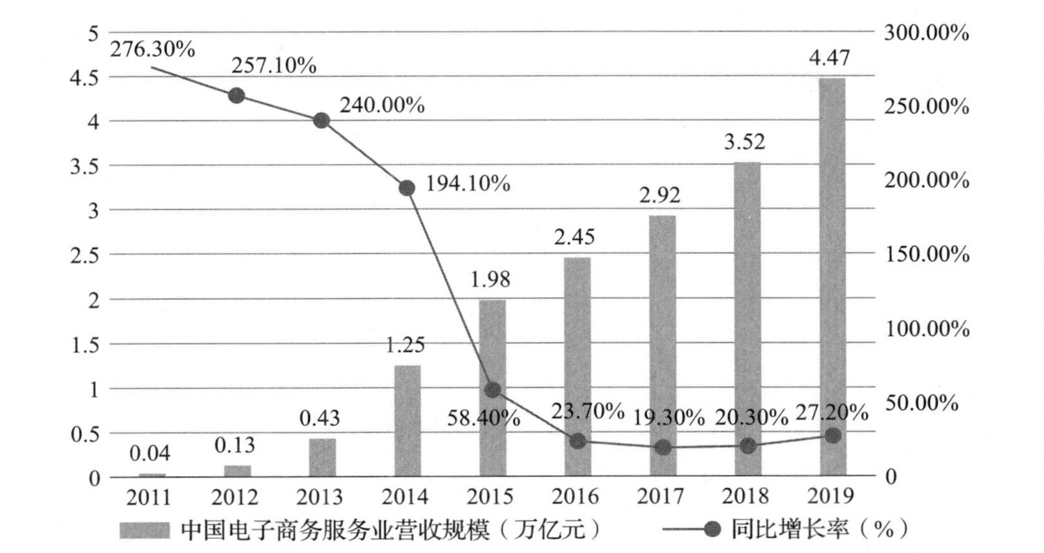

图 1-5　2011—2019 年中国电子商务服务业营收规模

资料来源：中国服务外包研究中心．

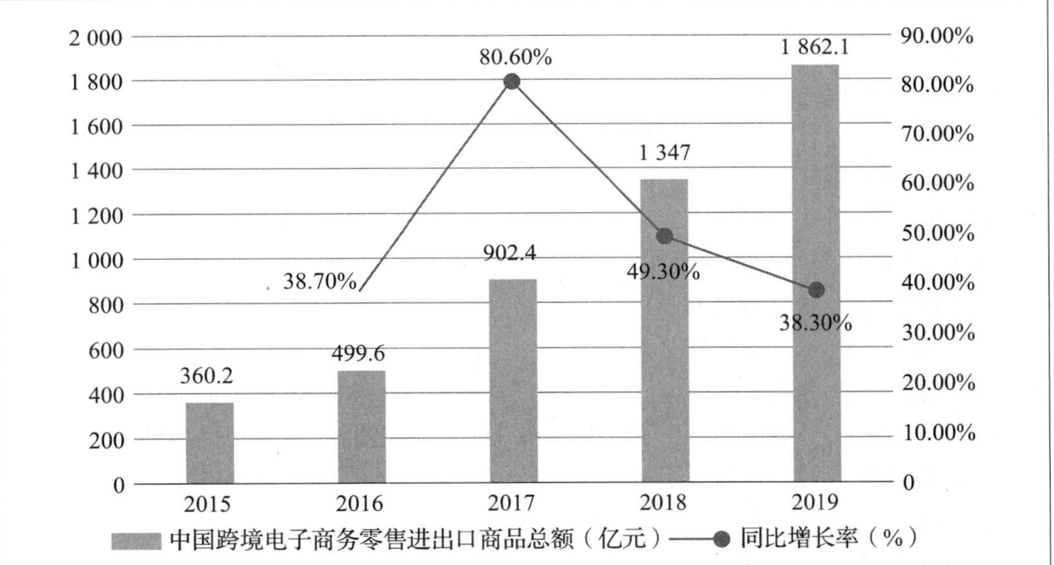

图 1-6　2015—2019 中国跨境电子商务零售进出口商品总额

资料来源：海关总署．

5．快递服务业保持快速增长

电子商务快递服务业继续保持快速增长趋势，为我国电子商务发展提供了有力支撑。国家邮政局统计数据显示，全国快递服务企业在 2019 年业务量累计完成 635.2 亿件，同比增长 25.30%，如图 1-7 所示。其中，同城业务量累计完成 110.4 亿件，同比下降3.3%。

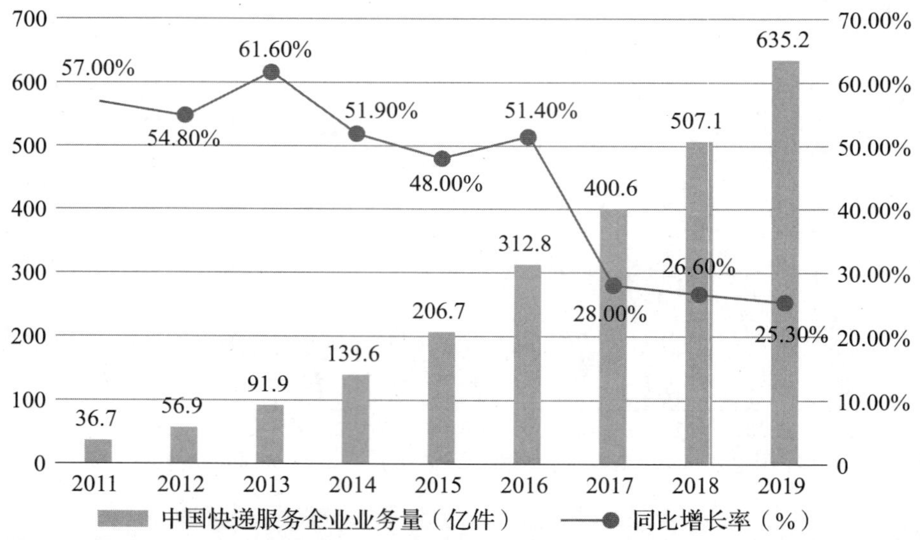

图1-7 2011—2019年中国快递服务企业业务量

资料来源：国家邮政局.

总体而言，我国电子商务保持平稳发展态势，全民电子商务应用意识持续增强，应用技能也不断提升。政府部门也加速推进建立健全电子商务发展工作机制，围绕电子支付、电子认证、电子签名等相关电子商务主题，出台了一系列标准规范、规章制度和政策，为保障电子商务健康可持续发展做出了积极探索。

1.4.2 电子商务发展特点

1. 迭代创新促进消费新增长

迭代创新是电子商务永葆旺盛生命力的关键因素，而新模式推广和新技术应用是电子商务创新的“鸟之双翼”。近年来，大数据、虚拟现实、人工智能、小程序等新技术喷涌而出，驱动了消费体验升级；社交电商、直播电商、跨境电商海外仓、线上线下融合供应链等新兴模式创新了线上消费方式，满足了消费者消费内容个性化、消费选择多元化的诉求，深度挖掘了消费潜力，提升了用户体验和购买率。

2. 品质消费成为网购新风尚

从国内零售市场的商品结构来看，商品消费品质化、品牌化趋势日益明显。定制化、个性化产品备受消费者青睐。京东数据显示，2019年第一季度C2M（customer to manufactory）反向定制合作项目商品同比增长5倍。阿里巴巴在2019年双十一期间C2M订单量达1.7亿笔。在双品购物节带动下，诸多海外知名品牌和快消品牌在电商平台发布新品，文创、智能家居、个性化定制等成为消费热点，口腔、体检、医美等健康服务业大幅增长。品质、品牌消费正成为新的网购风尚。

3. 跨境电商引领外贸新业态

电商平台正逐步升级国际化布局。跨境电商平台正加速国际化步伐以吸引海外卖家入驻。如阿里巴巴向欧洲多个国家的中小企业提供速卖通平台并开放注册权，加快本土到全球战略实施。京东国际依托跨境物流优势，开拓1 000多条国际运输线路，新引入3 000多个进口品牌，其全球供应链体系为各优质商品和海外品牌进入我国市场提供了“快车道”。跨境电子商务物流企业、支付类企业分别向供应链服务商、跨境金融整合服务商转型。跨境电子商务海外仓建设也发展迅速，目前，综合示范区企业已经建立1 200多个运营海外仓，包括自建仓、专用仓、公共仓三种类型，服务范围覆盖全球。

4. 农村电商取得扶贫新成效

农村电商模式不断创新，为乡村振兴提供了有力支撑，也为电商扶贫提供了内生动力和助力，全面助力打赢脱贫攻坚战。在工业消费品下乡方面，在“村淘”、电商服务站等农村电商模式的基础上，又扩展了短视频直播、社区拼团、小程序电商等新模式；在农产品上行方面，产品品牌化、标准化渐成趋势。目前，数字技术渗透至农村电子商务，加速了畜牧业、种植业、农产品加工业、渔业的数字化升级。阿里巴巴成立数字农业事业部，实现生产基地数字化管理，搭建农业数字分销平台。拼多多在农村地区建立网络农业数据平台，构建了将特色农产品种植、加工、销售一体化的产业链，并积极探索“货找人”“多多乐园”“新农商”等机制。电商扶贫极大地促进了我国贫困地区特色产业的品牌化、规模化、标准化建设，成效显著。

5. 市场主体积极开拓新市场

电子商务服务市场保持持续增长势头。在线餐饮、在线旅游、在线约车、在线家政、在线医疗、在线教育等多个电商服务领域百花齐放。据有关统计数据，2019年全国线上餐饮行业零售额同比增长12.3%；在线旅游行业零售额同比增长8.0%，其中国内旅游业零售额占73.1%；在线家政从业人数同比增长34.1%。截至2020年，我国网约车用户规模达3.4亿，在线教育用户规模达3.81亿。在线服务消费市场呈现稳健增长趋势。

1.4.3　电子商务发展趋势

目前，我国电子商务正处于产业结构优化、经济效益提升、加快自身高质量发展的关键阶段。其未来发展趋势主要体现在如下几个方面。

1. 智能化趋势

创新型技术的应用将成为电子商务升级的阶梯。在消费升级和技术创新双重作用下，我国电子商务正由规模化增长向高质量发展转变，智能化技术应用于电子商务将成为必然。大数据、云计算、虚拟现实、人工智能等数字技术将应用于电子商务场景，改造和重构商品生产、流通、销售全链条，实现电子商务决策智能化、信息管理智能化、交易管理智能化、客户关系管理智能化、物流配送智能化。“交易门户网站＋智能导购机器人”的产品孵化模式将颠覆传统电商运作模式和理念。面对未来互联网云级海量数据资源，智能导购机器人的主动运作模式将会逐步代替人为不可为的工作方式。

2. 个性化趋势

随着电子商务的发展，以顾客为中心提供个性化的产品和服务逐渐成为电子商务的发展趋势之一。消费者个性化定制需求将变得尤为强劲，个性化产品的深度参与成为必然。信息技术的发展使得消费者主权的实现有了可靠的技术基础。将消费者融入产品研发、产品创新的全过程，定制化生产个性化产品，满足不同消费者的不同偏好和需求，提供比传统商业更具个性的多样化服务，成为电子商务产业升级的未来。

3. 专业化趋势

由于专业化网站的不可替代性以及稳定的用户群体基础，面向行业的专业化电子商务网站将会大幅增加并和若干大型综合性网站共同渡过一个并存期。专业化电子商务网站能够将有限的人力、物力、财力等多方资源集聚在一个方面进行渗透、强化、突破局部优势，进而通过局部优势的能量积聚争取在全局竞争中的有利态势和主动地位。专业化电子商务网站能更好地满足消费者个性化方面的深层次需求，让人们真切地体验到电子化为其带来的福利。

4. 本地化趋势

本地化电子商务指地方性的电子商务，其雏形是地方性门户网站。本地化电子商务是一种 O2O 模式，具有较大的发展潜力和发展空间，主要原因在于这类电子商务模式瞬间拉近了消费者与商家的距离，它将本地商家放置于电子商务这种虚拟世界，本地商家与消费者彼此触手可及，从而拉近了商家与潜在消费者之间的距离，使得线下实体经济与线上虚拟经济得到更好的融合。本地电子商务前景广阔，是未来电子商务的新趋势。

5. 区域化趋势

区域化趋势是针对我国独特的国情条件而言的。我国经济发展的不平衡地区存在生活水平、文化风俗、自然条件、网民结构等方面的差异性，这必将导致电子商务和网络经济发展中的区域差异。受区域文化的影响和制约，网站建设的深层发展必然会在销售物品及栏目建设上得以体现，并形成各自的区域文化特色和相对稳定的客户群体。考虑到区域经济发展水平的不同，一种以发达经济带为基础形成的有经济特点的信息产业网站建设群也将形成区域特色。此外，为响应党的二十大报告指出的“深入实施区域协调发展战略”，未来电子商务在资源规划、物流配送体系建设、市场推广等方面都必须充分考虑这一问题，根据不同地区采取区域化战略，才能真正地扩大电子商务规模和收益。

6. 延伸化趋势

延伸化趋势是电子商务生命力的体现，也是电子商务发展的必然结果。这种延伸将主要体现在四个方面：第一，向电子商务实务扩展和延伸，随着网络技术的发展，个性化服务将会给人们带来更多优势，而且人们在享受购物收货过程的同时还能享受多种延伸服务，如抽奖、返现等；第二，向信息商品化延伸，将电子商务过程中信息的使用、交换、开发纳入商品经济的轨道，实现有偿使用、交换和开发信息资源；第三，向产业化扩展和延伸，电子商务产业能够激活和延伸带动起其他许多关联产业发展，如现代物流行业、电子支付行业等；第四，向技术管理的新需求扩展和延伸，未来电子商务中可能会出现一种连接边际地区和发达经济带、连接无网络地区和网络地区的网络中间体。

7. 融合化趋势

融合化趋势主要体现在三个方面：第一，同类网站之间的合并。目前，大多数电子商务网站具有同质性，如智联招聘、前程无忧、BOSS直聘等求职网站，其业务内容、经营模式、产品定位等大抵相同。然而，激烈的同行竞争结果只能是少数企业最终胜出。处于劣势地位的电子商务企业最终将面临倒闭破产的结局。第二，同类别网站之间互补性的兼并。尽管处于领先地位的电子商务企业在品牌、资源、客户规模等方面占据优势，但仍然无法与国际著名电子商务企业相提并论，收购将成为这些具备良好基础和发展前景的企业在扩张道路上必然采取的策略，而且为丰富业务范围及内容，提高国际竞争力，它们大多采用互补性收购策略。第三，战略联盟。网民要求的个性化和网站建设的专业化，使任何一个网站都无法满足多层次、全方位的个性化要求，各网站都会遇到内容贫乏和资源空缺问题。因此，电子商务势必走向融合以实现优势互补、资源共享，不同类型的网站以战略联盟的形式互相协作成为必然。

8. 国际化趋势

电子商务的国际化趋势是历史的必然。我国电子商务行业蕴藏着巨大的潜在市场和无限商机。电子商务必将成为跨国集团和国外企业的首选目标、投资热点和开发热点。这势必进一步推动我国电子商务的整体实力、技术装备水平的提升，从而加速与国际市场对接的进程。与此同时，也必须警惕大量外国企业和外国资本进军我国电子商务行业，其必将与国内电子商务企业形成激烈竞争。现有电子商务企业的排位格局和竞争态势将被打破，它们必须加快步伐的整合和内容的扩展。但就整体而言，电子商务国际化趋势使贸易机会增多、市场开放度加大，给我国电子商务企业提供了千载难逢的机遇。

□ 思考题

1. 简述电子商务与传统商务的区别和联系。
2. 试述电子商务产生和发展的原因。
3. 从多个角度阐述电子商务对社会产生的影响。
4. 简述电子商务在某一行业的应用状况，并对其发展前景进行分析。
5. 试对我国未来电子商务的发展提出个人见解。
6. 总结亚马逊中国、淘宝、拼多多的活动类别，并对网站功能、结构、风格的异同进行分析。

□ 练习题

一、单项选择题

1. 电子商务最基本的性质是（　　）。

A. 商务性　　B. 服务可扩展性

C. 电子集成性　　D. 多方协调性

2. 移动电子商务的本质特征是（　　）。

A. 高效化　　B. 定制化服务

C. 自由化　　D. 安全性

3. 电子商务大规模发展于（　　）。

A. 20 世纪 60 年代　　B. 20 世纪 70 年代

C. 20 世纪 80 年代　　D. 20 世纪 90 年代

4. 电子数据交换的简称是（　　）。

A. EB　　B. NET

C. EDC　　D. EDI

5. 本地化电子商务具有较大的发展潜力和发展空间，它是一种（　　）模式。

A. B2B　　B. B2C

C. C2C　　D. O2O

二、多项选择题

1. 电子商务系统的基本组成要素包括网络系统、电子商务用户、商家，以及（　　）。

A. 快递员　　B. 安全认证中心

C. 配送中心　　D. 网络银行

2. 电子商务个性化体现在（　　）。

A. 个性化营销　　B. 个性化信息

C. 个性化服务　　D. 个性化产品

3. 基于互联网的电子商务的优势体现在（　　）。

A. 成本低　　B. 覆盖范围广

C. 功能全　　D. 灵活性

4. 电子商务对经济社会产生的影响包括促进经济增长模式的改变，以及（　　）。

A. 加快经济信息化进程　　B. 促进第三产业结构的调整

C. 促进企业经营方式和竞争形态的改变　　D. 转变政府行为

5. 电子商务的延伸化趋势体现在（　　）。

A. 向电子商务实务扩展和延伸　　B. 向信息商品化延伸

C. 向产业化扩展和延伸　　D. 向技术管理的新需求扩展和延伸

6. 电子商务的融合化趋势体现在（　　）。

A. 同类网站之间的合并　　B. 同类别网站之间互补性的兼并

C. 不同类别网站之间的合并　　D. 战略联盟

三、判断题

1. 电子商务的整个交易都是在虚拟状态下完成的。 （ ）

2. 电子商务的透明化仅表现在有利于交易信息互相核对，防止交易方伪造和篡改信息。 （ ）

3. 电子商务促进了产业结构的优化升级，尤其加快了第三产业的发展。 （ ）

4. EDI是指对具有必然结构特征的标准经济信息，经通信网络在贸易伙伴的计算机之间进行互换和自动处理。 （ ）

5. 移动电子商务在用户消费能力和用户规模上，均低于传统的电子商务。 （ ）

6. 电子商务使经济增长模式由信息资源密集型向物质资源密集型转变。 （ ）

第二章

电子商务的商业模式

案例导入

闲鱼网：让闲余变“闲鱼”

随着人们生活水平的提高以及消费方式的变化，网购支出越来越多，随之造成的二手闲置物品也逐渐增多。与此同时，消费观念的转变催生了闲置交易的普及，消费者不止追求新，更要追求实用性和性价比。对此，阿里巴巴倾力打造了闲置交易客户端——闲鱼，旨在满足用户日益增多的闲置交易需求。根据2021年8月3日晚阿里巴巴公布的季度财报，截至2021年6月闲鱼的移动月活跃用户突破1亿，其中“90后”用户占比超过60%，“95后”用户占比超过35%。

闲鱼不仅是一个闲置交易平台，更是一个基于新生活方式的社区。平台通过不断优化体系，实现了全覆盖的闲置交易品类与场景的高体验感还原，不仅有品类丰富的数码产品、家具家电等闲置用品供用户挑选，更有次元潮玩、美妆母婴、文玩珠宝、明星玩家的各类好物持续呈现。

用户不仅能够实现自助式交易，挑选合适的交易对象，并卖出闲置宝贝，还能通过闲鱼提供的“省心卖”功能，由闲鱼官方直接帮忙转卖，48小时必卖出的承诺让众多用户感受到了全新模式的高效和省心。

闲鱼已经不只是个闲置交易平台，更是一个趣味宝藏社区。闲鱼平台内部还有供用户展现个性和分享兴趣的社区——会玩，数量庞大的优秀创作者在社区内分享他们会玩的生活方式。同属性用户的集中让所有用户都能在这里找到同好，交流经验，分享心得。而在这个社区中，用户和消费者分享的可以是物品，也可以是自己的私人时间与技能、兴趣爱好与经验，甚至也可以是空间。

闲鱼之意为闲余，“闲”是闲置的时间，而“余”是闲置的物品和空间。让闲余变“闲鱼”，让浪费变消费。这一平台精准把握了当下消费变化的新趋势，更完美地为用户实现了闲置交易、好物分享的生活乐趣，以及值得信任的安全交易体系，让用户彻底消除了交易的后顾之忧。时代生活社区从闲鱼出发，生活期待自然如约而至。

资料来源：四川隆昌广播电视台．闲鱼：让闲置交易成为一种为时代所动的生活方式．搜狐网，2021-04-19.

思考题

1. 闲鱼为什么能获得年轻人的青睐？
2. 闲鱼目前还存在什么发展问题？未来应该如何发展？

根据电子商务参与主体的不同，电子商务交易模式可以分为 B2C，C2C，B2B，O2O 等类型。

2.1 B2C 电子商务交易模式

2.1.1 概念

B2C（business to customer）是电子商务企业对消费者的交易模式。具体地讲，B2C 是商家利用互联网手段，通过信息网络，以电子数据流通的方式向消费者提供商品和服务的交易模式。目前，B2C 电子商务模式已经朝规模化、制度化、平台化的方向逐步发展。B2C 的电子商务主要应用于商品的零售业，包括面向普通消费者的网上商品销售和网上电子银行业务。对于消费者而言，B2C 能够提供方便的购买方式、支付方式、送货方式、售后服务等。

与传统交易模式相比，B2C 电子商务交易模式具有以下特点。

1. 信息化管理

如今，大多数 B2C 企业采用电子化、数字化管理，全部流程均采用远程交易，极大地减少了人力和物力成本，不仅降低了运营成本，还提高了效率。信息沟通快捷，可以即时、动态地更新有关商品种类、价格、配送等信息。

2. 获客渠道广阔

借助线上商城，企业可以获得更多的线上获客渠道，减小了不同规模间企业的获客壁垒，提高了中小企业的竞争能力，赋能中小企业成长。

3. 双向选择沟通

商家对于用户不再是唯一的选择，线上提供了丰富的信息资源，无论对于商家还是用户来说，这都是一个双向选择的方式。

4. 成本大幅降低

线上商城提供的多品类商品方便了顾客挑选，也在一定程度上节约了挑选商品的时间。此外，B2C 交易模式突破了时空的限制，顾客利用互联网能在任何时间、任何地点进行购物，足不出户就买到喜爱的商品。同时，由于 B2C 业务可以在没有实体店铺的情况下开展，这样就可以节约大量的仓储成本。把这些节约下来的成本转嫁给顾客，就能够让顾客购买到低于市场价格的商品。支付的安全性也是顾客比较关心的问题之一。

5. 配送灵活

根据不同的收货地址，选择最近的供应商与物流配送点，在最低送货成本的前提下，以最快速度把商品送到顾客手上，也节省了顾客线下购买商品的人力成本。

2.1.2 分类

从经营类型看，目前我国的 B2C 电子商务平台大致可以分为垂直型、综合型和交易平台型三种类型。

1. 垂直型 B2C 模式

垂直型 B2C 电子商务平台指将注意力集中于某些特定的领域或某种特定的需求，提供有关这个领域或需求的全部深度信息和服务的电商平台。垂直型 B2C 的优势主要有独立平台和多样化零售方式。首先，垂直型平台是独立的，专注于某一行业或某类产品，有特定的目标群体，能产生一定的优势，包括以行业为特色或以国际服务为特色。其次，垂直型平台的零售方式多种多样，能在短期内盈利并且风险较小。国内常见的垂直型 B2C 网站有凡客诚品、乐淘网、好乐买等。

垂直型 B2C 的优势主要有以下几个。第一，在垂直细分领域做出自己的特色，形成品牌效应，可以满足那些看重品牌的消费者的要求；第二，产品和服务专业化，垂直型 B2C 在产品的划分上具有单一特性，有助于产品和服务的细分，通过精耕细作，更能提高消费者的满意度和忠诚度；第三，垂直型 B2C 的物流管理更加高效、便捷，可以满足消费者对快捷服务的要求。

然而，垂直型 B2C 也有其劣势。首先，如果垂直型 B2C 过于专注专业化，则会造成品类单一的后果，这限制了消费者的选择，使得目标群体过于狭窄，减少了盈利。其次，若产品和服务定位不精准或者没有深耕细作，很容易使网站发展陷入死胡同。

2. 综合型 B2C 模式

综合型 B2C 也可以称为自营百货零售型。其特点在于商品种类齐全、数量庞大、覆盖范围广，并且拥有广泛、数量很大的用户群体。从战略的角度来说，综合型 B2C 模式有利于企业的长远发展。综合型 B2C 企业有更远大的前景，一些着眼于更远未来的投资者可能会选择它。目前，京东是国内规模最大的综合型 B2C 电子商务企业，其特点是产品线结构非常丰富，拥有广泛、忠诚的注册用户，以及众多的合作供应商，拥有更有竞争力的价格和逐渐完善的自有物流体系等优势。

与其他类型的 B2C 模式相比，综合型 B2C 主要有以下优势。首先，更加丰富的商品种类能够更好地满足用户不同的需求，提供一站式的产品和服务，能够更好地留住用户的心，培养用户的忠诚度。其次，扩展产品线，可以增加收入渠道，获得更多的利润。利润的提高使得许多原垂直型 B2C 平台纷纷转型为综合型 B2C 平台，如京东、亚马逊中国、当当网等。

但是，综合型 B2C 电商平台在物流和运营成本方面有天然劣势。首先，在物流方面，由于产品众多，供应链复杂，物流容易成为综合型 B2C 电商平台的发展瓶颈。如果没有强大的物流配送体系和配送能力，无法快速、及时地把产品调度、配送到消费者手中，则会在很大程度上影响消费者的满意度和购物体验。其次，综合型 B2C 网站商品种类繁多，需要与众多的供应商、制造商合作，其运营成本必然要剧增。与垂直型 B2C 电商平台相比，综合型 B2C 电商平台面临更多挑战。

3. 交易平台型 B2C 模式

交易平台型 B2C 模式是指 B2C 网络交易在平台型网站上进行，这个交易平台充当提供交易服务的中介的角色。具体地讲，这是由专业的电子商务平台开发商或运营商建设电子商务平台，多个买方和多个卖方通过这个集认证、付费、安全、客服等渠道于一体的统一平台为其提供相关服务完成交易的商业模式。这种模式有以下特点：第一，更加注重用户体验；第二，需要有更加完善的商家服务体系；第三，提升营销体系，从单一的打折促销提升到多样化的整合营销；第四，帮助在平台上成长起来的自主品牌，真正地成长为网购品牌。

天猫是交易平台型 B2C 的一个典型代表。通过整合数千家品牌商、生产商，为商家和消费者提供一站式解决方案，天猫为商家和消费者的网上交易提供配套服务，以支持交易安全快捷地达成。这种模式在技术框架布局和系统平台维护方面优势明显，它将在很大程度上帮助缺乏资金和实力自建垂直型 B2C 平台的中小零售企业，并成为其入驻电商平台的首选。

然而，交易平台型 B2C 还是存在发展时间短、平台规模小、与企业业务结合程度不深、信用问题突出等缺点。

从经营商品特征看，我国 B2C 电子商务平台还可以分为商城式综合购物电子商务平台、专营商品电子商务平台、企业网络直销电子商务平台和团购电子商务平台。

（1）商城式综合购物电子商务平台。商城式综合购物电子商务平台的特点是有众多品类的商品，并有不同的供应商、渠道、经营模式、营销方式等。消费者可以根据需要自行选择。此类平台是综合大型电子商务平台。现阶段，缺乏资金和实力自建 B2C 电子商务平台的中小零售企业纷纷借助此类平台拓展自己的网上业务。这种平台一般适合有普通商品需求的消费者，他们可根据需要在众多的平台中反复比较和筛选。同时，商城式综合购物电子商务平台也为消费者提供了相关保障，例如七天无理由退换货、货到付款等。在我国，商城式综合购物电子商务平台的典型有天猫、有啊商城等。

（2）专营商品电子商务平台。专营商品电子商务平台是指专门销售书籍、CD、数码产品等同类型商品的电子商务平台。这类电子商务平台的竞争优势在于其专业性强、专营商品品种齐全、商品专业性强、专业信息资源丰富。这种平台更适合对某类型商品有需求的消费者，他们可以获得最多相关专业信息。在我国，专营商品电子商务平台有京东、当当网、乐淘网等。

（3）企业网络直销电子商务平台。企业网络直销电子商务平台是指企业经由自身搭建的电子商务平台，直接通过网络向消费者销售其产品或服务。这种平台更适合三种类型的消费者：第一，对该品牌忠诚度高的消费者，希望通过企业网络直销电子商务平台得到比传统渠道购买更加优惠的产品或服务；第二，由于地域性限制无法获得但又非常需要企业提供的产品或服务的消费者，他们希望通过企业网络直销电子商务平台直接满足他们的需求；第三，对该企业会员个人网络定制服务感兴趣的消费者。

越来越多的企业正在通过企业网络直销电子商务平台发展按单定制的直销模式，一方面满足对产品有不同需要的消费者需求，另一方面真正实现企业的零库存高周转。我国企业网络直销电子商务平台有戴尔、华硕、凡客诚品等。

（4）团购电子商务平台。团购电子商务平台是线下团购模式的网络组织平台。与传统团购模式相比，团购电子商务平台的价格是提前公布的，不会随着参与购买的消费者人数增多而逐级下降，消费者只需要决定参与交易或不参与交易即可，类似电商平台中的“秒杀”活动，但是企业占据绝对主导。其特点在于商品的限定性非常强，折扣商品有限，商品价格一般比其他平台便宜，消费者有购买次数限制，商品质量较为有保证，等等。这种模式更有利于较为拮据的消费者，在尽可能的范围内为其提供可以获得的最优价格。

2.1.3 交易流程

一般，B2C 电子商务平台包含以下组成要素。

（1）前台页面：产品内容展示。

（2）后台管理：产品的录入及管理、购物流程管理、商品选择设计、支付管理等。

（3）用户注册及用户管理：消费者信息的管理、消费者单据的管理、消费者购买意愿分析、客户挖掘、客户关系管理、消费者制度及积分管理等。

（4）物流管理：对消费者所购买的产品进行运输、储存、保管、搬运、包装、装卸、配送、流通加工以及与之相伴随的信息传递等活动。

（5）咨询提供：在线客服、信息搜索等。

（6）社区：消费者之间信息交流和信息共享。

B2C 电子商务平台的交易流程包括以下步骤：首先，消费者根据自身需求，进入相关电商平台查询所需产品和服务的信息；然后，在确定所需具体产品和服务后，消费者根据电商平台提示下订单，即告知网站所需产品名称、数量、送货方式和付款方式等重要信息；最后，消费者确定订单和付款，电商平台按照订单送货。

2.1.4 盈利模式

1. 网络广告收益模式

网络广告收益模式是 B2C 电子商务平台的主要盈利模式，通过网站的客流基础吸引广告投放。这种方式成功与否的关键是其网页能否吸引大量的访客，网络广告能否受到关注。B2C 网站通过免费向顾客提供产品或服务吸引足够的注意力，从而吸引广告主投入广告。网络广告投放的效率较高，一般按照广告点击的次数收费。B2C 网站可以充分利用自身提供的产品或服务不同来区分消费群体，对广告主的吸引力也很大。

2. 产品销售营业收入模式

产品销售营业收入模式是指通过赚取销售价与采购价之间的差价和交易费获得利润。有形商品和服务的电子商务模式大多属于这种，如京东、亚马逊中国等。具体地，可以细分为两种模式：销售平台式和自主销售式。

销售平台式不直接销售产品，而是为商家提供 B2C 的平台服务，通过收取虚拟店铺出租费、交易手续费、加盟费等实现盈利。典型代表有天猫。

自主销售式需要网站直接销售产品，包括本行业产品和衍生产品。其中销售本行业产品是指通过网络平台销售自己生产的产品或加盟厂商的产品，商品制造企业主要通过这种模式扩大销售，获取更大的利润。

3. 收费会员制模式

B2C 网站向会员提供便捷的在线加盟注册程序、实时的用户购买行为跟踪记录、准确的在线销售统计资料查询及完善的信息保障等，这种模式能够吸引忠诚度更高的客户。典型代表有阿里巴巴。

4. 间接盈利模式

B2C 网站的间接盈利模式主要有支付收益和物流收益两种。

支付收益方面，例如，淘宝通过支付宝收取一定的交易服务费用，而且可以充分利用用户存款和支付时间差产生的巨额资金进行其他投资盈利。物流收益方面，将物流纳为自身的服务，B2C 网站不仅能够占有物流的利润，还使用户创造的价值得到增值。

2.1.5 发展现状

网经社“电数宝”电商大数据库显示，2021 年上半年，国内网络零售市场交易规模达 62 791 亿元。2015—2020 年中国网络零售交易规模及增长趋势如图 2-1 所示。

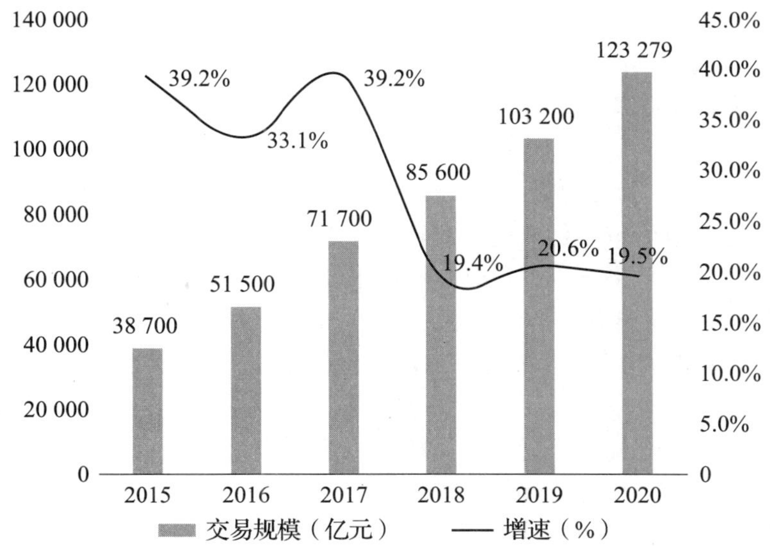

图 2-1 2015—2020 年中国网络零售交易规模及增长趋势

资料来源：网经社“电数宝”.

事实上，在 20 多年的发展中，我国电商业历经了产业萌芽期、基础建设期、快速发展期和成熟期等 4 个阶段，规模不断壮大，逐步成为现代服务业的重要组成部分。

其中，在产业萌芽期（1997—1999年），信息化水平较低，网购人群基数小，大众对电子商务缺乏了解，国内电商网站处于探索萌芽状态。在基础建设期（2000—2007年），B2C模式发展迅速，国家政策支持，诚信瓶颈基本解决，物流支付等基础设施进一步完善。在快速发展期（2008—2015年），具有中国特色的网络交易方式形成。同时，随着移动互联网发展和智能手机的普及，移动电商进入风口期。在成熟期（2016年至今），电商平台流量格局已定，线上红利逐渐消失，垂直细分领域继续深耕。

我国主要B2C平台重点战略方向及风险点如表2-1所示。

表2-1 我国主要B2C平台重点战略方向及风险点

项目	天猫	京东	苏宁易购
关键词	便宜、商品品类多	正品、物流配送速度快	3C服务
重点战略方向	（1）实体零售O2O （2）国际化 （3）菜鸟物流	（1）O2O （2）P2P （3）移动端	（1）实体店联动 （2）自建物流
风险点	（1）O2O和国际化推进受阻 （2）物流不被商户认可	（1）平台技术差距大 （2）与腾讯电商整合效果	（1）实体门店坪效无法支撑盈利 （2）物流利用率低、运营成本高

资料来源：民生证券研究院.

1. 天猫

天猫原名淘宝商城，是一个综合性购物网站。2012年1月11日上午，淘宝商城正式宣布更名为天猫。与其他电商选择主导O2O不同，天猫选择与实体零售商合作。阿里巴巴集团近期与银泰商业集团合作，打造实体商业与互联融合的样板。截至2021年11月12日零点，天猫双十一总交易额为5 403亿元，同比增加421亿元。

2. 京东

京东是以3C产品为主的中国最大的B2C电子商务公司。相比阿里巴巴，其差异化优势在于自建仓储物流带来优秀的用户体验。但是，对比阿里巴巴、亚马逊中国等大型电商盈利模式，受价格竞争、获取用户成本以及运营成本的影响，自营电商毛利非常低，为6%左右。来自开放平台业务（POP）的佣金收入必然是未来京东的重要盈利点，而且POP订单的增多也将摊薄京东自有仓储物流的运营成本。

3. 苏宁易购

苏宁易购是苏宁电器旗下第一代B2C网上购物平台，现已覆盖传统家电、3C电器、日用百货等品类。苏宁投入大量资金升级整个物流体系，打造"云物流"项目体系，能够为苏宁的O2O战略和开放平台提供关键支撑。

2.2 C2C电子商务交易模式

2.2.1 概念

C2C电子商务（customer to customer）即消费者与消费者之间的电子商务，也就是电子商务中个人卖家与个人买家之间的交易。C2C 电子商务通过为买卖双方提供在线交易的平台，使卖方可以主动提供商品上网拍卖，而买方可以自行选择商品进行竞价。

与其他电子商务交易模式相比，C2C 电子商务模式具有以下特点。

1. 交易空间、时间的无限性

首先，C2C 电子商务可以不受传统地域的限制，不分国界和地区，人们能够在虚拟的网络中买到任何地方的任何商品，地域的远近仅仅体现在物流费用稍有区别。

其次，C2C 电子商务采用个人与个人的交易模式，打破了传统经营中营业时间的概念。交易双方可以 24 小时不间断地进行营业和交易。空间和时间的无限极大地刺激了 C2C 市场的表现，使得每年 C2C 个人交易金额持续增加。

2. 交易双方的虚拟隐蔽性

在 C2C 电子商务模式下，交易的主体区别于传统的经营主体。买卖双方的真实信息并不能直接被获取，交易的主体特别是销售方的真实信息具有一定的隐蔽性，其是否使用真实姓名、具备固定的营业场所、拥有足够的资金及合格的商品均无从考证，这也使得在 C2C 模式下税收征管的难度加大。

3. 交易过程的便捷风险性

由于不受时间、地域等条件的限制，交易双方足不出户就能瞬间完成多笔交易，且享有低成本的优点。但与此同时，交易买卖双方也一并承担着比传统交易更“可观”的风险，比如双方注册信息的真实准确性、诚信状况等都难以得到保证。

4. 交易的无纸化

会计凭证、账簿、报表等要素是传统税务征收管理工作赖以开展的基础。而 C2C 电子商务中，主要借助互联网及其相关的信息技术即可完成商业交易活动，交易的无纸化也是它区别于传统交易的主要特征。在淘宝 C2C 电子商务流程中，借助互联网平台，经营者在网络上发布的货物信息及买卖双方的合意达成交易，使得交易双方的买卖合同、各种交易票据等书面形式的纸质凭证均被电子信息替代。但电子信息数据亦有保存风险、篡改风险，这使得 C2C 电子商务模式在节省交易成本的同时却使得税收征管失去了直接可靠的凭证依据。当前，以淘宝为主的 C2C 电子商务模式虽然具有很大的发展潜力，但是它仍然面临许多问题。倘若这些问题不能得到妥善解决，将可能影响和制约 C2C 电子商务的发展。其中最主要的是本书探讨的 C2C 电子商务模式下存在税款严重流失的问题。例如，淘宝中的个人网店交易的商品都没有缴纳正常线下商店应该缴纳的税款，造成了严重的税款流失，并且网上交易不用纳税，已然成为一种潜规则，这对于传统实体和电子商务双方的持续发展都是不利的，为此有必要改变这一现状。

5. 双向信誉评估

在 C2C 电子商务模式下，消费者和商家都可以在交易结束后，借助 C2C 电子商务网站提供的在线信任度评估系统给予对方信任度的评估。这样可以防止一部分消费者故意给出恶意评价。

6. 信息传递便捷

在 C2C 电子商务中，作为信息传递的中介，交易网站不受买卖任何一方的影响，交易中的每个环节信息的传递都变得便利、快捷。通过信誉评价又能系统地解决交易过程中的道德风险问题。

2.2.2 交易流程

C2C 电子商务在交易流程中主要有四个参与主体：买家、卖家、第三方支付中介和物流提供商。首先，买家与卖家签订销售合同或协议，产生订单。然后，卖家确认订单并发货；买家确认收货、验货，并向第三方支付中介发出支付指令；第三方支付中介向卖家付款。最后，买家对卖家进行评价。

2.2.3 盈利模式

C2C 的主要盈利模式是会员费、交易提成、广告费、搜索排名竞价、支付环节收费等。

1. 会员费

会员费即会员制服务收费，是指 C2C 网站为会员提供网上店铺出租、公司认证、产品信息推荐等多种服务组合而收取的费用。由于提供的是多种服务的有效组合，比较能适应会员的需求，因此这种模式的收费比较稳定。费用于第一年交纳，第二年到期时需要客户续费，续费后再提供下一年的服务，不续费的会员将恢复为免费会员，不再享受多种服务。

2. 交易提成

交易提成不论什么时候都是 C2C 网站的主要利润来源。因为 C2C 网站是一个交易平台，它为交易双方提供机会，就相当于现实生活中的交易所、大卖场，从交易中收取提成是其市场本性的体现。

3. 广告费

企业将网站上有价值的位置用于放置各类型广告，根据网站流量和网站人群精度标定广告位价格，然后通过各种形式向客户出售。如果 C2C 网站具有充足的访问量和用户黏性，广告业务会做得非常大。但是 C2C 网站出于对用户体验的考虑，均没有完全开放此业务，只有个别广告位不定期开放。

4. 搜索排名竞价

C2C 网站中商品的丰富性决定了购买者搜索行为的频繁性，搜索功能的大量应用就决定了商品信息在搜索结果中排名的重要性，由此便引出了根据搜索关键字竞价的业务。用户可以为某关键字提出自己认为合适的价格，最终由出价最高者竞得，在有效时间内该用户的商品可获得竞得的排位。只有卖家认识到竞价为他们带来的潜在收益，才愿意花钱使用。

5. 支付环节收费

支付问题一向是制约电子商务发展的瓶颈，直到阿里巴巴推出了支付宝，才在一定程度上促进了网上在线支付业务的开展。买家可以先把预付款通过网上银行转到第三方支付中介的个人专用账户，待收到卖家发出的货物后，再通知第三方支付中介把货款转入卖家账户，这样买家不用担心收不到货还要付款，卖家也不用担心发了货而收不到款。而第三方支付中介按成交额的一定比例收取手续费。

2.2.4　存在的问题

受主客观因素影响，我国 C2C 电子商务发展还存在信任、税收等问题。

1. 信任问题

第一，风险是信任产生的前提。在线购物不可避免地存在支付安全风险等问题，容易导致信任问题。第二，信任是降低风险认知而促进行为的中介变量。正是由于在当前虚拟网上交易环境中面临相比传统交易环境更大的风险与不确定性，在线交易的信任问题更为突出。

2. 税收问题

首先，我国目前电子商务相关的税收征管法律法规的制定并没有跟上电子商务发展的步伐。电子商务征税又不同于传统的征税，虽然税法规定，从事 C2C 电子商务的单位和个人都应该纳税，但由于国家没有相关法律强制要求电子商务经营主体进行税务登记，税务机关在对电子商务具体征税时十分困难。

其次，税制要素不明确。通常情况下卖家在 C2C 电子商务模式中，不会主动地进行税务登记的程序，原因是在这种情况下不用缴税。而电商卖家不进行税务登记，税务机关就会缺乏 C2C 卖家的信息，税收征管难度加大。其他要素如纳税时间、纳税期限、纳税对象也因此无法确定，传统纳税制度并不适用于电子商务。

2.3　B2B 电子商务交易模式

2.3.1　概念

B2B (business to business) 电子商务模式是指商家与商家建立的商业关系，即企业与企业之间的电子商务。企业和企业之间的电子商务指企业通过第三方平台或内部信息系统平台将面向上游供应商的采购业务和面向下游代理商的销售业务有机地联系起来，实现降低交易成本、提高客户满意度的商务模式。

相比其他的电子商务模式，B2B 电子商务通常具有交易额大、关联对象较少、合作关系相对稳定、交易技术更专业化等特点，在交易的具体形式上，基于价值共赢的立场，B2B 电子商务也相对灵活。各行各业 B2B 交易市场的涌现，不断将市场两端的买家和卖家聚合，而作为两端的中间桥梁，B2B 交易市场加强了买卖双方的信息交互，平衡了供需关系，促进了资源的合理分配。随着电子商务与传统行业的结合，电子商务活动的应用范围不断扩大，企业间的联系也愈发紧密，由此逐步带动了市场贸易大方向的变革。可以说，在电子商务的应用和探索领域，B2B 电子商务模式一直保持较高的活跃度。

一般，B2B 具有降低商务成本、强化供应链管理和缩短产销周期等优势。

(1) 降低商务成本。B2B 交易中买卖双方能够在网上完成整个业务流程，从建立最初印象，到货比三家，再到讨价还价、签单和交货，最后提供客户服务。B2B 使企业间的交易减少了许多流程和费用，降低了企业经营成本。

(2) 强化供应链管理。优化生产计划通过 B2B 平台可以获悉产品在不同区域的需求情况，进一步预计和控制市场供求信息，从而对库存和物流控制进行明确的规划和管理，让企业获得较大的经济效益。B2B 的发展方向是创造高效率的无形市场，削减企业库存，实现零库存状态下的即时生产（JIT）。

(3) 缩短产销周期。通过 B2B 电子商务交易，企业可以减少因信息交流手段落后而产生的信息滞后和差错现象，从而大大加快企业资金流、物流的流动，缩短整个生产销售周期。

2.3.2 分类

第三方服务商是目前国内 B2B 电子商务服务平台的重点，从它的商业模式来看，可划分成仓单模式、“联盟＋小门户”模式、行业类 B2B 模式、综合类 B2B 模式。仓单模式以 B2B 服务平台为基础，企业信息沟通、在线交易必须完成的物流、现金流的共同完成，是仓单模式最明显的一个特征。因为事前的大宗商品买卖，仓单模式基本可以全面形成成本节约，而且可以增强网络议价能力。金银岛、敦煌网这些近几年来发展突飞猛进的仓单模式平台都是很好的例证。

2.3.3 业务流程

B2B 的交易主体涉及买方企业、B2B 电子商务网站、卖方企业、金融中介和物流公司。B2B 模式业务交易流程相对复杂，包括商品询价、商品报价、签订订单合同、提货等多个环节。整个 B2B 电子商务业务流程可以分为交易前准备阶段、交易谈判和合同签订阶段、支付结算阶段、交易合同履行阶段及售后服务阶段，详见图 2－2 所示的 B2B 模式业务流程。

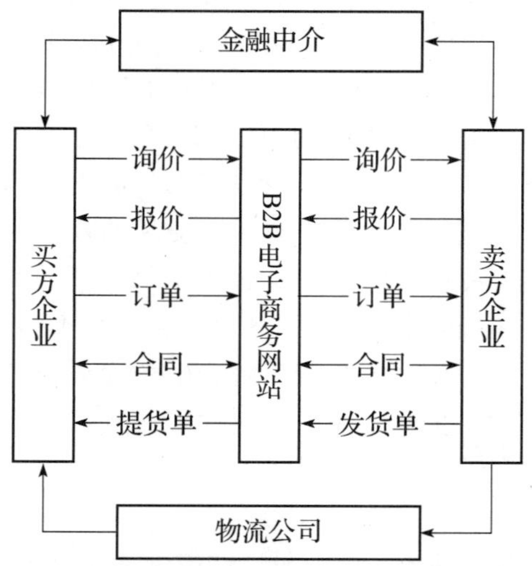

图 2－2 B2B 模式的业务流程

2.3.4 盈利模式

国内垂直行业 B2B 电子商务的主要盈利模式大体可以分为自营模式和撮合模式。

1. 自营模式

交易双方的开票主体是平台。平台统一从供应商订货、定价、售卖，全程参与从厂商到消费者的整个过程。自营模式的特点是企业能够更宏观地掌控供应链的各个环节，使供应链上的各个环节包括企业内部的采购状况、制造和销售环节的联系更加紧密。针对下游客户端，能够掌握原材料和产成品的性能与质量是否满足客户需求的信息；针对上游端，能快速掌握供应商和销售商的经营能力是否改善和提高等第一手最详尽的资料。获取这些资料之后，企业就可以有效调整物流活动中的各个环节，及时发现问题，采取相应措施，有快速的反应能力和灵活变通能力，不断调整自身的经营战略，从而提高物流作业效率，减少流通费用，提高自身的竞争能力，从而能够更好地保证商品的质量，使企业的利润得到长期增长。自营物流配送模式的一个特点是企业可以自己对产品配送和收购服务独立管理，实现自营配送，并且直接与客户接触，这有利于企业掌握客户的反馈信息，与客户保持紧密关系，提高客户忠诚度，形成交易闭环，也有利于防止客户信息泄露的情况发生。同时，自营配送还能帮助企业自我宣传和推广，提升企业的品牌价值，树立企业形象。此外，对于采用自营物流配送模式的企业来说，整个物流系统是企业的关键组成部分。物流系统的主要目标是为公司的生产和运营提供服务。所以企业的生产经营也需要在时间和空间上紧密配合和适应物流系统的要求。因此，对于使用自我管理物流的公司来说，它们具有强大的适应性和灵活性。

自营配送模式的劣势也比较突出。首先，建立物流体系占用资金过多，会削弱企业的竞争能力。由于物流体系需要包含很多环节，如运输、仓储、包装等，因此在建立初期，企业需要一次性投入大量资金。企业资金有限，大量资金被占用导致发展核心业务的资金减少，提高了企业的风险，可能会削弱企业抵抗市场风险的能力，降低企业的市场竞争能力。其次，受到物流配送规模的限制，物流配送专业化程度不高，企业需求不能满足。由于非常多提供自营的企业都没有在各个职能部门将物流部分独立出来的规定，因此这些企业并没有把物流独立出来进行会计核算。如此一来，企业核算产品物流成本的难度大大提升，这样会导致企业很难做出准确的效益评估，从而对物流成本进行控制。目前，由于企业不能计算物流费用，因此物流费用的虚假性程度很高。最后，自营模式还会迫使企业从事不擅长的物流活动，导致一些企业的关键业务无法显现其核心作用。目前市场上很多企业的规模很小，规模和资金有限，物流管理不够规范，而这些企业的物流部门只是一个后勤部门，这会引起物流配送效率低下，致使企业的管理人员需要将时间精力和资源从公司的核心业务转移到物流配送部分，但物流部门终究是企业的辅助部门，很可能导致企业无法合理分配资源，出现本末倒置的现象。

2. 撮合模式

与自营模式平台开发票不同的是，撮合模式下开发票的是货主。撮合服务是指第三方平台将上下游信息集中，再从整理和评估用户实际需求出发，提取有效的针对性信息，反馈给用户。撮合模式的特点是平台不用接触货物，资产较轻，比较容易规模复制。撮合服务实际上起到的是中介的作用，通过发布上下游信息咨询，使得市场真实交易信息覆盖度超过了撮合本身的价值，改善了大宗商品信息不对称的现象，价格波动大、有行情博弈的大宗商品是最适合撮合模式的。

撮合模式主要包含竞价收费模式，即关键词竞价排名；广告服务收费模式，即在主页投放广告；会员制收费模式，即收取会员费，企业向会员用户收取一定的会员费，同时针对会员提供差异化服务；交易费用模式，即交易佣金等增值服务模式，除了网站提供的撮合交易这类基本服务外，还向用户提供数据分析报告、专家在线咨询等服务并收取一定费用。撮合模式的资产较轻，对资本的需求较低，不需要用大量的资金便可以实现快速占领市场空间，由于只是起到中介作用，不直接接触货物，也不会涉及线下的货物管理，因此从理论上讲可以无限长尾拓展商品。在资源整合上，撮合模式平台可以整合各种资源对接，实现更高效的整合和扩张。然而，撮合模式也存在缺点。尽管平台重构了信息、交易、物流和资金，确实在一定程度上带来了效率提升和成本降低，但是在模式和技术方面，撮合模式下的企业很难设置很大的进入障碍，通常只能选择规模尺度作为唯一的进入壁垒。

为了实现规模经济，企业需要大量的资本，这导致了资本对 B2B 模型的明显推动作用。如果公司资金不足，很难获得长期利润。撮合模式平台的主要机会在于上下游企业分散，撮合交易是一个从信息流的汇聚过渡到资金流的汇聚的过程，这就需要解决平台的行业公信力的问题。在目前所有的 B2B 交易情景中，由于财税体系没有主要的统一支付渠道，因此，平台本身可以形成良好的行业信誉，并将成为资本流动趋同的基础。B2B 电子商务企业在发展过程中，内外部环境都在不断变化中，面对日新月异的市场环境与竞争环境，这类企业需要不断调整自身的战略目标以及盈利模式，以适应外部环境的变化及自身发展的需求。

2.3.5 发展历程

《2018—2023 年中国 B2B 电子商务行业市场深度分析及投资战略研究报告》显示，中小企业 B2B 电子商务根据采供双方交易的内容可以分为两大类：提供大宗商品贸易服务的 B2B 电商和提供非实体产品服务的 B2B 电商。其中，提供大宗商品贸易服务的 B2B 电商可以分为近生产端的和近消费端的电商；提供非实体产品服务的 B2B 电商可以分为提供软件服务的电商和提供其他服务的电商。B2B 电子商务从 1999 年发展至今，可以大致分为三个阶段：培育阶段、普及阶段和应用阶段。

1. 培育阶段

我国在 1997 年出现了第一个全流程的 B2B 电子商务交易平台——中国商品交易中心（CCEC）。CCEC 的出现标志着我国已经进入电子商务的培育阶段。1999 年，马云成立了阿里巴巴。在这个电子商务的培育阶段，电子商务行业积极地向外国借鉴经验，吸收先进的技术以及知识，不断地开发有本国特色的电子商务模式，这使得电子商务的理念和知识在我国开始广泛流传。因为那时，我国自己的电子商务条件还没有现在这么好，同时也不具备这么高水平的网民渗透率，在公司的运行管理上还是有一定的局限性，所以当时很多从事电子商务的公司都很不幸运地被淘汰了，不过它们的经验和积累的基础对于我国电子商务的发展有着里程碑的作用，是值得纪念的。

2. 普及阶段

从 21 世纪伊始到 2008 年，我国的电子商务都处在不停宣传和普及的阶段，在这 8 年的时间里，作为电子商务平台的服务商家，它们不断地宣传相关的知识以及自己的行业理念，使得电子商务的平台应用等功能不断地改进，同时电子商务的服务理念和模式也得到了很大的升华，整个中国的电子商务应用都被这些企业推动了。这时的电子商务条件建设已经取得很重大的突破，相应地，我国对电子商务的推广也予以很大的鼓励，相继颁布一些鼓励发展的政策和文件。在这 8 年的时间内，一些比较传统的公司也开始不断上网，在网上发布重要的信息和搜索查找信息是这个阶段电子商务主要的应用内容。

同时，电子商务本身得到了非常大的发展，其中最关键、最主要的运营模式就是会员制度，这时阿里巴巴已经成为我国最大规模的电子商务综合性公司，以及电子商务在国内最大的平台。同时，中国化工网所在公司网盛科技也成功上市，它属于垂直型的电子商务服务商家。

3. 应用阶段

从 2009 年到现在，我国的电子商务进入应用的阶段。这个阶段的主要特征是，B2B 电子商务运营环境不断改善，许多公司开始运用 B2B 电商平台进行交互，使得较大规模地在线签订协议以及在大型综合性平台上在线交易得以实现，电子商务应用时代逐渐到来。

在历史发展过程中，B2B 电子商务主要经历了两次重大转变。第一次重大转变是从线下走向线上，形成线上和线下结合的 O2O 模式；第二次重大转变是移动商务崛起。B2B 开始出现移动化、全球化、交易服务化和一体化四大趋势。

（1）移动化。移动商务是大势所趋，如今移动设备逐渐对整个交易过程产生重大影响，智能手机的销售量印证了移动商务在未来将会持续呈现强劲发展势头。B2C，C2C，B2B 交易模式在移动商务的影响下，交易规模迅速增长。忽视移动商务将会直接导致市场份额的丢失，因此需要将移动商务纳入企业发展战略。报告显示，2017 年上半年，我国移动网络购买交易规模达 22 450 亿元，在网络零售中的占比达到了 71.0%。

（2）全球化。根据尼尔森（Nielson）2013 年的调研，跨境电子商务无论是发展速度还是利润都远远好于内贸电子商务。这种情况不只在我国如此，全球也是如此。中国、美国、德国、英国、澳大利亚和巴西是全球最活跃的六大跨境电子商务市场，在这些国家里，我国增速最快。移动化也是跨境电子商务的发展趋势。2011 年，敦煌网率先联手贝宝（PayPal）开启跨境移动商务，并发布了 iOS 应用和安卓应用，业务量迅速增长，截至 2017 年，敦煌网超过 50%的订单量来自移动平台。随后，兰亭、易唐等也相继开通移动商务平台。

虽然跨境移动商务在我国依然处于萌芽阶段，但是我国越来越多的外贸电子商务平台都在进行积极尝试。

(3) 交易服务化。B2B由Web 1.0向Web 2.0迈进，聚焦交易平台建设，并围绕交易平台提供各种供应链服务，如会计、客户管理和订单管理，甚至现在开始提供基于大数据的商情咨询服务和融资服务。

2014年，阿里巴巴国际站从信息黄页转向在线交易，提供实时报价。整体网站风格和专注于在线零售的敦煌网如出一辙。收费方式也从过去的会员费向按交易效果收费转变，最终可能和亚马逊中国类似，收取交易佣金。同时，阿里巴巴加入了脸书、推特等社交网络分享功能。

敦煌网也已经与几家银行合作，开始推出联名的借记卡和信用卡。借记卡的存款额度为5万～150万元人民币，信用卡的最高额度是50万元人民币。未来，敦煌网还将推出包括运费贷等在内的多种金融服务。

又比如，易贝推出数字零售辅助平台（retail associate platform），帮助零售商建立消费者购买历史、联系信息、仓储及收入变化数据库。这表明易贝在销售平台的基础上，继续打造和完善购物综合服务平台。

过去，由于担心交易数据和客户资料泄露，很少有客户把线下的交易搬到线上来。但是随着交易平台提供越来越多的增值服务，如融资、交易便利化等，越来越多的客户意识到，把线下的交易搬到线上不完全是弊端。随着网络安全技术的发展、市场的规范和透明化管理，越来越多的客户开始把线下交易转到线上。

(4) 一体化。买卖双方在早期各自发展独立封闭的供应链，如今，通过一体化整合可以实现不同供应链之间的对接，形成更加紧密的供销关系。简单地讲，一体化就是双方供应链和数据实现对接，以缩短反应时间和提高效率。B2B平台与B2C企业进行深度整合、完美对接，意味着B2B终于借助互联网完成了向渠道和最终消费者的布局，互联网的渠道价值实现了最大化，B2B平台也因此有了新的价值。例如，2014年6月6日，京东、亚马逊中国、当当网、凡客诚品等7家国内顶级B2C企业宣布入驻慧聪网（B2B）的消息传出，重新唤醒了市场来评估B2B平台的商业价值。B2B与B2C逐渐融合，贯通电子商务产业链，而B2B平台则逐渐发展成为各个供应链的关键接口。

2.4 O2O电子商务交易模式

2.4.1 概念

O2O（online to offline）电子商务模式是线上渠道和线下渠道有机结合的一种电子商务模式。它是指将线下商务机会与互联网技术结合在一起，让互联网成为线下交易的前台。O2O模式实现的前提条件是企业必须有线下实体店（或体验店），如此线下服务就可以到线上来揽客，消费者可以在线上筛选服务、成交和结算，信息流可以全部在网上进行。与此同时，消费者还能进行线下体验。

O2O电子商务交易模式的特点主要有整合性、便捷性、服务性、多元性等。

1. 整合性

O2O协同线上线下渠道，利用互联网资源充分发挥线下优势，打通线上线下的信息和体验环节，让线下渠道更畅通、更高效，线上平台更注重用户的需求体验和服务落地。

2. 便捷性

对于消费者而言，能更加便捷地获取丰富全面的产品信息和导购服务；对于企业而言，能够获得更多的销售机会和用户数据，营销效果可检测，经营成本可降低；对于线上平台而言，在双边市场中，能吸引大量高黏性的消费者和商家加入平台，进而获取高额的广告收入。

3. 服务性

面对具有更广阔市场的生活服务类需求时，传统的电子商务模式无法满足消费者的需求，而 O2O 商业模式让消费者从线上平台掌握更多的线下服务信息，特别是在一些非标准、高单价商品上的尝试，提供个性化体验服务。

4. 多元性

O2O 商业模式相对清晰，容易千篇一律，同质化竞争激烈，因此企业只有不断完善和革新，做出产品和服务的差异化，创造具有竞争力的盈利模式，才能满足消费者对高标准服务体验和多样化需求的要求。

2.4.2 分类

1. 线上到线下的 O2O 商业模式

企业先搭建起一个线上平台，以这个平台为依托和入口，将线上流量导入线下渠道进行营销活动和服务体验。这个平台是 O2O 模式运转的基础，应具有整合巨大资源流的能力和线上线下相互转化的能力。目前，团购网、本地生活服务类网络公司都采用了这种模式。

2. 线下到线上的 O2O 商业模式

企业以搭建的线下渠道为依托开展本地营销，用看得见、感受得到的优质产品和服务吸引消费者到店体验消费，同时将线下商业流导入线上平台，更大范围地锁定目标客户完成在线交易，由此促使企业全渠道营销与用户全覆盖。在这种 O2O 模式中，企业需要自建线下实体渠道和线上网络平台，其基本结构是先开实体店铺，后建网络商城，再实现线下实体店铺与线上网络商城同步运行。现实中，许多传统企业采用了这种模式。

3. 线上到线下再到线上的 O2O 商业模式

企业先搭建起线上平台进行营销或交易，再将线上流量导入线下渠道，让用户到店享受服务体验，最后让用户回到线上进行交易或消费体验。这种模式是线上到线下模式的延伸，电商企业、互联网公司大多采用此种模式，它的 O2O 生态链条就是先自建线上商城，以网络平台为基础，以流量用户为核心，自营或与线下实体企业合作，在实现流量落地的同时弥补在线购物服务体验环节的不足，再让用户回到线上及时完成反馈，为企业精准营销和其他用户交易提供依据，促使线上线下形成循环完整的商业模式闭环。

4. 线下到线上再到线下的 O2O 商业模式

这种模式是线下到线上模式的拓展，虽然积极开发网上平台或入驻全国布局的第三方互联网平台进行线上营销或交易，但是企业仍以线下渠道为核心，优化线下渠道，为消费者提供更加舒适完美的消费体验场所，也吸引在线用户到店感受商家的产品和服务，进而形成企业与消费者互动、线上与线下融合的商业模式。此模式中所选择的第三方平台一般是现成的、颇具影响力的网络平台，也可同时借用多个第三方平台，这样就可以借力第三方平台引流网络红利，从而实现自己的商业目标。现在，零售企业、连锁实体店采用这种模式的居多。

按照企业的业务对象，还可分为以下 4 类 O2O 商业模式。

(1) 以信息流为中心的 O2O 商业模式。这类企业的主要业务对象是信息的流通，不仅包括提供商品信息、营销促销、地理位置、技术支持，还包括商家的售后服务、商业信誉和顾客的支付能力、消费信息等内容，这样解决了信息不对称和不透明的问题。

(2) 以商流和物流为中心的 O2O 商业模式。商流是指商品在购销双方之间进行交易并发生商品所有权转移的运动过程，具体是指商品交易的一系列活动；物流是指物品的流动过程，具体指运输、储存、配送、装卸、保管、物流信息管理等各种活动。所以这类企业的主要业务对象是商流和物流，也就是商品的预订、买卖和物流递送，消费者通过线上渠道下单，商家通过快递实现运输。

(3) 以资金流为中心的 O2O 商业模式。这类企业的主要业务对象是资金的转移，包括预付、支付、转账、到账等过程。可以快速、便捷地实现线上线下交易的跨渠道资金流动，基于移动支付和线上云平台的结合进行数据跟踪、精准营销、线上会员维护，从而形成资金链闭环。

(4) 以人或人的需求为中心的 O2O 商业模式。O2O 的本质是服务，如何贴近用户以满足其痛点和需求是每个执着于线上线下深度融合的企业所必须考虑和解决的。所以这类企业的主要业务对象是人，将不同的人连接起来，或者将需要某种诉求的人在线上线下之间相互转换，充分利用人的社交化网络，达到双向流动的目的。

2.4.3 业务流程

O2O 业务流程主要有线上撮合、线上支付、线下消费、消费反馈等流程。

首先，消费者在线上获取商品或服务信息，做出选择并进行评估，做出购买决策。然后，消费者对所选购的商品或服务进行在线支付，并领取支付凭证。凭借支付凭证，消费者到线下实体店去消费所购买的商品或服务，实现线下消费。消费完成后，将与交易相关的数据进行实时处理，O2O 平台把分析的消费数据提供给商家，并把商品信息和消费反馈信息准确推送给消费者，为消费者再次购买商品或服务提供依据。

2.4.4 发展现状

O2O 概念从产生到爆发，只有短短几年时间，迅速蔓延到零售、餐饮、出行、娱乐、服装、旅游、教育、医药、农产品、房地产、家具建材等各大行业，互联网企业和传统企业着力布局 O2O 模式，O2O 创业公司拔地而起，风投公司纷纷介入，众多资源的参与证明了 O2O 商业模式是可行的。这是因为它将原来单场景处理的业务分解为可以多场景满足用户需求的方案，以前互联网行业仅依靠线上网络平台信息量获取用户流量，传统行业则依靠线下实体门店存在感导流消费者，现在 O2O 商业模式解决了互联网行业的线下落地问题和传统行业的电子商务问题，改变了互联网行业和传统行业的流量机制，提高了单一模式所导致的时间差和空间差的市场效率，使得线下服务资源分布的密度和空间在更大的范围内实现了用户密度和资源密度的匹配。目前 O2O 领域是一个多元化的体系，不断培育细分化的产品和服务，而这正是这一商业模式得以壮大的基础。互联网三巨头阿里巴巴、百度、腾讯依靠自身强大的开放平台，以社交软件入口、在线支付工具、自营业务端口、投资收购项目为核心，以流量、内容、会员、资金、技术为抓手，以新零售、出行、外卖、地图、团购、旅游、房产等本地服务为重点，在提升用户体验的同时与线下实体店广泛合作，提供平台流量、数据支持、在线支付、人工智能和精准营销等服务，弥补线下市场空缺的短板。我国大型传统企业利用自己广泛的线下渠道，借助互联网线上平台和物联网技术实现产品全渠道营销和服务无缝隙对接，建立线上线下一体化会员体系，打造各种消费信息背后的“数据黄金”，通过数据驱动购物场景、品类配置、物流仓储，既能实现对消费者即时需求的预测，又能监测消费者长期购买的偏好，由此不断深度挖掘和引导消费者需求，提高消费者渗透率和市场占有率。O2O 创新企业往往专注于解决某个消费需求痛点，采用洗衣、家政、丽人、社区等本地生活服务 O2O 模式，在确保服务质量的前提下把传统的消费流程化简，方便消费者的刚性需求成为高频次需求，并能够在经过标准化流程后快速复制，增加相关消费服务项目或向上下游拓展至服务生态链使其规模化，从而提升自身核心竞争力。

在 O2O 商业模式繁荣发展的背后，我们也看到了它的局限和困境。从 2015 年起，前景明朗的形势突然出现了大反转，虚假泡沫的破灭揭开了真实的市场状况，一些 O2O 项目因为同质化、高成本、低收益以及供应链、资金链等管理问题而失败，各大媒体头条甚至发布了一张数百家 O2O 企业的破产名单，其中有大量的中小企业。O2O 商业模式的局限在于：一是市场竞争环境不乐观，行业巨头通过并购或入股的形式布局各自的 O2O 生态圈，中小企业发展机会渺茫；二是传统行业自营 O2O 模式面临成熟电商的挤压，自我变革与创新压力大；三是大部分服务类 O2O 和社区类 O2O 细分领域狭窄，存在行业壁垒和线下壁垒，社区边界和用户流量有限，渗透率不高，做大做强较难；四是非刚需类的 O2O 项目消费频次低，用户消费习惯未养成；五是随着资本寒冬的到来，投资方对 O2O 市场的态度谨慎，大批 O2O 公司因资金链断裂而倒闭。而困境主要体现在：一是传统行业 O2O 转型路径不丰富，线上运作费用高昂，线下渠道反应迟钝，线上线下跨平台融合度不深，缺少创新性；二是 O2O 平台投入巨额资金抢流量和产品重叠化现象严重，缺少优质的产品、服务或内容，整合资源的运营能力和后期把控能力不足；三是有些企业基于自身特色产品或服务形成的 O2O 模式面临定位、物流、规模化、精细化等压力，做得好 B 端，却戳不到 C 端用户的痛点，两端关系严重失衡，无法完成 O2O 闭环；四是商家经营成本高，线下体验标准不一致，信用资质不高容易出现损害消费者利益的情况，同时规范监管也不到位；五是O2O创业公司盈利模式不清晰，尚未探索出一条可以提供稳定营收的道路，出现“线上下不去，线下上不去”的问题。这些局限和困境对于绝大多数采取O2O商业模式的企业来说都是很严峻的考验。但是，任何新生事物都会经历“诞生—发展—高潮—沉淀—调整—升级”的螺旋式发展和上升趋势，正如“道路是曲折的，前途是光明的”。当前的O2O在一阵阵波浪式的行业大洗牌之后，让我们看到了它强大的生命力，也对它的现状有了更深刻的认识。O2O商业模式已经从野蛮增长的感性阶段回归到创新变革的理性阶段，大型企业全面开花、科技智联、重金推广，中小企业抱团取暖、优势整合、服务精细，呈现出“大而全小而专”的生动局面，以更稳定、更健康、更多元的姿态和面貌向前发展。

近年来，依托互联网技术的发展，在“互联网+”热潮的催动下，我国O2O市场规模发展较为迅速。数据显示，2011年我国O2O市场规模为562.3亿元，2012年为986.8亿元，2013年则为1 944.1亿元，到2020年，我国O2O市场规模达到了14 399.5亿元。与2011年相比，2020年我国O2O市场规模增加了13 837.2亿元，如图2-3所示。

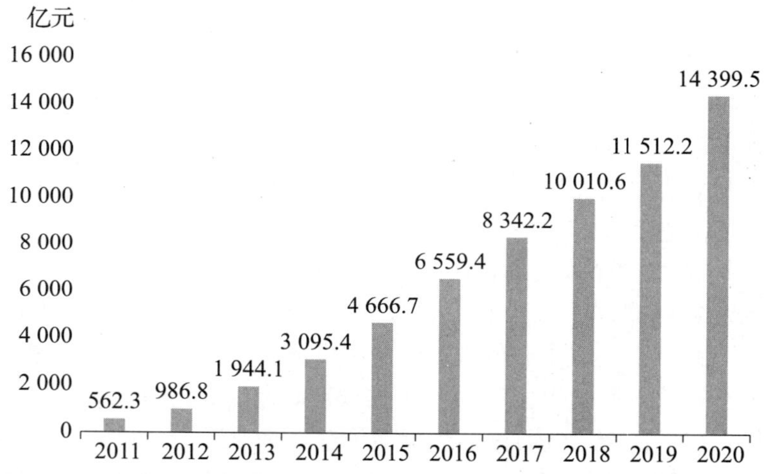

图2-3 2011—2020年中国O2O市场规模

资料来源：网经社“电数宝”.

□ 思考题

1. 简述B2C，C2C，B2B，O2O这四种电子商务交易模式的区别。
2. 分别列举B2C，C2C，B2B，O2O电子商务模式的典型代表。
3. 试分析我国各种电子商务交易模式发展的影响因素。
4. 我国电子商务交易模式目前存在什么问题？
5. 未来应如何更好地推动我国各种电子商务交易模式的发展？

练习题

一、单项选择题

1. 在电子商务模式分类中，B2C 是（ ）。

A. 企业与消费者间的电子商务模式　B. 企业内部的电子商务模式
C. 消费者与消费者间的电子商务模式　D. 企业间的电子商务模式

2. 阿里巴巴 B2B 网站属于（ ）。

A. 以卖方为主的 B2B　B. 以买方为主的 B2B
C. 中立的网上交易市场模式　D. 第三方模式

3. 闲鱼网站属于（ ）。

A. B2B 电子商务平台　B. B2C 电子商务平台
C. C2C 电子商务平台　D. O2O 电子商务平台

4. 我国最早产生的电子商务模式是（ ）。

A. B2B 模式　B. B2C 模式
C. C2B 模式　D. C2C 模式

二、多项选择题

1. 电子商务对于企业降低成本是行之有效的途径，具体表现在降低（ ）。

A. 采购成本　B. 库存成本
C. 营销成本　D. 经营成本

2. 电子商务对消费者购物的影响包括（ ）。

A. 改变消费者信息收集的方式　B. 改变消费者的兴趣爱好
C. 改变消费者购后行为　D. 改变消费者的购物方式

3. 下列各项中，不是商业模式的四个基础的有（ ）。

A. 基础条件　B. 核心价值
C. 顾客　D. 物流

4. B2C 模式的主流模式包括（ ）。

A. 平台型 B2C 模式　B. 垂直型 B2C 模式
C. 结合型 B2C 模式　D. 平行型 B2C 模式

5. B2C 电子商务模式的企业类型中，经营离线商店的零售商有（ ）。

A. 上海书城　B. 京东
C. 阿里巴巴　D. 上海华联超市

6. B2B 模式的特征有（ ）。

A. 需求信息定位准确　B. 交易成本有效降低
C. 规模优势明显　D. 交易对象广泛

7. O2O 模式的业务流程包括（ ）。

A. 线上撮合　B. 线上支付
C. 线下消费　D. 消费反馈

三、判断题

1. B2C模式的代表网站有天猫、京东、苏宁易购、亚马逊中国、阿里巴巴等。 (　　)

2. 两个企业通过网络进行的交易肯定是B2B模式。 (　　)

3. 在天猫开店的可以是商家，也可以是个人。 (　　)

4. C2B电子商务模式强调的是消费者的主导性和以消费者为中心的特点。 (　　)

5. O2O模式的代表网站有拉手网、大众点评O2O、苏宁易购O2O、闲鱼、淘宝等。 (　　)

6. O2O的主流模式只有线上到线下和线下到线上。 (　　)

第三章

电子商务的理论基础

案例导入

唯品会：时尚零售尾货的长尾理论

广州唯品会信息科技有限公司（简称唯品会）成立于2008年8月，在12月8日上线了唯品会网站（https://www.vip.com）。唯品会“品牌折扣+限时抢购”的商业模式与其“零库存”的物流模式相结合，使其在短时间内在电子商务领域闯出了一条自己的路。现在唯品会网站上有几千种名牌商品，主要包含一线和二线的大品牌，拥有名牌服装、鞋子、箱包、化妆品等种类。消费者在唯品会网站上可以用较低的价格买入高质量的名牌正品，同时能享受到以优惠价格购买相同产品的售后服务和安全的交易环境。

传统的时尚品牌零售业由于存在信息不对称的情况，品牌溢价较为严重，消费者需要付出更多的成本购买品牌商品。同时，由于高价使得商品的销售量减少，时尚品牌有了大量的库存积压，成了过时产品，这是传统时尚品牌零售业所面临的普遍问题。唯品会就为这些过时的时尚品牌清理库存，其闪购模式的核心就是帮助品牌商处理过季的尾货，同时刺激消费者冲动购买。

一个品牌从产品的开发设计、采购、制造、流通到进入市场的周期非常长，一般至少需要12～18个月，这样长的周期造成了时尚品牌的库存永远存在，处理时尚尾货是一个非常大的市场。同时，一些经济实力不够强的消费者在名牌商品质量过硬的情况下，对于产品是否过时并不在意，对这些折扣产品仍然有着巨大的需求。

唯品会利用网络平台，将这些消费者集中起来，不但满足了这些消费者的需求，还为众多的时尚品牌商提供了一个处理尾货的平台，这种做法就是利用了经济学中的长尾理论。通过网络平台进行信息整合所创造出的巨大价值，是电子商务和经济学相结合的效果。

思考题

1. 电子商务中有哪些理论知识？
2. 什么是长尾理论？

3.1 电子商务的网络经济学基础

3.1.1 网络经济概述

1. 网络经济的概念

网络经济这一概念最早可以追溯到 20 世纪 80 年代。随着第三产业的兴起，日本学者在研究物流运输和交通等为代表的第三产业时发现，这些产业的发展大部分为网状结构，于是将这些企业相互联系的发展模式命名为网络经济。20 世纪 90 年代以后，随着互联网技术的发展，美国学者又对网络经济进行了重新界定。在这一界定下，网络经济这一概念被缩小到和计算机网络相关的经济问题，被定义为通过互联网等计算机技术进行的以成本或收益核算为主的经济活动。随后由于信息技术和信息网络的发展，以及人们对于网络这一概念的认识不断加深，更多的研究主题被纳入网络经济研究范围，网络经济这一概念不断扩大。目前学术界对于网络经济较为统一的定义是，网络经济是通过有形或无形的信息网络所开展的经济活动的统称，是以现代信息技术为核心的一种新的经济形态。

2. 网络经济的特征

(1) 投入要素以信息资源为主。传统经济投入要素以土地或者资本等资源为主，网络经济投入的要素以信息资源和技术知识等资源为主，这些资源与传统经济所需资源相比，有更强的外部性和流动性。在网络经济下发挥关键作用的是信息等资源，此时更需要知识的传播和有创造性的人才资源。同时随着互联网技术的成熟，信息资源等在传播的过程中速度更快，信息缺失率更低，信息资源共享所创造的价值也会越来越大。

(2) 网络的外部性。外部性表现在组织外部的信息或行为对组织内部人员或者决策产生影响，主要说明的是组织或者个人的信息或行为不仅作用于自身，也会影响其他组织或者个人。通过互联网，信息传递得更快更广，这种作用会更为明显。网络的外部性根据是否对组织或个人产生积极影响可分为正外部性和负外部性，也可根据直接作用和间接作用分为直接外部性和间接外部性。

(3) 边际收益递增。传统经济一般呈现边际收益递减的规律，发展到一定规模就受到了限制。而网络经济由于边际收益成本递减同时具有累积增值性，呈现出边际收益递增的规律。网络经济的边际收益递增主要是由平均成本的降低引起的，在之后的规模经济效应中会详细讲述。网络经济的累积增值性主要是因为在信息成本几乎没有增加的情况下，信息有较强的流动性和外部性，其使用的规模不断扩大，这种传递效应也使得网络经济的边际收益递增。

(4) 赢者通吃。在网络经济中，已经形成规模的产品在市场中拥有绝对优势的市场份额，人们在使用过程中有了这种习惯，随着口碑等传播，更多人会使用，该企业规模不断扩大，进一步稳固了竞争优势，对消费者的吸引力就更强。这样循环下去，随着边际收益递增，就出现了马太效应，使得网络经济最终走向赢者通吃。

（5）注意力经济。注意力经济更强调注意力在众多资源中的稀缺性。一方面，随着移动互联网和电子商务行业的进步，过于纷繁复杂的消费信息引起了用户注意力的分散；另一方面，出于个人喜好、特点和个性等众多因素，注意力在不同服务或产品之间的分配是不均衡的。因而我们可以说，相比信息而言，注意力是网络经济中更为稀缺的资源，在注意力经济视角下，会更强调预期的功能作用。在大型互联网平台类企业建立起一定数量的消费者基础后，已获得的消费者会吸引更多其他的消费者关注该企业的产品或服务，即获得更多消费者的注意力，这种现象也称为注意力的从众特征，这部分注意力资源通过预期销量的形式反馈给企业。

（6）技术标准间的竞争出现。在传统经济市场中，企业之间的竞争大多是产品和服务的价格和质量竞争，然而在网络经济下，知识与技术已经发展成为市场中最具价值的生产要素，因之而出现的在技术标准方面的竞争日渐激烈。对于企业而言，掌握产品标准的制定权即意味着掌握市场的主动权，技术标准在某种程度上已经成为网络经济下市场的进入壁垒之一，对于科技含量越高的行业来说，技术标准带来的进入壁垒越大。

3.1.2　规模经济效益与协同效应

1. 规模经济效益

规模经济效益取决于成本结构。企业的总成本由固定成本和可变成本组成，固定成本所占比重越高，实现的整体规模经济效益也就越好。规模经济效益来自分摊到每单位产品的固定成本的下降，即扩大经营规模可以降低平均成本，从而提高利润水平。

互联网具有明显的规模经济效益，网站一旦建成，办公楼、服务器、系统软件、水电费，甚至维护和更新网站的人员薪资都是固定成本，因为这些成本与互联网公司的产出无关。互联网的边际成本更低，规模经济效益更为显著，在网站上增加一个客户几乎没有成本。腾讯的一款电子游戏开发成功，网上可以有百万人甚至千万人下载而不会增加腾讯的成本。淘宝已有 4 亿活跃用户，第四亿零一个客户登录购买商品，不会给淘宝带来任何额外的负担，即边际成本近乎为零。

2. 协同效应

协同效应虽然也十分依赖整体规模，但主要还是来自品种增加所带来的利润，而非单一产品的平均成本的下降。微信平台开发和运维的成本是固定的，在微信平台上加入更多的增值服务，如支付、游戏、微视频等，就会为腾讯带来更多的经济收益。协同效应同时也在 iOS 系统中体现，新增一个 App，比如增加某游戏 App，用户会在游戏中消费，给苹果公司带来收益，但其实新增的 App 几乎不会消耗苹果公司的任何资源。

商家之间的协同也不可忽视，例如在饿了么订了一餐烧烤外卖，顺便再下单买几瓶啤酒。商品种类越齐全，客户购买的便利性体验越好，电商的收入也就越高。

3.1.3 网络经济的三大定律

1. 摩尔定律

（1）摩尔定律的概念。摩尔定律是指单片硅芯片的处理能力每隔约 18 个月翻一番，价格减半。摩尔定律是由英特尔公司（Intel）名誉董事长戈登·摩尔（Gordon Moore）经过长期观察发现的。

1965 年，戈登·摩尔在准备计算机存储器发展趋势的报告时，从多年的数据中发现了一个非常巧合的趋势。每个芯片的容量是前一代芯片的两倍左右，同时这两代芯片出现的时间之间几乎都为 18 个月。如果这个趋势继续的话，计算能力相对于时间周期将呈指数式上升。戈登·摩尔的观察资料就是现在所谓的摩尔定律，所阐述的趋势一直延续至今且较为准确。人们还发现这一规律不仅适用于单片硅芯片，也精确地说明了处理机能力和磁盘驱动器存储容量的发展。这一定律已经成为许多行业在进行性能预测时的理论依据。

（2）摩尔定律的演化。

1）摩尔第二定律。摩尔定律提出 30 年来，集成电路芯片的性能得到了大幅的提高，但与此同时，英特尔公司高层人士开始注意到芯片生产厂的成本在相应提高。1995 年，英特尔公司董事会主席罗伯特·诺伊斯预见，摩尔定律将受到经济因素的制约。同年，戈登·摩尔在《经济学家》杂志中撰文写道："现在我最为担心的是成本的增加，这是另一条指数曲线。"他的这一说法称为摩尔第二定律。

2）新摩尔定律。近年来，国内 IT 专业媒体上又出现了"新摩尔定律"的提法，指的是我国 Internet 联网主机数和上网用户人数的递增速度，大约每半年就翻一番。而且专家预言，这一趋势在未来若干年内仍将保持下去。

（3）摩尔定律的主要意义。摩尔定律归纳了信息技术进步的速度。在摩尔定律被广泛应用的多年中，互联网从最开始的军事用途到现在连接了几乎每个人群活动区，计算机从最开始的庞然大物变成了现在人人可以携带的轻薄本。

由于高纯硅的独特性，集成度越高，晶体管的价格越便宜，这样也就引出了摩尔定律的经济学效益。在 20 世纪 60 年代初，一个晶体管要 10 美元左右，但随着晶体管越来越小，直到小至一根头发丝上可以放 1 000 个晶体管时，每个晶体管的价格只有千分之一美分。

2. 梅特卡夫定律

（1）梅特卡夫定律的概念。梅特卡夫定律是一个关于网络价值和网络技术发展的定律，由乔治·吉尔德于 1993 年提出，但以计算机网络先驱、3Com 公司的创始人罗伯特·梅特卡夫的姓氏命名，以表彰他对以太网的贡献。其内容是：一个网络的价值等于该网络内的节点数的平方，而且该网络的价值与联网的用户数的平方成正比。该定律指出，一个网络的用户数量越多，整个网络和该网络内的每台计算机的价值也就越大。

例如，设想一家电话公司正在投资架设光缆，那么被连接的用户节点之间有可能进行通话，公司便可以收取话费。3 条光缆（粗线）连接 4 个节点，有 6 对可能的节点互动。4 条光缆（粗线）连接 5 个节点，可能的互动增加到 10 对，如图 3－1 所示。成本增加 33%，话费收入增加 67%，收益递增或指数增长。以此类推，N 个（比如 10 亿个）客户有多少两两互动的可能？显然，答案为 $C_N^2=\frac{N(N-1)}{2}$ 。忽略低阶的 N 得到梅特卡夫定律：$V_M=K_1\times N^2$，V_M 代表具有梅特卡夫效应的网络价值，K_1 是常数，N 是网络节点或网络用户数。即电话公司的收入或者网络的价值随用户数增加呈指数增长，网络的理论价值和节点的平方成正比。

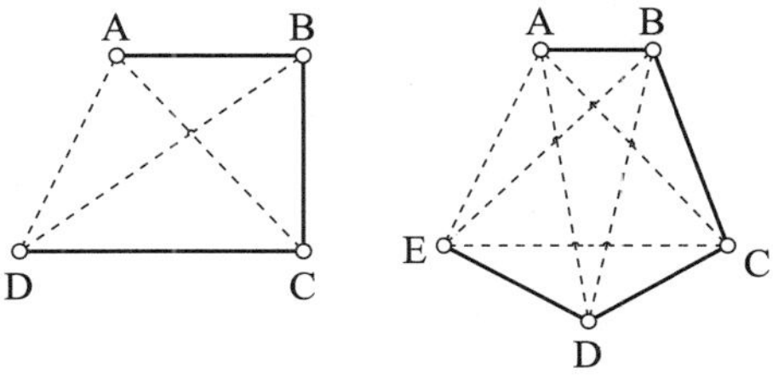

图 3-1 光缆之间的梅特卡夫定律

梅特卡夫定律并非物理学意义上的精确定律，而是从大量数据分析中得出的具有统计学意义的近似公式。2015 年，中国科学院的 3 位研究人员分析了脸书和腾讯的实际数据，证明梅特卡夫定律是成立的，互联网公司的市场价值的确与网络节点数的平方成正比。

（2）双边市场效应和梅特卡夫定律的辨析。双边市场效应是指不同类型用户之间正反馈交互所创造的价值。由于同类用户之间没有交互，因此双边市场效应是弱于梅特卡夫定律的。优步（Uber）等出租车服务平台具有很强的双边市场效应，用户如果有较多的打车需求，司机的预期收入就会提高，就会有更多人加入司机的行列。同时由于司机人数变多，用户也能很方便地打车，因此就会有更多的用户愿意使用优步租车平台，从而形成一个良性循环。

区分双边市场效应和梅特卡夫效应是重要的，在双边市场中，并非任意两个节点都可能产生交互。在大多数情况下，同类用户无交互，如图 3-2 所示，约车平台上的司机 A 和 B 之间没有沟通，打车人 C 和 D 彼此素昧平生。4 个节点只有 4 对可能的互动，即 AC，AD，BC，BD，而图 3-1 中同样 4 个节点有 6 对可能的互动。对比图 3-1 和图 3-2，我们可以清晰地从网络结构以及交互的丰富程度上看出梅特卡夫效应和双边市场效应的差别。

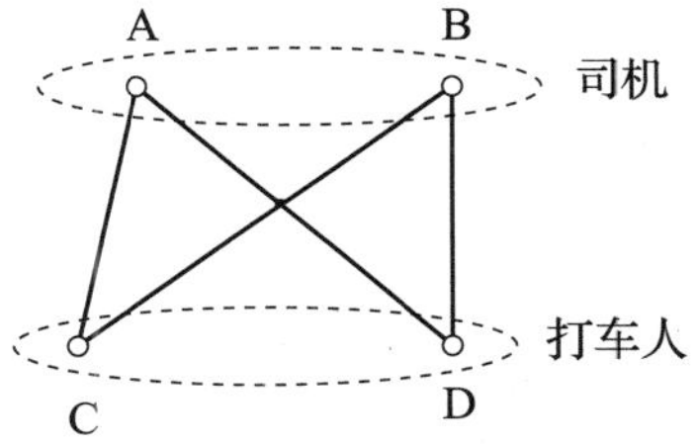

图 3-2 供应商-消费者之间的交互

（3）梅特卡夫定律的意义。梅特卡夫定律主要基于每一位新上网的互联网用户都因他人的互联网而使自己获得了与其他人进行信息沟通和交流的机会，指出了互联网具有极强的外部性和正反馈性：互联网的客户数量越多，网络的应用价值就越大，互联网的应用需求也就越大。这样，我们可以看出梅特卡夫定律指出了从总体上看消费方面存在效用递增，即需求创造了新的需求。

投资者之所以青睐互联网公司，就是因为梅特卡夫效应驱动下利润的指数增长，传统行业几乎没有这样的发展前景。投资者并不在意公司目前是否盈利，他们看重的是活跃用户数、流量大小，以及公司能否迅速扩大规模，实现投资的超额回报。但这样的投资方法当然也会有一定风险，即被投企业在达到超额回报点之前，就因为资源耗尽而破产。

3. 达维多定律

（1）达维多定律的概念。达维多定律是以曾担任英特尔公司高级营销主管和副总裁的威廉·H. 达维多（William H. Davidow）的名字命名的。达维多认为，任何企业在本产业中必须第一个淘汰自己的产品。一家企业如果要在市场上占据主导地位，就必须第一个开发出新一代产品。如果被动地以第二或者第三家企业将新的产品推向市场，那么获得的利益远不如第一家企业作为冒险者获得的利益，因为市场的第一代产品能够自动获得 50%的市场份额，尽管可能当时的产品还不尽完善。比如英特尔公司的微处理器并不总是性能最好、速度最快的，但是英特尔公司始终是新一代产品的开发者和倡导者。英特尔公司在 1995 年为了避开 IBM 公司系列产品的挑战，曾经故意缩短了当时极其成功的 486 处理器的技术生命。1995 年 4 月 26 日，许多新闻媒体都报道了英特尔公司牺牲 486 处理器、支撑奔腾 586 处理器的战略。这一决定反映了英特尔公司的一个长期战略，即运用达维多定律的方法，要比竞争对手抢先一步生产出速度更快、体积更小的微处理器等，然后一边削减旧芯片的供应，一边降低新芯片的价格，使电脑制造商和电脑用户不得不听其摆布。英特尔公司通过使用这种战略，把许多竞争对手远远抛在了后面，因为这些竞争对手在此时生产出的产品尚未能达到英特尔公司制定的新标准。

（2）达维多定律的意义。达维多定律告诉我们：只有不断地创造新的产品，及时地淘汰旧的产品，使成功的新产品尽快地进入市场，才能形成新的市场和产品标准，从而掌握制定游戏规则的权力。要做到这一点，其前提是在技术上永远领先。消费心理和行为习惯会造成巨大的黏性，使第一个进入者得到高额利润。企业只有依靠创新所带来的短期优势来获得高额的创新利润，而不是试图维持原有的技术或产品优势，才能获得更大发展。

3.2 电子商务的信息经济学基础

3.2.1 信息经济学概述

1. 信息经济学的概念

美国经济学家马尔萨克于 1959 年发表论文《信息经济学评论》，标志着信息经济学的诞生。经过多年的发展，其作为经济学分支的学科地位已经确认，但经济学家对信息经济学的理解和表述多种多样，迄今没有形成确定的体系，正处于多种定义并存的阶段。总体来说，信息经济学的研究有两条主线。

一是以弗里兹·马克卢普（Fritz Machlup）和马克·尤里·波拉特（Mac Uri Porat）为创始人的宏观信息经济学。宏观信息经济学又称情报经济学、信息工业经济学，以研究信息产业和信息经济为主，是研究信息这一特殊商品的价值生产、流通和利用以及经济效益的一门新兴学科，是在信息技术不断发展的基础上建立和发展起来的，是经济学的重要领域。

二是微观信息经济学、微观资源管理与社会科学，以斯蒂格勒、阿罗作为最初的研究主体。所谓的微观信息经济学也称理论性信息经济学，它从一个微观的视角入手，研究各类信息产品的使用成本和价值，并且首先提出了利用不完全的信息经济学理论方法来纠正传统市场模型中关于信息完全和确知的假设，重点考察运用信息提高市场经济效率的种种机制。因为主要研究在非对称信息情况下，当事人之间如何制定合同、契约及对当事人行为的规范问题，所以又称契约理论或机制设计理论。

现代信息经济学家普遍认为，价格是在搜寻中获得的，是以付出成本为代价的，因而，信息是不完全的，这就决定了竞争是不完全的。决策个体之间存在直接的相互作用和影响，私人信息发挥着重要作用，因而，信息是不对称的。在信息不完全和非对称条件下，个人理性选择的结果可能是非理性的，个人理性并不必然导致集体理性，价格并不能囊括全部的市场经济关系。因此，市场价格制度就不再是激励约束的全部内容和手段，“非价格”机制成为激励约束不可或缺的内容。信息经济就是运用机制设计理论来设计“非价格”机制以解决这个问题的。

2. 电子商务对信息经济学的影响

理论上电子商务对信息经济学的有利影响可归为三点。第一，电子商务使信息搜索成本降低，市场交易主体的信息不对称状态得以改善，从而降低了交易费用。第二，电子商务中类似搜索引擎的存在使得市场交易主体的信息不完整状态得以改善。第三，电子商务改变了中介（甚至去除了中介），使得代理的成本降低。尽管从理论上电子商务提高了信息的获取效率，但这不能说明电子商务提升了市场的交易效率。格罗斯曼和斯蒂格利茨在 1980 年提出了一个由两个被证明相互矛盾的命题构成的格罗斯曼-斯蒂格利茨悖论，这两个命题分别是：一是如果市场上价格信息是充分传递的，那么，市场均衡是不存在的；二是如果获取信息是不需要付出代价的，那么将不存在通常意义上的竞争均衡。在现实生活中，如果信息是完全的，人们获取信息不需要付出成本，那么没有人会有动力去收集和传递信息，将使市场交易的机会减少。这说明了完全的信息可能会降低市场交易效率，那么市场的不完全性一定是存在的，而且实际在电子商务市场上信息不对称问题可能更为严重。极高和极低的信息获取效率都会降低市场交易效率，但信息获取效率应保持在何种程度才能使得交易最大化，信息经济学并没有告诉我们。

3.2.2 委托代理理论

现代意义的委托代理的概念最早是由罗斯提出的：如果存在当事人双方，其中代理人一方代表委托人一方的利益行使某些决策权，则代理关系就随之产生。委托代理理论是建立在非对称信息博弈论的基础上的。非对称信息（asymmetric information）指的是当事人双方一方拥有信息但另一方不拥有这些信息。

委托代理理论有以下两个基本假设：（1）委托代理中，双方利益是不同的。委托人和代理人都是为了追求自身效益的最大化而行动的，委托人是为了追求好结果，但代理人不关注结果，代理人可能利用委托人委托的资源等谋取自己的利益。（2）委托人和代理人之间的信息是不对称的。一般来说代理方处于信息优势方，委托人不能直接观察代理方的努力程度，代理方就可利用信息优势获取利益。

委托代理理论的中心任务是研究在利益相冲突和信息不对称的环境下，委托人如何设计最优契约激励代理人。在委托代理关系中，为了减少代理问题，需要设计相关机制。为了达成委托代理均衡合同，需要达到以下三点要求：（1）刺激一致性。对代理方的激励应朝着委托方所需结果的方向。（2）参与约束。委托方要给出一个预期收益，通过一些监管使得代理方达到相关要求。（3）委托方所提要求使得代理方收益最大化，才能更好地激励代理方完成任务。

在委托代理关系中，代理方一般是信息优势方。同时，委托方在某些方面会有信息优势，给代理方带来麻烦，在之后道德风险的例子中会讲到。从非对称发生的时间看，以当事人签约为时间分隔点，可分为事前非对称信息博弈和事后非对称信息博弈。研究事前非对称信息博弈的模型称为逆向选择（adverse selection），研究事后非对称信息博弈的模型称为道德风险（moral hazard）。

1. 逆向选择

逆向选择在经济学中是指由交易双方信息不对称和市场价格下降产生的劣质品驱逐优质品，进而出现市场交易产品平均质量下降的现象。

乔治·阿克劳夫在1970年发表了名为《柠檬市场：质量不确定性和市场机制》的论文，被公认为信息经济学中最重要的开创性文献。乔治·阿克劳夫在这篇论文中提出的逆向选择理论揭示了看似简单实际上又非常深刻的经济学道理。这篇文章提出的逆向选择问题主要基于二手车市场买方和卖方的信息不对称。二手车市场中汽车的质量参差不齐，卖方知道汽车的真正价值，买方却不知道。买方就只能以二手车市场中车辆的平均价值来定义自己愿意购买的价格，那些高于平均价位的汽车就会退出这个交易市场。于是，买方对二手车市场汽车的平均估值下降了，同样高于平均价位的汽车接着退出交易市场。以此演绎推理，那么最终二手车市场全是最破烂的汽车，可能不会有成交量。在现实的情况中，社会成交量小于实际均衡量，这一情况就称为逆向选择。

2. 道德风险

道德风险是指交易合同达成后，从事经济活动的人在最大限度地增进自身效用的同时做出不利于他人的行动。

在经济活动中，道德风险问题相当普遍。2001年度诺贝尔经济学奖获得者斯蒂格利茨在研究保险市场时，发现了一个经典的例子。几个大学生发现校园中自行车被盗的比例为10%，他们就推出一项自行车被盗险，费用为保险标的的15%。从理论上讲，卖保险的大学生应该赚取5%左右的利润，但随即他们发现已投保的自行车被盗率升到了15%以上。这是由于买保险的人知道自己的自行车有了保障，因此降低了对自己自行车被盗隐患的防范，对自己自行车的安全防范不作为。这些不作为的行为就是道德风险，只要有市场经济，道德风险就会一直存在。

3.2.3 电子商务中的信息不对称问题

1. 信息不对称问题产生的影响

前面已经说明电子商务中信息不对称问题是一定存在的，这些信息不对称问题会给电子商务的交易带来各方面的影响。

(1) 信息不对称问题对市场的影响。在电子商务市场中因产品质量不确定而引起的信息不对称可能比传统市场更严重。在电子商务市场中，商品在购买后才被顾客了解，实物类商品由于可以退换能减轻消费者顾虑，但一些资讯类商品没有这种形式，很难让顾客相信这类商品的质量。同时，一些经验型产品需要顾客长时间使用后才能出现效果，即使有大量的广告和产品信息也不能使顾客完全相信这类产品的质量。部分电子商务市场上销售商的信誉难以确认，同时很多商品只购买一次，没有太多保障，这些不确定性的存在使得一些电子商务市场运行的效率十分低下。

(2) 信息不对称问题对消费者的影响。现阶段电子商务市场还不够发达，对于一些消费者来说，如果其在一个市场上有了失败的购物体验后，可能就会选择其他的电子商务市场。电子商务市场的特性使得顾客的忠诚度较低，如果一个电子商务市场不能有效保留消费者，那么根据柠檬市场理论，消费者数量的减少会给该电子商务市场的发展带来不良影响。

(3) 信息不对称问题对商家的影响。在电子商务市场上，拥有优质产品的卖方不能像传统企业那样简单通过扩大规模提高竞争力，同时电子商务市场上的商家与产品的生命周期比传统市场上短得多，商家建立品牌信誉的可能性降低，品牌信誉无法发挥效力，商家面临更大的压力。

虽然电子商务在一定程度上减少了交易成本，但它还是无法完全解决市场中的信息不对称问题。虽然新技术在一定程度上促进了电子商务的发展，但是未来主要还是要解决发展中经济方面的问题而不是技术方面的问题。

2. 解决信息不对称问题的建议

(1) 完善技术。商家要善于从新技术中发现新机会，建立更为完善的信息系统，及时和顾客进行产品的信息交流，使得商品信息更为及时准确地被所需顾客接受。同时在顾客可以接受的前提下，也可以让顾客在网上建立自己的信息名片，以便让商家知道顾客信息，降低信息的不对称性，利于破解道德风险问题。

(2) 交易双方进行有效的信息沟通。前面我们提到由于逆向选择问题，高质量的产品会处于不利地位，那么这些商家应该重视自身产品的宣传，让消费者知道产品的真实质量和服务信息。同时，作为信息劣势方的消费者也需要主动搜寻信息，多和商家进行有效的交流。

（3）构建有效合理的规章制度。在信息不对称的情况下，政府不一定采取干预的手段，但应当充分发挥自己的职能，如培育市场体系、监督市场运行、维护公平竞争、创造良好的市场环境等，最为重要的是制定一系列相关的法律法规，禁止交易的任何一方利用不对称信息获取暴利。

（4）建立和完善内外部监督机制。信息不对称问题可通过适当引入第三方监督来解决。实践已经证明第三方监督或者审计机构能保证信息弱势方的利益，同时能让交易双方进行有效沟通，互相了解需求。

3.3 新兴概念与理论

3.3.1 二八法则和长尾理论

1. 二八法则

二八法则是20世纪初意大利统计学家、经济学家维尔弗雷多·帕累托提出的，他指出，在任何特定群体中，重要的因子通常只占少数，而不重要的因子则占多数，因此只要能控制具有重要性的少数因子就能控制全局。这个原理经过多年的演化，已变成当今管理学界所熟知的二八法则——80%的公司利润来自20%的重要客户，其余20%的利润则来自80%的普通客户。二八法则告诉我们，不要平均地分析、处理和看待问题，企业经营和管理中要抓住关键的少数；要找出关键客户，加强服务，达到事半功倍的效果；企业领导者要对工作认真分类分析，把精力花在解决主要问题、抓主要项目上。

美国企业家威廉·穆尔在格利登油漆公司工作的第一个月非常用心，可是月末发现自己就只挣了160美元，觉得心有不甘。他正想着跳槽时，从书籍上偶然看到了二八法则，认为这一定律很有趣，就试着分析了自己的油漆销售表。他惊讶地发现自己80%的收入确实只来自20%左右的客户，于是他要求把购买量小的客户分给其他销售人员，自己把精力主要集中在大客户上，不久他就赚了1 000美元。威廉·穆尔发现了过去自己业绩差主要是由于自己对于所有客户所花费的精力是一样的，之后他就主要抓住关键客户，这一法则使他最终成了油漆公司的董事长。

同时，人们还发现生活中存在许多不平衡的现象。因此，二八定律成了这种不平衡关系的简称，不管结果是否恰好为80%和20%（从统计学角度来说，精确的80%和20%出现的概率很小）。习惯上，二八定律讨论的是顶端的20%，而非底部的80%。人们所采用的二八定律是一种量化的实证法，用以计量投入和产出之间可能存在的关系。

2. 长尾理论

长尾理论被认为是对传统的二八定律的彻底叛逆，由美国人克里斯·安德森提出。传统的二八定律认为20%的品种带来了80%的销量，所以应该只保留20%的部分，其余的都应舍弃。长尾理论则关注品种的尾部，认为这部分积少成多，可以积累成足够大，甚至超过头部的市场份额。克里斯系统研究了亚马逊、狂想曲公司、谷歌、Blog、易贝、Netflix 等互联网零售商的销售数据，并与沃尔玛等传统零售商的销售数据进行了对比，观察到一种符合统计规律（大数定律）的现象。这种现象恰如以销量、品种为坐标轴的二维坐标系中的一条需求曲线，拖着长长的尾巴，向代表“品种”的横轴尽头延伸，长尾由此得名（见图 3-3）。

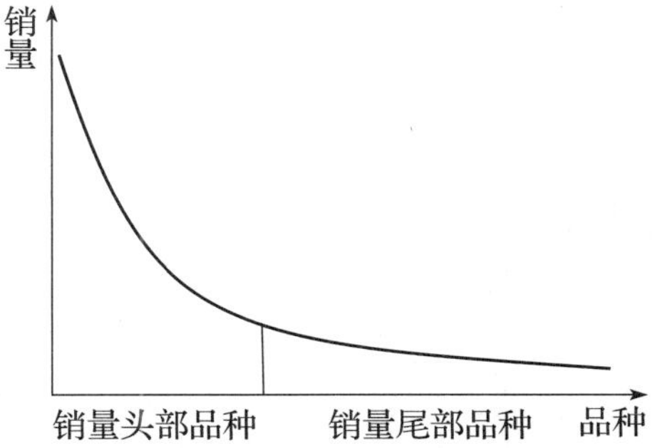

图 3-3 长尾理论示意图

长尾理论是网络时代兴起的一种新理论，由于成本和效率的因素，当商品储存、流通、展示的场地和渠道足够宽广，商品生产成本急剧下降以至于个人都可以进行生产，并且商品的销售成本急剧降低时，几乎任何以前看似需求极低的产品，只要有人卖，都会有人买。这些需求和销量不高的产品所占据的共同市场份额，可以和主流产品的市场份额相当，甚至更大。

谷歌是一个最典型的长尾公司，其成长历程就是把广告商和出版商的长尾商业化的过程。以占据谷歌半壁江山的 AdSense 为例，它面向的客户是数以百万计的中小型网站和个人。对于普通的媒体和广告商而言，这个群体的价值微小得简直不值一提，但是谷歌通过为其提供个性化定制的广告服务，将这些数量众多的群体汇集起来，形成了非常可观的经济利润。据报道，谷歌的市值已超过 2 100 亿美元，被认为是最有价值的媒体公司，远远超过了那些传统的老牌传媒公司。

3.3.2 众包理论

1. 众包的概念

众包（crowdsourcing）这一概念是由美国《连线》杂志的记者杰夫·豪（Jeff Howe）在 2006 年 6 月提出的。杰夫·豪对众包的定义是，一个公司或机构把过去由员工执行的工作任务，以自由自愿的形式外包给非特定的（而且通常是大型的）大众网络的做法。众包的任务通常由个人来承担，但如果涉及需要多人协作完成的任务，也有可能以依靠开源的个体生产的形式出现。

传统的外包是指以合同（contract）的形式把任务委派给指定的人或者机构完成，外包业务主要是借助计算机能完成的任务，例如软硬件的开发和维护；软件提供商通过整合硬件和算法来完成外包的任务，例如制作网站，外包数据库，提供软件服务等。

但是很多任务并不能通过简单的算法来实现，比如图像打标签，衡量两条记录是否为一个实体，评价一个商品等，这类机器难以处理的问题（即机器难问题），可以借助众包来完成，众包是指直接将任务发布到互联网，通过开放式集合（opencall）互联网上未知的大众来解决传统计算机单独难以处理的问题，例如维基百科、reCAPTCHA、标记图像、语言翻译等。由于现实生活中存在大量类似的问题，因此众包有着广大的应用前景和市场。

2. 众包的特点

第一，众包是对外包的颠覆。外包是社会专业化分工的必然结果，是专业化作用下规模经济的产物；强调的是高度专业化，主张企业有所为，有所不为；信赖的是专业机构和专业人士，主张让专业的人干专业的事。而众包则是互联网力量彰显的产物，强调的是社会差异性、多元性带来的创新潜力，倚重的是“草根阶层”，相信劳动人民的智慧是无穷的，主张“三个臭裨匠，顶个诸葛亮”。正如宝洁公司负责科技创新的副总裁拉里·休斯顿（Larry Huston）所言：“人们认为众包就是外包，但这肯定是一种误解。外包是指我们雇用人员提供服务，劳资双方的关系到此为止，其实和雇佣关系没什么两样。但众包是从外部吸引人才的参与，使他们参与广阔的创新与合作过程。这是两种完全不同的概念。”

第二，众包蕴含携手用户协同创新的理念。众包意味着产品设计由原来的以生产商为主导逐渐转向以消费者为主导，这是因为没有人比消费者更早、更准确地了解自己的需求。因此，如果在产品设计过程中尽早吸收消费者的主观意见，尽早让消费者参与进来，企业的产品将更具创造力，也更容易适应市场需求并获得利润的保证。位于美国芝加哥的无线 T 恤公司（Threadless）饱尝了利用众包设计新 T 恤的甜头。该公司网站每周都会收到上百件来自业余粉丝或专业艺术家的设计，然后公司把这些设计放在网站上让用户打分评论，4～6 件得分最高的 T 恤设计将会进入量产备选名单，然而能否量产还要看公司是否收到足够多的预订单。这样一来，三赢局面基本形成：外部设计者的创意得到发挥，得分最高者除了获得奖牌和 2 000 美元奖金，其名字也将印在每件 T 恤上；消费者的参与度和满意度都大大提升；无线 T 恤公司不仅省下了雇用专职设计师的费用，而且只生产获得足够预订量的产品，几乎稳赚不赔。

第三，众包延伸了创新边界，借社会资源为己所用。以往，企业的研发和创新模式基本上都是各搞各的。如今，越来越多的企业采用了内外结合的方式，纷纷放眼外部，借助社会资源来提升自身的创新与研发实力。创立于 2001 年的 InnoCentive 网站就是顺应这一需求而诞生的，目前已经成为化学和生物领域的重要研发供求网络平台。由宝洁、波音和杜邦在内的众多跨国公司组成的“寻求者（seeker）阵营”把各自最头疼的研发难题抛给创新中心，等待隐藏在网络背后的 9 万多名自由科研人才组成的“解决者（solver）阵营”破译。一旦成功解决这些问题，这些“解决者”将获得 1 万～10 万美元的酬劳。宝洁公司通过充分借助创新中心以及 YourEncore 和 Ninesigma 等外部研发人才交流平台，获得了丰硕的成果：内部研发人员依然维持在 9 000 人，但外部研发人员却高达 150 万人；外部创新比例从 2000 年的 15%提高到 2005 年的 50%；公司整体研发能力提高了 60%。

第四，在众包中，“草根”的创新愈发成为主流。轰轰烈烈的软件开源运动充分证明，由网民协作网络写出的程序，质量并不低于微软、Sun 等大公司的程序员开发的产品。由美国加州大学伯克利分校的空间科学实验室主办的 SETI@home 分布式计算项目，自 1999 年 5 月 17 日开始正式运行至 2004 年 5 月，已成功调动世界各地近 500 万参与者，积累了近 200 万年的 CPU 运行时间，进行了近 5×1 021 次浮点运算，处理了超过 13 亿个数据单元。法国标致汽车集团 2005 年设计大赛的获奖作品 Moove 也出自一名 23 岁的葡萄牙学生之手。由此可见，星星之火可以燎原，“草根”也是一只不可忽视的潜力股。

IBM、摩托罗拉和联想等跨国公司纷纷宣布大举进军印度，IBM 更是把每年一度的投资者大会，从纽约金碧辉煌的大酒店改在了万里之外的印度“硅谷”班加罗尔召开。而且 IBM 的印度员工人数在两年半内从 9 000 人增加到了 4.3 万人。低廉的人力成本使印度成了一块磁力巨大的金砖。托马斯·弗里德曼在《世界是平的》一书中大力宣扬铲平世界的十大“推土机”，其中外包是最大的一台。但是，现在另一条获得更廉价的人力、更有价值的途径正在形成——众包。

3.3.3 免费经济

1. 免费经济的概念

免费经济是指在商业活动中将免费的产品的成本进行转移，或者将免费商品的成本极大地降低，低到趋近于零，短时间内集聚大量客户，从而赚取利润。这种商业方法早在 20 世纪初就被应用，但在当时并没有被更多的商家接受。美国学者克里斯·安德森在《免费：商业的未来》一书中率先提出并阐述了这一理念，当时也遭到很多人的反对，但从商业的发展历程来看，免费经济无疑是商业发展的大趋势。在互联网发达的时代，网上店铺数量剧增，同时为商家节约了更多成本，商家应更多地考虑如何抓住免费的机会，增加自身竞争力来提高收益。

在网络经济中，对于边际成本为零、同质无差别的产品或服务来说，免费几乎是必然的。网络经济是以需求为中心的经济。为了吸引客户注意力、产生锁定效应，以最终达到赢者通吃的局面，推出新产品或服务的厂商往往把免费当作一种竞争的利器。

2. 免费经济类型

(1) 免费增值模式（freemium）。该模式是媒体订阅模式的基础，它又可分为如下几种形式：从免费到付费的内容分级，或者一个额外的比免费版带有更多特性的专业版网站或软件。

这种免费模式的例子无处不在，但都做了巧妙的调整。传统的免费例子包括派送糖果，或向婴儿的母亲赠送尿布。这些免费模式都需要花钱，制造商仅能免费派送极少数量的产品——他们希望以此引消费者上钩，从而激发其更多的消费欲望。但就数字产品而言，这种免费品与付费品之比倒了过来。

一个典型的网站通常遵循 1%法则——1%的用户支撑起其他所有用户。Flickr 网络相册就依靠每年 25 美元的专业版账户支持了无数的免费用户，这个由 1%的人为 99%的人埋单的模型实际上在其他行业也屡见不鲜。这种模式的可行之处在于，服务其他 99%的用户的成本几乎为零，甚至完全能够忽略不计。

（2）广告模式（advertising）。在广播电视节目或印刷物上投放广告，这种方式在基于互联网的广告模式前节节败退，包括雅虎按页面浏览量付费的横幅广告、谷歌按点击率付费的文本广告、亚马逊按交易付费的会员广告以及网站赞助，但这一切只是开始。接着兴起的是下一波广告模式：付费的内置搜索结果、付费的信息服务清单，以及对某些特定人群的第三方付费。如今，企业正试图从产品推介（按文章付费）转向按关系付费，如脸书所有这些策略都建立在这个原理上：通过免费赠品可形成偏好显著的受众；为影响他们，广告客户愿意付费。

（3）交叉补贴模式（cross-subsidies）。沃尔玛的最新热门 DVD 仅售 15 美元，这些都是为招徕顾客而削本出售的产品。在依靠低于成本价的 DVD 诱惑你进去之后，他们就可能卖给你一台洗衣机或是其他产品，这将有利可图。不管是产品还是服务套餐，从银行理财计划到手机消费计划，单个产品或服务的价格往往取决于消费者心理，而非成本。

另一个鲜活的例子是，在圣保罗的一个喧闹角落，摊贩抛售着最新的名为 tecnobrega 的 CD，包括一支名为 Banda Calypso 的当红乐队的歌曲。像这些出自摊贩之手的 CD 均未打上任何唱片公司的标签，但它们并不是非法物品，而是直接来源于那些乐队。Banda Calypso 将自己的 CD 和海报派发给他们巡演地的摊贩，并且约定摊贩可以拷贝这些 CD 并出售它们，同时独得所有的收入，因为卖唱片并非 Banda Calypso 的主要收入来源，这支乐队的主营业务是商业表演。Banda Calypso 在各镇之间巡回演出，由于事前非常便宜的 CD 的宣传造势，他们的演出场场爆满。城里的小贩实实在在地为 Banda Calypso 打造着街头信誉，他们的音乐在市区无所不在。这意味着，他们为自己的演出俘获了大批受众。

（4）零边际成本模式（zero marginal cost）。没有什么比在线音乐更能描述这一模式。在数字复制品和 P2P 传输方式的推动下，音乐发行的实际成本几乎为零。在这里，不管有没有商业模式，在无限制的传播手段下，产品变为免费的。这股趋势是如此强大，以至于法律、道德规制、加密保护技术以及其他所有的盗版障碍都纷纷败下阵来。一些歌手在线派发他们的音乐，并借此作为演唱会、正版唱片、播放许可证以及其他付费品的营销方式。然而其他受众不假思索地接受了它们；对他们而言，音乐不是用来赚钱的生意，而是另有其美好意义——从快乐到创意性表达。

3.3.4 体验经济

1. 体验经济的概念

20 世纪 70 年代，著名未来学家托夫勒在他所著的《未来的冲击》一书中预言，人类社会在服务的竞争之后，下一个需要的就是体验。之后，有许多学者对体验行为进行了研究。1998 年 B. 约瑟夫·派恩和詹姆斯·H. 吉尔摩共同撰写的《体验经济》一书中对体验的定义具有广泛代表性。他们认为体验是当一个人达到情绪、体力、智力甚至是精神的某一特定水平时，其意识中所产生的美好感觉。对于企业而言，体验是企业以服务为舞台，以商品为道具，以消费者为中心，创造能够使消费者参与、值得消费者回忆的活动。在这里消费是一个过程，体验是一种感受，当活动结束时，这种体验将长久地保持在消费者头脑中。消费者愿意为体验付费，因为它美好、难得、非我莫属、不可复制、不可转让、瞬间即逝。体验可分为审美体验、娱乐体验、教育体验和遁世体验。实际体验往往是多种体验的综合。因为这种体验追求提供环境和设施，消费者和企业经营者进行互动而产生的经济相关活动统称为体验经济。

2. 体验经济的发展历程

（1）产品经济时代。产品经济又称农业经济，是在大工业时期形成前的主要经济形式。当时的商品处于短缺期，即供不应求阶段，谁控制着产品或制造产品的生产资料，谁就主宰市场，统治经济。

（2）商品经济阶段。商品经济又称工业经济，随着工业化的不断加强，商品不断丰富以至于出现过剩，即供大于求阶段。市场竞争加剧导致市场的利润不断稀薄直到发生亏损。

（3）服务经济阶段。服务经济是从商品经济中分离出来的，它注重商品销售的客户关系，向顾客提供额外利益，体现个性化形象。

（4）体验经济阶段。体验经济又是从服务经济中分离出来的，它追求顾客感受性满足的程度，重视消费过程中的自我体验。

3. 体验经济的特征

（1）终端性。现代营销学注意的一个关键问题是渠道，即如何将产品送到消费者手中。如果说目前企业之间的竞争已经转变为供应链之间的竞争，那么，体验经济强调的是竞争的方向在于争夺消费者。体验经济聚焦于消费者的感受，关注最焦点、最前沿的战斗。

（2）差异性。工业经济和商品经济追求的是标准化，这不仅要求有形产品的同质性，也要求制造过程的无差异性。在服务经济中，已经表现出相反的倾向。这是因为最终消费者的情况千差万别，企业要满足不同顾客的需求，就必须提供差别化的服务。无论是产品还是服务，市场分层的极端是因人而异的个性化，是对标准化的哲学否定。

（3）感官性。最狭义的所谓的“体验”就是用身体的各个器官来感知，这是最原始、最朴素的体验经济的内涵，调动了身体五官，从而增加了体验的强度。

（4）知识性。消费者不仅要用身体的各个器官感知，更要用心来领会，体验经济重视产品与服务的文化内涵，使消费者能增加知识、增长才干。

（5）延伸性。现代营销的一个基本理念是为客户的客户增加价值，即认为企业所提供的产品与服务不仅仅是顾客需要的某种手段，还必须向“手段—目的”链条的纵深扩展。因此，人们的精神体验还来自企业的延伸服务，这些服务包括相关的服务、附加的服务、对用户的服务等。

（6）参与性。消费者参与的典型是自助式消费，如自助餐、自助导游、自己制作（DIY）、自己配制饮料、农场果园采摘、点歌互动等。实际上，消费者可以参与到供给的各个环节中。

（7）补偿性。在顾客参与方面还有参与监督。企业提供的产品与服务难免有不令消费者满意的地方，甚至会造成消费者的伤害或损失，这时需要很好的补偿机制。消费者的权益和意见是否得到了尊重，他们自己的体会最为深刻。

(8) 经济性。消费者的经济性表现在搜寻比较费用、最初购买价格、付款条件、使用中的消耗与维修费用等许多方面。

(9) 记忆性。上述特性都可能会导致一个共同的结果——消费者留下深刻的记忆。留下美好的回忆是体验经济的结果性特征。

(10) 关系性。以上主要涉及的是一次性消费的情况，从长期的角度看，企业也要努力通过多次反复的交易使双方关系得到巩固和发展。如同人们需要朋友的友情一样，企业与消费者也需要形成朋友关系，实现长期的双赢。

3.3.5 网红经济

1. 网红经济的概念

网红即网络红人，是指在现实或者网络生活中因为某个事件或者某种行为被网民关注而走红的人。网红经济是指依托互联网特别是移动互联网传播及其社交平台推广，通过大量聚集社会关注度，形成庞大的粉丝和定向营销市场，并围绕网红 IP（intellectual property）而衍生出的各种消费市场，最终形成完整的网红产业链条的一种新经济模式。其本质是注意力延伸出的经济行为：以用户变现为方式的直接经济行为（打赏、道具、付费问答等）和间接经济行为（广告、品牌、代言等）。

2. 网红经济的变现模式

(1) 内容变现。内容变现是指依靠知识、内容、原创作品，通过打赏等形式取得现金价值的变现模式。变现模式以打赏为主，相比其他两种变现模式比较困难，也比较不稳定，而且隐性成本较大。但是，在形成 IP 之后，这种变现模式具有比较可观的融资能力。

(2) 商品变现。商品变现是指网红在电商平台开设店铺，通过销售服装、美妆产品等获取利润，是较典型的垂直化变现模式。通常来看，仅有女装、化妆品及一些特定垂直领域的产品容易在网红电商中热销。这就意味着，此类变现产品所覆盖的产品领域较为有限。

(3) 广告变现。广告类的变现是指主要依靠文字的形式引出广告商品，在特定的粉丝圈进行精准营销，是最直接的变现模式。但是如果打广告的形式不当，或者推销一些三无产品，就会让粉丝感觉过度逐利，从而引起粉丝的反感和厌恶。

□ 思考题

1. 网络经济和信息经济有什么区别和联系？
2. 摩尔定律的含义及对信息技术产业与厂商发展的影响是什么？
3. 梅特卡夫法则的含义及对电子商务市场的影响是什么？

4. 设计一个机制以减弱二手车市场的柠檬市场效应。

5. 基金管理者在基金销售过程中的道德风险可能有哪些？有什么方法可以避免这些道德风险？

6. 随着电子商务发展而产生的长尾理论对你有何启示？长尾理论对电子商务服务实践有什么意义？

7. 网红经济反映了网络经济学中的哪些理论？是如何反映的？

8. 选择一家淘宝店铺，分析其在运营过程中使用了哪些电子商务方面的理论知识。

□ 练习题

一、单项选择题

1. 以下各项中，不属于网络经济的定律的是（　　）。

A. 摩尔定律　　B. 梅特卡夫定律

C. 墨菲定律　　D. 达维多定律

2. 下列各项中，有关委托代理理论说法错误的是（　　）。

A. 委托代理理论的中心任务是研究在利益相冲突和信息不对称的环境下，委托人如何设计最优契约激励代理人

B. 在委托代理关系中，代理方一般是信息弱势方

C. 研究事前非对称信息博弈的模型称为逆向选择

D. 研究事后非对称信息博弈的模型称为道德风险

3. 有关众包的说法中，错误的是（　　）。

A. 众包是对外包的延续

B. 众包延伸了创新边界，借社会资源为己所用

C. 众包的任务通常由个人来承担，但如果涉及需要多人协作完成的任务，也有可能以依靠开源的个体生产的形式出现

D. 在众包中，“草根”的创新愈发成为主流

4. 以下各项中，不属于网红经济的变现模式的是（　　）。

A. 内容变现　　B. 商品变现

C. 广告变现　　D. 直播变现

二、多项选择题

1. 网络经济的特征有（　　）。

A. 投入要素以信息资源为主　　B. 网络的外部性

C. 边际收益递增　　D. 注意力经济

2. 免费的经济类型有（　　）。

A. 免费增值模式　　B. 广告模式

C. 交叉补贴模式　　D. 零边际成本模式

3. 电子商务对信息经济学的有利影响包括（　　）。

A. 电子商务让信息搜索成本降低，使市场交易主体的信息不对称状态得以改善，从而降低了交易费用

B. 电子商务中类似搜索引擎的存在使市场交易主体的信息不完整状态得以改善

C. 电子商务改变了中介（甚至去除了中介），使得代理的成本降低

D. 电子商务市场使交易产品平均质量下降

4. 体验经济经历的发展阶段有（　　）。

A. 产品经济时代　　B. 商品经济阶段

C. 服务经济阶段　　D. 体验经济阶段

5. 电子商务中的信息不对称问题的不利影响包括（　　）。

A. 在电子商务市场中因产品质量不确定而引起的信息不对称可能比传统市场更严重

B. 现阶段的电子商务市场还不够发达，对于一些消费者来说，如果其在一个市场上有了失败的购物体验，可能就会选择其他的电子商务市场

C. 在电子商务市场上，拥有优质产品的卖方不能像传统企业那样简单地通过扩大规模来提高竞争力，同时电子商务市场上的商家与产品的生命周期比传统市场上的短得多，商家建立品牌信誉的可能性降低，品牌信誉无法发挥效力，商家面临更大的压力

D. 交易合同达成后，从事经济活动的人在最大限度地增进自身效用的同时做出不利于他人的行动

6. 解决信息不对称问题的建议包括（　　）。

A. 完善技术　　B. 交易双方进行有效的信息沟通

C. 构建有效合理的规章制度　　D. 建立和完善内外部监督机制

7. 体验经济的特征有（　　）。

A. 终端性　　B. 差异性

C. 补偿性　　D. 记忆性

三、判断题

1. 网络经济是通过有形或无形的信息网络所开展的经济活动的统称，是以现代信息技术为核心的一种新的经济形态。（　　）

2. 网络的外部性根据直接作用和间接作用可分为正外部性和负外部性。（　　）

3. 网络经济的边际收益成本递减主要是由平均成本的降低引起的。（　　）

4. 广告类的变现是指主要依靠文字的形式引出广告商品，在特定的粉丝圈进行精准营销，是最直接的变现模式。（　　）

第四章

电子商务的商务基础

案例导入

米兰网：开创了一条“网上丝绸之路”

一家成都企业创立不到3年，不但在北京、深圳、广州、苏州分别建有运营中心、中国供应商招商中心、全球物流配送中心，有6 000多平方米的办公场地和上万平方米的物流仓储中心，将产品远销全球180多个国家和地区，网站日均访问量逾百万，日均在线活跃客户数达十万，销售额年增长率在600%以上，还成了成都市首批商务部扶持企业之一，并获得风险资本投资机构红杉资本A轮千万美元的注资，更缔造了跨国在线零售这一全新的商业模式。

与网络打了多年交道的冯伟（米兰网创始人），从服装厂成立之初就选择了以外贸网站进行在线交易为主的销售模式，通过雅虎日本向有动漫霸主之称的日本销售角色扮演（cosplay）服装，而认为年轻人必将成为网购主力的他，把目标受众定位为日本的直接消费者。就这样，以日本为主要市场，以跨国在线零售为销售方式，冯伟每年的在线销售额都在百万元级别。

打出名气后，找他代销的小企业主也多了。“如果前端的买家资源良好，网站系统能够处理足够的订单，是不是可以将国内很多与自己工厂情况类似的产品通过电子商务形式销往全球呢?”冯伟敏锐地发现了B2C的商机，既然能够向日本销售服装，那么向美国和欧洲销售服装也不难吧？2008年，28岁的冯伟毅然辞职，离开他工作多年的政府部门，开始了自己的创业生涯。

四人撑起一片天

离职创业与过去的兼职创业完全不同，面临的风险更高，不可控的因素更多。“创业之初的艰辛至今仍历历在目。”冯伟感叹，“为了降低成本，当初我们就只有四个人，在不足70平方米的办公室内，除我外，一个负责程序，一个负责物流，一个负责客服，每一个人都要独当一面，压力可想而知，但我们还是将米兰网撑起来了。”抱着每天进步一点点的积极心态，冯伟和他的团队决定考虑简化流程，让客户通过网络下订单，再把订单直接传到生产部。2008年5月，米兰网供应商中文网站上线运营，7月就获得了第一笔订单。有了第一桶金，米兰网吸引了许多来自国内外知名电子商务企业的优秀人才，而精英的加盟又让米兰网获得了飞速发展。中文网站上线没多久，英文、日文等网站也相继上线。如今米兰网已经拥有英语、法语、德语、日语、意大利语、西班牙语、葡萄牙语、俄语、阿拉伯语等语言站，覆盖了180多个国家和地区，日均访问量逾百万，日均在线活跃客户数达十万。公司人数也由最初的4人发展到了300余人。

“我们能成长如此迅速的一个重要原因，还在于我们将目标牢牢地定在做中国外贸B2C小单批发上。”冯伟创办米兰网不久，金融危机暴发，我国贸易订单的结构发生了变化，小额高频订单成为时下主流的外贸采购形式，甚至越来越多的海外消费者通过网上直销商城直接从各国订购商品。2009年8月，米兰网正式提出了公司战略口号——中国外贸B2C小单批发战略合作伙伴。到2010年，米兰网实现了销售额年增长率高达600%以上的惊人业绩，并于2010年12月获得了风险资本投资机构红杉资本A轮千万美元的注资。米兰网终于以外贸电子商务小单批发兼零售的方式，完成了其全球化战略布局的第一阶段，以另类、时尚、低价格为标签，以欧美、日本和中东地区为目标市场，赢得了所在领域国际小众市场10%的份额。

面向世界的时尚风尚标

红杉资本千万美元的注资让米兰网有了在世界舞台上鏖战的资本。2011年，米兰网进入其全球化战略布局的第二阶段，目标是将市场从欧美、日本和中东地区扩展到全球，从国际小众市场扩展到大众市场，并占据所在领域50%的市场份额。

“米兰网将是一个聚集了很多中国知名品牌的外贸服装网上商城，全球消费者都能够在这里找到自己满意的中国服装。”在冯伟的设想中，米兰网将中国知名的时尚服装品牌（包括线上和线下）汇集一堂，让更多中国制造的知名商品可以借助这个平台卖遍世界，打通一条通往全球的便捷通道；而米兰网也将成为国外消费者了解我国优质品牌的窗口，成为我国面向国外的时尚风尚标。

米兰网已经成功聚合我国数百家中小企业的20 000多种时尚服饰产品，拥有凡客诚品、奥康、浪莎袜业、斯波帝卡、justyle等国内知名的时尚服装品牌，产品线囊括时尚男女装、婚纱、礼服、男士西服、男女鞋、女包、角色扮演、紧身衣、人偶服装、配饰、运动装、童装、家居产品等服装及其周边产品，并实现协助国内供应商将产品以跨国在线零售方式直销到海外180多个国家和地区，覆盖逾30万海外在线消费者。米兰网终于像米兰花一样，一夜之间开满枝头，其全球一流的跨国在线B2C服装商城格局已经初现端倪。而米兰网所开创的跨国在线零售也成了当前外贸B2C领域新的掘金模式。

资料来源：跨国在线零售巨头米兰网的成长之路．海商网，2011-11-13.

思考题

1. 米兰网从事的商业模式属于什么范畴？
2. 试想米兰网如何进行国际支付和国际物流运输。

4.1　国际贸易概述

4.1.1　国际贸易的概念

电子商务的商务基础是国际贸易，我国高度重视国际贸易发展。党的二十大报告指出，依托我国超大规模市场优势，以国内大循环吸引全球资源要素，增强国内国际两个市场两种资源联动效应，提升贸易投资合作质量和水平。电子商务涉及的交易主体、贸易方式、支付手段等均可以从国际贸易的环节中找到原型。了解国际贸易，是更好地理解电子商务的前提基础。

不同国家（地区）之间货物和服务的交换活动称为国际贸易。国际贸易有着悠久的历史，已经流行几个世纪。亚当·斯密在《国富论》中定义生产专业化时，将国际贸易纳入其中。传统上，国际贸易包括纺织品、香料、贵重金属、宝石等各种贸易物品，最为熟知的丝绸之路即为代表。当下的国际贸易除了货物，占比很重的是服务的交换，在过去的几十年中，我们看到了服务进出口的兴起，而且在不断增长。

社会生产力产出的剩余商品在国家（地区）之间互相交换，国际贸易就此出现。由于资源可用性的变化，在目前所有领域的技术和创新都为全球化开辟边界的情况下，任何国家都无法承受孤立和自给自足的局面，都存在相互交易的需求，所有国家都必须为了生存而从事国际贸易。

与国内贸易相比，国际贸易有相似之处，也有一些区别。相似之处在于，在社会再生产中的地位相同，有共同的商品运动方式，基本的职能相同。不同之处在于，复杂程度不同，风险不同，涉及与其他国家的主体贸易，各国的经济政策、语言、货币等均不相同。

相比国内贸易，国际贸易又有一些显著的特点。例如，劳动力和资本等因素的固定程度一般高于国内；由于气候、语言、偏好、习惯、习俗、权重和度量等方面的差异，世界市场缺乏同质性，国际买方在每种情况下的行为都会有所不同；不同国家的社会经济环境差别很大；经济和政治政策因国而异；涉及使用不同类型的货币，每个国家都遵循不同的外汇政策。

4.1.2　国际贸易的划分

国际贸易的划分可以有多种依据，如表 4－1 所示。按照商品移动方向，可以划分为出口贸易、进口贸易、过境贸易。按照是否有第三者参与，可以划分为直接贸易、间接贸易、转口贸易。按照商品形态，可以划分为有形贸易、无形贸易。按照结算方式，可以划分为现汇贸易和易货贸易。按照统计方法，可以划分为总贸易和专门贸易。此外，也可以按照贸易方式，划分为包销、拍卖、代理、加工贸易、租赁贸易等。

表 4－1　国际贸易的主要划分

划分标准	类别	概念
商品移动方向	出口贸易	出口贸易又称输出贸易（export trade），是指本国生产或加工的商品输往海外市场销售。从海外地区输入的商品，未在境内消费，又未经本国加工而再次输出海外，称为复出口或再输出（re-export trade）。

续表

划分标准	类别	概念
商品移动方向	进口贸易	进口贸易又称输入贸易（import trade），是指将外国商品输入本国市场销售。输往国外的商品未经消费和加工又输入本国，称为复进口或再输入（re-import trade）。
	过境贸易	商品由生产国运往消费国途中，途经其他国家，对途经国家来说，即为过境贸易。
是否有第三者参与	直接贸易	直接贸易是指商品不通过第三国，直接从生产国输入消费国的贸易。就生产国而言是直接出口，就消费国而言是直接进口。
	间接贸易	间接贸易是指商品生产国通过第三国同商品消费国进行商品买卖的行为。就生产国而言是间接出口，就消费国而言是间接进口。
	转口贸易	转口贸易又称中转贸易（intermediary trade），是指国际贸易中进出口货品的生意，不是在生产国与消费国之间直接进行，而是通过第三国易手进行。
商品形态	有形贸易	有形贸易是指有形商品的贸易。
	无形贸易	无形贸易即服务贸易，是指一国的法人或自然人在其境内或进入他国境内向外国的法人或自然人提供服务的贸易行为。
结算方式	现汇贸易	现汇贸易是指使用可自由兑换的货币，逐笔结清进出口商品货款的贸易。
	易货贸易	易货贸易（barter trade）是指支付结算采用以货换货的方式，即商品经过计价后进行交换，以补充现汇不足的贸易。
统计方法	总贸易	总贸易是指以国境为标准划分的进出口贸易。
	专门贸易	专门贸易是以关境为标准划分的进出口贸易。

国际贸易的商品依据生产要素构成比重划分，可以分为四种类型：劳动密集型、资本密集型、土地密集型和技术密集型。劳动密集型商品的特点表现在生产过程中劳动力开支与原材料投入大；资本密集型商品的特点表现在生产过程中资金和机械设备投入多；土地密集型商品的特点表现在生产过程中土地投入占比大；技术密集型商品的特点表现在技术和知识要素投入占重要部分。

4.1.3 国际贸易的常见术语

虽然国际贸易历史悠久，但到现在国际上仍然没有一部可供所有人遵循的国际贸易法，各国贸易人员在进行国际贸易时参照的是各国的法律和国际通行的约定及贸易惯例。随着国际贸易的迅速发展，一些国际组织和团体开始尝试对国际上的一些贸易术语做出规范和解释。国际商会（International Chamber of Commerce，ICC）是很具影响力的组织之一，其对一些贸易术语的解释已经被许多国家的法律接受。

常见的 11 种国际贸易术语如下。

EXW：工厂交货。卖方将货物放在买方的场所或其他指定地点由买方处置。卖方既不需要将货物装载到交付的车辆上，也不需要为出口清关。

FCA：货交承运人。卖方将货物交付给承运人或买方指定的另一人。双方当事人尽可能明确地指定交货地点，风险在此时会由买方承担。

FAS：船边交货。在指定的装运港，当买方指定的货物放置船只（或直接在码头）到达卖方放置好的货物旁边时，卖方交货，货物的丢失或损坏风险转移给买方。

FOB：装运港船上交货。卖方在指定装运港由买方指定的船上交付货物。当产品完成交付到船上时，货物的丢失或损坏风险转移给买家。

CFR：成本加运费。卖方在船上交付货物或采购已交付的货物，并支付将货物运至指定目的港所需的运费。当产品完成交付到船上时，货物的丢失或损坏风险转移给买家。

CIF：成本加保险费加运费。卖方在船上交付货物或采购已交付的货物，并支付将货物运至指定目的港所需的运费，还需要购买保险，以对买方在运输过程中货物丢失或损坏的风险提供保障。

CPT：运费付至。卖方在约定地点将货物交付给承运人或卖方指定的另一人，并支付将货物带到指定目的地所需的运输费用。

CIP：运费、保险费付至。卖方与 CPT 承担同样的责任，此外还需要购买保险，以对买方在运输过程中货物丢失或损坏的风险提供保障。

DAP：目的地交付。卖方在指定目的地交付货物。卖方承担将货物带到指定地点所涉及的一切风险。

DPU：目的地交付并卸载。卖方在指定目的地交付货物并卸货。卖方承担将货物带到并在指定目的地卸货所涉及的所有风险。

DDP：完税交货。卖方在指定目的地交付货物。卖方承担将货物带到目的地所涉及的所有费用和风险，为出口和进口支付所有关税，并履行所有海关手续。

这 11 种贸易术语在国际贸易中十分重要，具体可以参考国际商会的解释。

国际贸易有自身的优点，同时有一定的局限性。国际贸易最大的好处即是使得国际和地域的专业化分工造就了世界资源的最佳分配，从而有可能最有效地利用这些资源。与此同时，每个国家商品种类数量增加，商品质量也更加多样化，每个贸易国的财富也会随之增加。间接地，每个贸易国的经济增长、不同国家之间的文化交流、国际政治协调都可以受到国际贸易的积极影响。而当一个国家过分依赖国际贸易时，有可能出现很多重大的问题。例如，资源出口国的资源消耗巨大，破坏出口国当地环境；外国竞争可能会对国内新兴产业和发展中的朝阳产业产生不利影响；发达国家可能采取倾销策略，损害发展中国家的利益；阻碍自己国家经济的自给自足和自力更生。

经济全球化已经是世界不可逆的发展趋势，国际贸易对于参与经济全球化的各个国家和世界经济的发展具有重要作用。由于涉及各国的长远利益，各国的国际贸易政策目前也都贯穿着政治和军事等多方面的考量。而随着移动互联网、大数据、云计算、人工智能和区块链技术的发展，国际贸易也随之发生了一系列变化。

4.2　国际贸易支付

各国涉及国际贸易的法律和《联合国国际货物销售合同公约》均规定，根据合同支付货款是买方的基本义务，收取货款是卖方的基本权利。由于国际贸易涉及不同国家的法律、货币、银行等，因此结算较为复杂。国际贸易的货款收付涉及多种支付工具和支付方式的选择和使用。

4.2.1 国际贸易的支付工具

国际贸易支付最主要的工具为金融票据，可分为汇票、支票和本票，其中汇票为最主要的方式。

英国《1882年票据法》对汇票的定义如下：汇票是一方向另一方签发的，要求即期或定期或在可以确定的将来时间，对某人或其指定人或持票人支付一定金额的无条件书面支付命令。其包含三个方面：（1）基本当事人，包括出票人（汇票签发者）、受票人（执行付款命令）、收款人（领取汇票规定金额）；（2）付款期限，包含即期和远期或者可确定的未来的某一时刻；（3）收款人的填写方式，即某人或其指定人或持票人。

我国《票据法》对汇票的定义是出票人签发的，委托付款人在见票时或者在指定日期无条件支付确定的金额给收款人或者持票人的票据。依据不同的标准，可以将汇票进行划分。按照出票人的不同，可以分为银行汇票和商业汇票；按照付款的时间，可以分为即期汇票和远期汇票；根据承兑人的不同，可以分为商业承兑汇票和银行承兑汇票；根据有无单据，可以分为光票和跟单汇票；根据付款地与承兑地是否相同，可以分为直接汇票和间接汇票。汇票的使用包含出票、提示、承兑、付款、背书和拒付，具体的使用可以参照国际贸易实务相关书籍。

支票是以银行为付款人的即期汇票，是出票人签发的，委托办理支票存款业务的银行或者其他金融机构在见票时无条件支付确定的金额给收款人或者持票人的票据。

本票是一个人向另一人签署的无条件书面承诺，承诺自己见票时按要求在固定或可确定的未来时间向某人或其指定的人或持票人支付一定金额的款项。

4.2.2 国际贸易的基本支付方式

国际贸易货款结算的基本支付方式有汇付、托收和信用证。

汇付是指付款人主动通过银行或其他途径将款项汇交收款人。汇付有三种，分别为信汇（mail transfer，M/T）、电汇（telegraphic transfer，T/T）、票汇（remittance by banker's demand draft，D/D）。电汇/信汇示意图如图4-1所示。汇付方式下，国际贸易中的买卖双方要么是买家先付款，要么是卖方先发货，依靠的是商业信用，银行对于买卖双方是否履行合同中的义务不做担保，风险较大。

托收是指由收到托收指示的银行根据所收到的指示处理金融票据和商业单据以便取得付款/承兑，即债权人（出口人）出具债权凭证委托银行向债务人（进口人）收取货款。按照委托人签发的汇票是否带有商业单据，可将托收分为光票托收（clean collection）和跟单托收（documentary collection）。按照业务程序可以分为即期付款交单（D/P at sight）、远期付款交单（D/P after ××× days sight）、承兑交单（D/A）。D/P示意图如图4-2所示，D/A示意图如图4-3所示。

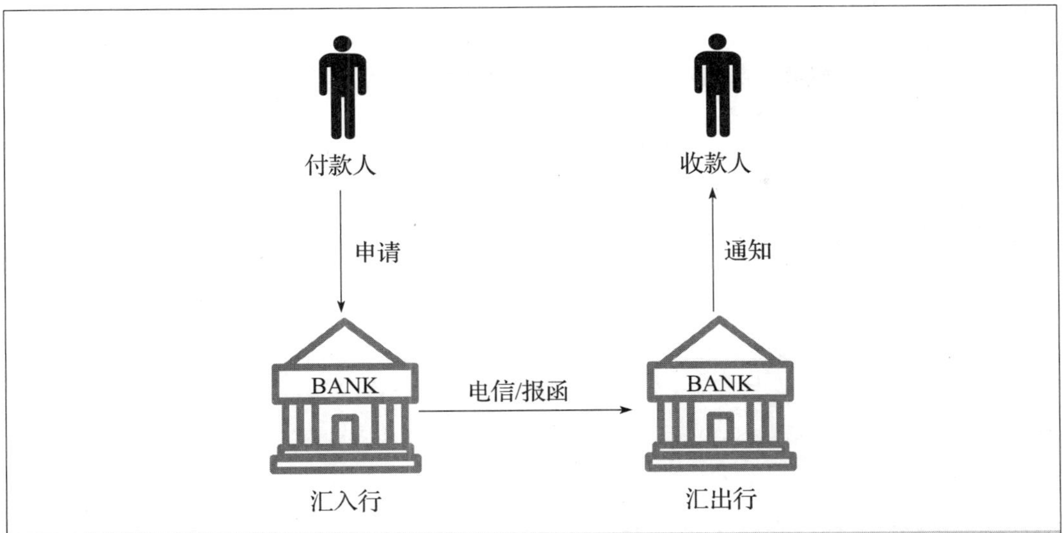

图 4-1 电汇/信汇示意图

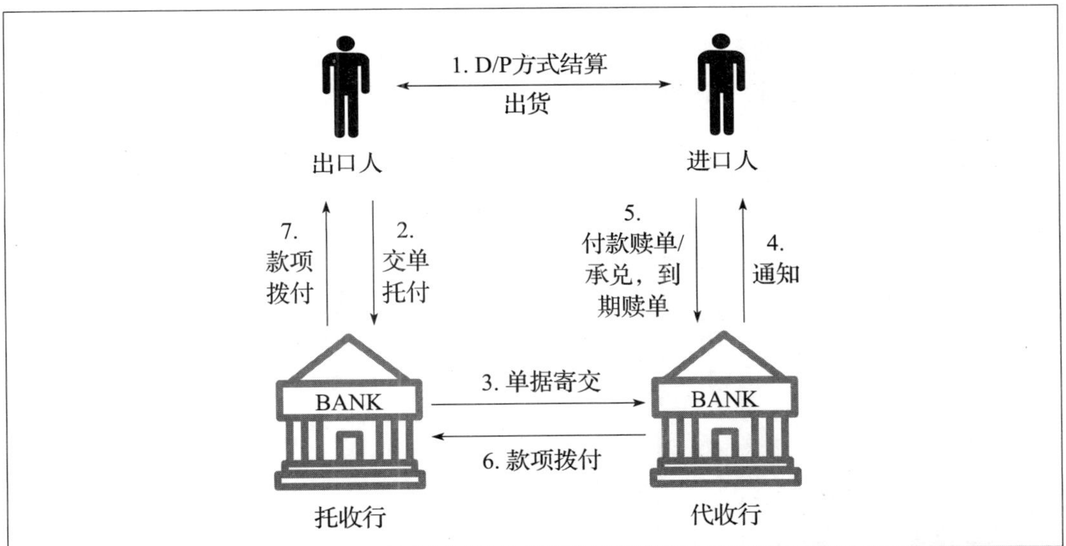

图 4-2 D/P 示意图

即期付款交单是指债权人（出口人）发货后开具即期汇票，连同相关单据通过银行向债务人（进口人）提示，债务人（进口人）见票后立即付款，代收行向付款人交付单据。远期付款交单与即期付款交单的不同之处在于债权人（出口人）开具的是远期汇票，经银行提示债务人（进口人）在汇票上进行承兑，付款人到期付款，代收行向付款人交付单据。

承兑交单与付款交单的不同之处在于，债权人（出口人）的交单以债务人（进口人）在汇票上承兑为条件，经代收行提示，债务人（进口人）承兑汇票后，代收行向付款人交付单据。

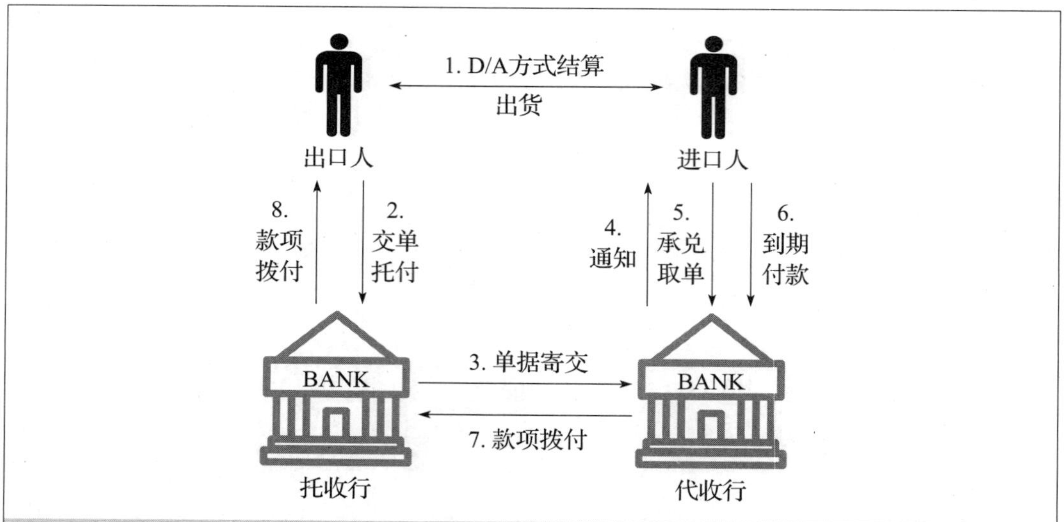

图 4-3 D/A 示意图

信用证是指由银行（开证行）依照客户（申请人）的要求和指示或自己主动开立的，在符合信用证条款的条件下凭规定单据承诺付款的书面文件。与托收仍旧依靠商业信用不同，信用证依靠的是银行的信用，信用证使得付款责任由进口人承担转变为由银行承担，提升了付款人的信用等级，极大降低了出口人的风险。信用证有三大鲜明的特点：(1) 开证行负有第一性付款责任；(2) 是一项独立自足的文件；(3) 是一种单据交易，与商品、货物、服务等无关。信用证示意图如图 4-4 所示。

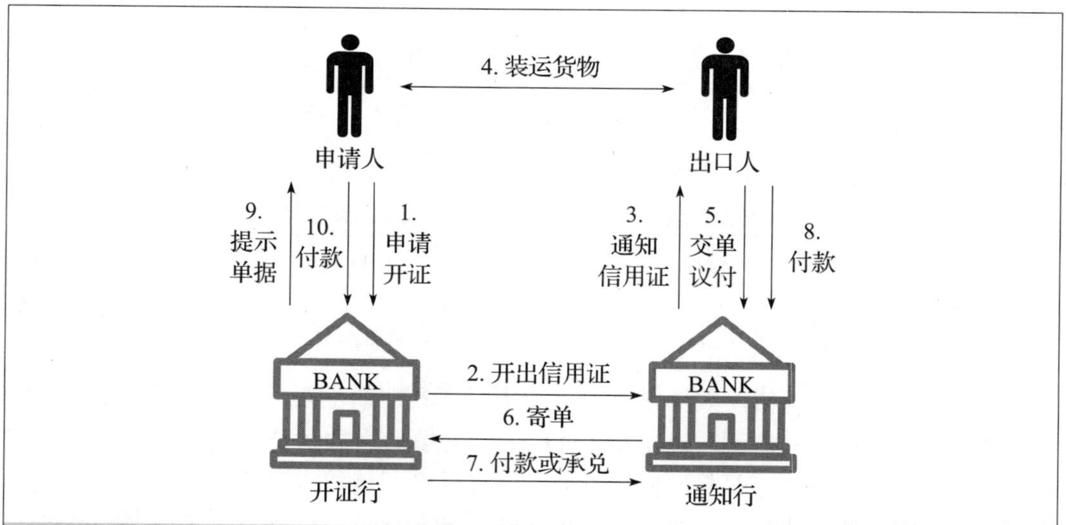

图 4-4 信用证示意图

信用证的形式主要有两种：信开信用证，开证行采用信函格式的信用证，开证后邮寄给通知行；电开信用证，通过电报、电传、SWIFT 等电子通信方法，开证行将其发送给通知行。

4.2.3　国际贸易与电子支付

传统的国际贸易支付系统主要是纸质的、多方的，并且通常涉及高价交易，其中存在很多关键问题，包括信任、风险、法律认可和管辖权差异等。

电子支付是指单位或者个人或者授权他人通过电子终端发出指令，实现货币支付和资金转移的行为。电子支付具有方便、高效、经济等特征，是当代国际贸易的重要组成部分。

传统国际贸易中信用证是最为重要和普遍使用的支付方式。电子支付出现以来，信用证也出现了新的面貌，出现了电子信用证。电子信用证是将电子开证、通知、交付、审核、支付一体化的结果，对传统信用证所有环节均覆盖，是传统支付的一大革新。

除了电子信用证，目前常用的国际电子支付手段有 SWIFT 电汇（可结合信用证）、专业汇款公司（如西联汇款、速汇金等）、第三方支付（如威士、银联等）三种支付通道/方式。国际贸易大额支付主要采用信用证和 SWIFT 电汇相结合的方式；个人汇款业务方面，SWIFT 电汇、专业汇款公司、第三方支付等多种方式均会采用。

（1）SWIFT 电汇。在国际贸易中，电汇是一种常用的支付方式，SWIFT 在此过程中一般会扮演重要角色。电汇需要汇款人将一定货款存入银行，银行通过 SWIFT（或者电报）的方式向收款人所在地分行或者代理行发送交易信息，要求其支付给收款人一定金额。

SWIFT 可以说是国际上最为重要的金融通信网络系统。通过 SWIFT，可将全球范围内的金融机构全部串联起来，进行信息传送和交换。进行大额跨境支付交易的大型跨国企业都会选取 SWIFT 方式。SWIFT 通信模式如图 4-5 所示。

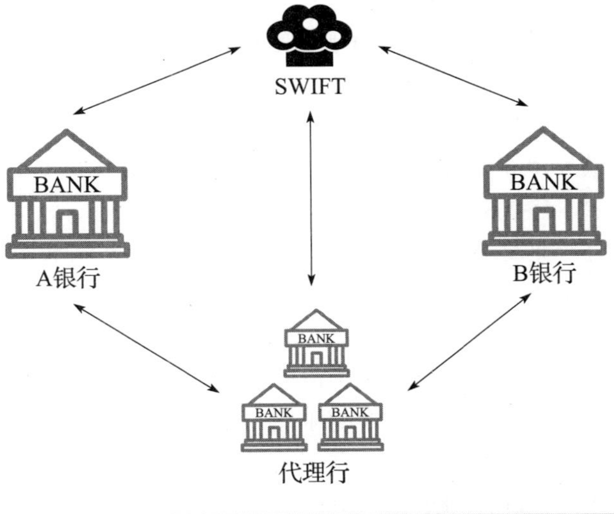

图 4-5　SWIFT 通信模式

(2) 专业汇款公司。一般用于个人汇款，是线下的跨境支付方式，到账时间很快。

(3) 第三方支付。通过威士、万事达卡等国际信用卡组织，贝宝、Cashpay、支付宝等第三方进行支付。第三方支付服务有两种模式：一是支付网关模式。第三方支付平台将多种银行卡支付整合在一起，充当交易各方与银行的接口，负责与银行对接。二是信用中介模式。第三方可以充当信用中介，实行代收代付和信用担保，更好地保证资金和货物的安全。

第三方支付服务组织在国际电子支付过程中其实会充当一个买卖双方信赖的中介，可以对交易双方进行约束和监督。相比其他的支付方式，第三方支付是一些交易的最佳选择。

当下，区块链和数字货币的发展对于国际电子支付产生了巨大的影响，已经有多个银行和金融机构尝试区块链在跨境支付中的应用。数字货币的应用极有可能形成广泛的分布式支付网络，成为下一代金融基础设施的重要组成部分。在未来，以数字货币为载体、区块链技术为支撑的分布式支付网络将对SWIFT中心化支付网络产生革命性的挑战，甚至有可能改变基于代理行模式的传统国际支付体系。

4.3 国际物流与物流国际化

4.3.1 国际物流的概念

对于物流，国家标准《物流术语》中的定义是物品从供应地向接收地的实体流动过程。根据实际需要，将运输、储存、装卸、搬运、包装、流通加工、配送、信息处理等基本功能实施有机结合。国际物流即是跨越多个国家（地区）的物流活动，是不同国家之间开展的商务活动中与商品移动相关的运输、配送、储存等活动。

国际物流有许多显著的特点。首先是物流环境的复杂性。由于涉及多个国家的运输，而各国的物流环境、政策、法律、语言、基础设施等都有所不同，因此国际物流需要一个复杂的系统处理可能存在的问题与困难。其次，国际物流参与方很多，各自领域差异大。国际物流的供给地和接收地在不同的国家（地区），货物的转移要涉及贸易代理方、承运方、报关代理人、银行等。再次，物流系统范围很广，必须有国际化信息系统的支持。世界上很多地区的信息水平不一，需要国际化信息系统进行管理。最后，国际物流的要求较高，规格、条码等都需要采用统一的标准。同时，国际物流运输形式很多，物流作业复杂。国际物流中经常采用国际多式联运的方式，即一个承运人使用至少两种运输方式进行商品的转移，多种运输形式会产生多次装卸和搬运，作业相比国内的物流运输复杂得多。

世界范围内商品的流动离不开国际物流的存在，国际物流的发展和兴起与经济社会发展密不可分。20世纪以来，国际化企业为了更多的利润空间，在全球范围内寻找低成本的供应商，国际分工程度逐步提高，各国相互依存，优势互补。与此同时，国际贸易随着经济全球化的进程而迅速扩大，为国际物流的发展提供了巨大动力。国际贸易与国际物流相互促进，相辅相成。国际贸易的发展促进了国际物流技术的进步，而高效的国际物流是国际贸易持续发展的重要保障，是国际贸易飞速增长的关键因素。

而且，随着生产力的发展和科技的进步，完整供应链系统的需求、信息化和网络化的趋势、跨国公司与日俱增的影响力等因素也推动着国际物流的前进。此外，世界贸易组织、北美自由贸易协定等的出现推进了贸易自由化，为国际物流大范围参与世界经济活动提供了契机。

4.3.2 国际物流的功能

国际物流的功能包括基本功能和特定功能。

基本功能包括以下 7 项：

（1）运输功能。这是国际物流的核心功能，国际物流必须有货物的移动。国际货物运输的方式有海洋货物运输、铁路货物运输、公路货物运输、航空货物运输、成组化运输和国际多式联运。国际物流对运输方式的选择需要从成本、速度、货物数量和特点等方面进行综合考虑。运输功能中，十分重要的是运输单据，这是承运人收到承运货物前发给出口商的证明文件，是交接货物、处理索赔与理赔、向银行结算货款或进行议付的重要单据。有关运输单据的国际公约有《海牙规则》《汉堡规则》《维斯比规则》等。

（2）储存保管功能。国际货物的储存地点是国际物流的节点，国际货物由于自身的自然属性和外界因素的影响性态会发生变化，甚至出现使用价值降低甚至丧失的情况，所以对其进行有效的保管可以最大限度降低货物和物品的损耗。

（3）配送功能。国际物流的末端环节是节点向客户的运输，一般距离短、批量小。

（4）装卸搬运功能。一般为装船卸船、装车卸车、进库出库等活动，是货物和物品的垂直运输和短距离水平运输。

（5）包装功能。主要起到保护商品、促进销售和便利流通的作用，国际物流的效率和安全受包装的材料、规格、方法等的影响。

（6）流通加工功能。包括货物分装、配装、贴标签、组装、改装等，是产品从生产领域向消费领域流通过程中，在保证产品使用价值不发生改变的前提下对产品进行的简单加工。

（7）信息处理功能。指对于商品交易信息、物流信息、市场信息进行处理。

特定功能包含以下 3 项：

（1）报关通关功能。这是国内物流不涉及的。报关是指进出口人或其代理人向海关申报，请求办理货物进出口手续。通关不仅包括报关环节，还包括海关对进出境运输工具、货物等进行监督管理。

（2）出入境检验检疫功能。出入境检验检疫是指检验检疫机构按照相关规定，对出入境的货物、交通运输工具等进行检验检疫，这也是国内物流不涉及的。

（3）保险功能。物流都存在一定的风险，国际物流的风险更是不容忽视，因此保险是物流的必要功能，具体可以参照 4.5 节。

4.3.3 国际供应链与国际货运代理

当前，与国际物流经常密不可分的是国际供应链。供应链的定义是围绕核心企业，以核心竞争能力理论为基础，通过信息流、物流、资金流，从采购原材料到制作产品再到送给消费者，将供应商、制造商、分销商、零售商和用户连成一个整体的链条。国际供应链在全球范围内进行组合，在世界各地选取最具竞争力的合作伙伴和最适宜的生产环境、销售环境，供应商可能在非洲，制造商可能在亚洲，分销商、零售商和用户可能全球各地均有。国际供应链的重要组成部分即是国际物流，通过国际物流才能将国际供应链中的各个主体连接起来，实现“链”路的通畅。随着互联网的出现，供应链的发展出现了新的动力。通过互联网，供应链的上下游企业可以更为高效地交易和合作。在国际供应链中起关键作用的国际物流也出现了多种协同运作的模式和组织方式，例如基于 Supply Hub 的物流协同运作模型和第三方物流直送模式等。

与国际物流密切相关的还有国际货运代理。根据国际货运代理协会联合会的定义，国际货运代理是根据客户的指示，与客户签订服务合同，为客户的利益而揽收货物运输的人，其本身不是承运人。国际货物运输业务合同及当事人关系如图 4-6 所示。

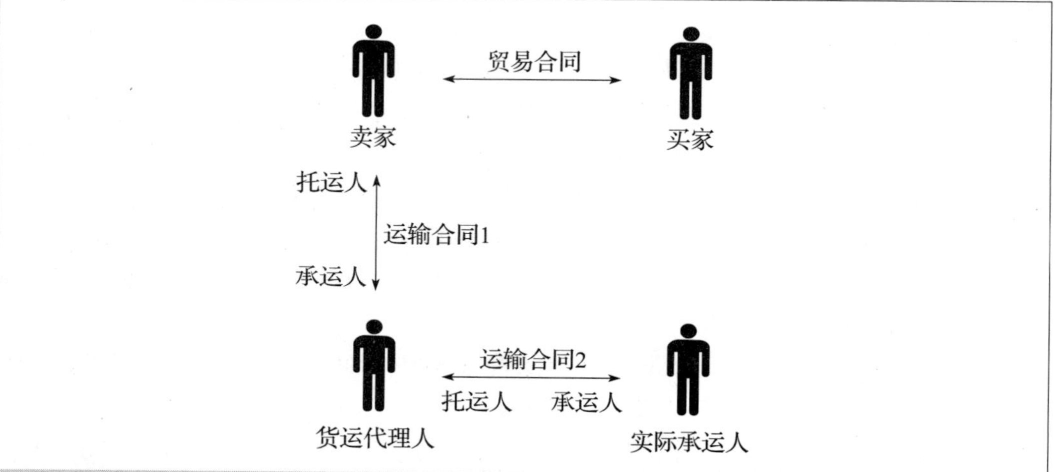

图 4-6 国际货物运输业务合同及当事人关系

货运代理的业务范围其实很广泛，可以在货物运输的各个环节服务客户。货运代理的服务对象包含出口商、进口商、海关、承运人、航空公司等。货运代理的服务内容一般包括以下方面：(1) 选择运输线路、运输方式和适当的承运人；(2) 订舱；(3) 接收货物；(4) 包装、储存、称重、测量尺寸；(5) 报关；(6) 办理单证手续；(7) 运输、安排货物转运、交货及分拨货物；(8) 安排保险；(9) 支付运费及其他费用；(10) 进行外汇交易，协助收货人索赔；(11) 提供与工程、建筑有关的大型、重型机械、设备、挂运服务和海外展品等特种货物的服务；(12) 根据客户的需要，提供与运输有关的其他服务、特殊服务。

基于法律特征的角度，国际货运代理可以划分为三种类型：

(1) 中间人类型。作为中间人，按照委托人的要求，向委托人提供签订合同的机会，促成双方成功交易后收取一定的费用。

(2) 代理人型。根据是否披露委托人身份分为直接代理（显名代理）和间接代理

（匿名代理）。直接代理的情况下，代理人以委托人的名义与第三方发生业务关系。间接代理的情况下，代理人以自己的名义与第三方发生业务关系。

（3）当事人型（委托人型、独立经营人型）。可以理解为拥有承运人或者场站经营人功能的代理人，其收入主要来源于运费或者储存费差价。

国际货运代理在国际贸易与国际物流中发挥着重要作用，历来被称为“运输的设计师”，有着强大的组织协调能力、专业服务能力、沟通控制能力。通过国际货运代理，往往可以降低成本，融通资金，减轻委托人自身的压力。

国际货运代理的行业组织主要有：国际货运代理协会联合会（FIATA）、国际航空运输协会（IATA）、中国国际货运代理协会（CIFA）。感兴趣的读者可以深入了解。

目前，大数据、人工智能、区块链等新兴技术在物流行业正受到更多的关注和使用。国际物流呈现出了许多巨大的变化。机器学习和人工智能的高级算法将逐渐成为运输行业的重要工具，依靠它们可以产生高效的物流流程。随着5G的建设，物联网将成为国际物流的一个主要趋势，在未来，物流参与方可以通过各种小型传感器相互连接的设备之间的通信控制物流，及早发现问题和解决问题，提高整个物流的精度、可预测性和透明度。另外，区块链技术的出现为国际物流的信息共享和信息可信提供了另一种可能，可以最大限度地减少多个行为者之间的信息中断，并消除信息中介，从而简化并形成高度可靠的供应链，是国际物流未来的另一个大趋势。

4.4　交易磋商的电子化

4.4.1　交易磋商的概念

交易磋商即买卖双方就交易条件进行协商，协调双方的经济利益，求得一致，达成交易。国际贸易中的交易磋商有明确的内容和规范的程序，交易磋商的过程是双方通过要约和承诺确立契约关系的过程。贸易双方在交易磋商的过程中，即在达成交易之前就已经需要对自身的行为承担相应的法律责任。程序的合法性保证了双方达成的合同在法律上的有效性。

交易磋商的形式有两种：口头的（面谈或电话）和书面的（传真、电传或信函）。

交易磋商的内容主要包含两方面：主要交易条件和一般交易条件。主要交易条件包括货物的品质、数量、包装、价格、交货、运输方式、商检证书和支付条件等内容。一般交易条件通常包括交易的形态（主要有两类——主体制交易和佣金制交易）、买卖合同的基本条件、预防与处理争议的条件以及其他相关的条件。一般交易条件是由出口商为出售货物或者进口商为购买货物而拟定的对每笔交易都适用的一套共性的交易条件，可以在与潜在客户进行交易磋商之前将其交给对方。交易双方就一般交易条件其中的条款进行协商，达成一致后可以签订一般交易条件协议书，作为签订合同的重要依据，并且印制在合同书的背面或者成为独立的文件。

4.4.2　交易磋商的过程

交易磋商的过程一般可以分为四个环节：询盘、发盘、还盘和接受。发盘和接受是交易磋商过程中必不可少的环节，而且《联合国国际货物销售合同公约》（下称《国际公约》）规定发盘和接受是达成交易所必需的法律步骤。

（1）询盘（inquiry）。询盘也可以称为询价。买卖双方均可发出询盘，买方询盘又称为递盘（bid），卖方询盘又称为索盘（selling inquiry）。询盘是交易的一方向另一方探询交易条件和表达交易意愿的一种行为，内容上没有要求，可以十分详尽，描述各项交易条件，也可以十分简略，只表达交易意向。询盘对买卖双方无法律约束力，但在商业习惯上，被询盘一方接到询盘后应尽快给予答复。

（2）发盘（offer）。发盘又称为发价或报价，法律上称为要约。发盘可由卖方提出，称为售货发盘；也可由买方提出，称为购货发盘。发盘的构成条件有三个：

第一，向一个或一个以上的特定人（specific person）提出。这一条件是为了把发盘同普通商业广告及向广大公众散发的商品价目单等行为（邀请发价）区别开来。

第二，发盘的内容必须十分确定（sufficiently definite）。《国际公约》规定，所谓十分确定，应包括三个基本因素：品名、数量和价格。在我国外贸实践中，应当列明主要交易条件，包括品名和品质、数量、包装、价格、交货和支付方法等。

第三，表明经受盘人接受发盘人即受约束的意思。发盘必须表明订约意旨（contractual intent），如发盘、实盘、递实盘或订货等。若发盘中附有保留条件，如“以我方最后确认为准”或“有权先售”等，则此建议不能构成发盘，只能视为邀请发盘（invitation for offer）。

对于发盘的有效期，明确规定有效期并非构成发盘不可缺少的条件，未明确规定有效期时，应理解为在合理时间内有效，口头发盘应当场表示接受。关于发盘生效的时间，以书面形式做出的发盘的生效时间有两种观点：投邮主义（despatch theory，也称发信主义）和到达主义（arrival theory，也称受信主义）。《国际公约》和我国的合同法均采用到达主义。

对于发盘的撤回（发盘未生效），英美法系和大陆法系有不同的规定。《国际公约》第十五条规定，一项发价，即使是不可撤销的，得予撤回，如果撤回通知于发价送达被发价人之前或同时送达被发价人。

对于发盘的撤销（发盘生效），英美法系和大陆法系同样有不同的规定。《国际公约》第十六条规定，在未订立合同之前，发价得予撤销，如果撤销通知于被发价人发出接受通知之前，送达被发价人。但在下列情况下，发价不得撤销：1）发价写明接受发价的期限或以其他方式表示发价是不可撤销的；2）被发价人有理由信赖该项发价是不可撤销的，而且被发价人已本着对该项发价的信赖行事。

（3）还盘（counter offer）。还盘又可称为还价或反要约。受盘人的答复若实质上变更了发盘条件，就构成还盘。对发盘表示有条件的接受也是还盘的一种形式，如答复中附有“待最后确认为准”等字样。受盘人还盘后又接受原来的发盘，合同不成立。《国际公约》第十九条规定，对发价表示接受但载有添加、限制或其他更改的答复，即为拒绝该项发价，并构成还价。但是，对发价表示接受但载有添加或不同条件的答复，如所载的添加或不同条件在实质上并不变更该项发价的条件，除发价人在不过分迟延的期间内以口头或书面通知反对其间的差异外，仍构成接受。如果发价人不做出这种反对，合同的条件就以该项发价的条件以及接受通知内所载的更改为准。有关货物价格、付款、货物质量和数量、交货地点和时间、一方当事人对另一方当事人的赔偿责任范围或解决争端等的添加或不同条件，均视为在实质上变更发价的条件。

（4）接受。法律上称为承诺。接受必须由受盘人做出，并且必须表示出来。接受必须是同意发盘提出的交易条件（即接受必须与发盘相符）。受盘人表示接受的方式一般有两种：用声明（statement）做出表示，即受盘人用口头或书面形式向发盘人同意发盘；用做出行为（performing an act）来表示，通常指由卖方发运货物或由买方支付价款来表示。受盘人表示接受，必须在发盘规定的时效内做出，接受通知的传递方式应符合发盘的要求。对于接受生效的时间，英美法系采用“投邮生效”的原则，大陆法系和《国际公约》采用“到达生效”的原则，接受还可以在受盘人采取某种行为时生效。如果出现逾期接受，无论受盘人主观上是否有过错，逾期接受是否有效关键都是看发盘人如何表态。

对于接受的撤回，《国际公约》规定，接受得予撤回，如果撤回通知于接受原应生效之前或同时送达发价人。对于接受的撤销，接受一旦生效，合同即告成立，所以不存在撤销问题。采用传真、EDI、电子邮件等形式订立合同，发盘和接受都不可能撤回。

4.4.3　交易磋商与电子化

交易磋商是贸易，特别是国际贸易中十分重要的环节，开启了贸易的整个流程，关系到双方最终是否能达成交易意向，签订相应的合同。但是传统的交易磋商，尤其是涉及多个国家的国际贸易磋商，流程缓慢。电子信息技术和互联网的发展给交易磋商提供了高效的沟通解决方案。最为明显的是，传统贸易中涉及的谈判文件、单证单据等通过信件邮寄方式逐步变为电子信息方式进行传输。询价函、报价表、订货单等各种各样单证的电子化，在提升贸易磋商速度的同时，也逐渐规范了整体的流程。而且，在线交易磋商具有全球性和无边界的特点，不受买卖双方的地域限制，网络则突破了传统上的时间和空间的界限。

电子邮件是交易活动电子化的初步尝试，直到现在，依旧有不少的公司采用电子邮件进行交易磋商和合同订立。随着全球各类 B2B 在线交易平台的出现，例如国内的敦煌网、金银岛等，现在很多国际贸易的买家和卖家，特别是中小型的交易者都会基于在线交易平台进行交易活动。平台在提供交易双方交易磋商的同时，通常也会提供交易信息的发布和查询服务，极大地便利了贸易双方的人员。按照交易双方是否需要同时在线，可以将平台的交易模式分为在线实时交易磋商和离线非实时交易磋商两种。在线实时交易磋商是指基于在线平台，交易双方同时在线沟通，达成交易的一种模式。离线非实时交易磋商是指基于在线平台，交易双方不需要同时在线沟通，达成交易的一种模式。目前后一种模式居多。

4.4.4　交易磋商的合同

交易磋商成功后需要订立正式的合同。合同成立的时间有两个判断标准：一是有效接受的通知到达发盘人时；二是受盘人做出接受行为时。合同生效的要件有五个：合同当事人要具有签约能力；合同必须具有对价或约因；合同的内容必须合法；合同必须符合法律规定的形式；合同当事人的意思表示必须真实。

对于合同的形式，《国际公约》第十一条规定，销售合同无须以书面订立或书面证明，在形式方面也不受任何其他条件的限制。销售合同可以用包括人证在内的任何方法证明。当事人订立合同，有书面形式、口头形式和其他形式。法律、行政法规规定采用书面形式的，应采用书面形式。当事人约定采用书面形式的，应采用书面形式。

合同的基本内容包括约首部分（preamble）、基本条款（body）和约尾部分（witness clause），相关的范例可以在相关网站上查询。

4.5 国际货物运输保险

4.5.1 国际货物运输保险概述

人们在生产、工作、学习和生活中处理问题和做出决策时，总会面临诸多的可能性和不确定因素，这些可能性和不确定因素影响的最终结果可能是好于预期的，但也可能是比预期效果差的，甚至是无法承担的。一件事情的风险即出现比预期效果差的结果，差距的可能性越大，风险就越大。风险本身具有不确定性，导致风险的因素不确定是否发生，什么时候发生，造成的损失程度也不确定。另外，风险还具有客观性，不以人的意志为转移，人只能在一定时间和空间内改变可能影响风险发生的因素，降低风险发生的可能性，也可以运用概率论和统计的方法对风险发生的规律进行观察测算，但是不可能消除风险。此外，风险还具有普遍性，在社会生活的方方面面都存在各种各样的风险，可以说风险无处不在。

由此，为了在一定程度上转移风险和补偿损失，保险孕育而生。保险是一种经济补偿制度，我国《保险法》规定，本法所称保险，是指投保人根据合同约定，向保险人支付保险费，保险人对于合同约定的可能发生的事故因其发生所造成的财产损失承担赔偿保险金责任，或者当被保险人死亡、伤残、疾病或者达到合同约定的年龄、期限等条件时承担给付保险金责任的商业保险行为。

保险可以分为财产保险、人寿保险、责任保险和保证保险，国际货物运输保险属于财产保险范畴。国际贸易中的货物运输过程一般都十分漫长，整个过程中风险往往较高，极有可能遇到暴雨、大风等极端天气和一些意外事故，办理货物运输保险即可将运输过程中的风险转移，将可能发生的损失变为固定的费用，从而防止意外发生，保障企业的正常经营。

国际货物运输中的风险一般分为海上风险和外来风险。构成海上风险必须具备以下条件：货损必须是由于海洋的原因而发生的；货损的发生必须是异常的，货物的正常损耗不能认为是海上风险。海上风险包括：自然灾害，例如恶劣气候、雷电、海啸等自然力量造成的灾害；海上意外事故，例如船舶搁浅、触礁、失火等意外原因造成的事故。外来风险是指海上风险以外的各种风险，分为一般外来风险和特殊外来风险。一般外来风险指偷窃、破碎、渗漏、沾污、受潮受热、串味、生锈、钩损、短量、淡水雨淋等。特殊外来风险主要是指军事、政治及行政法令等原因造成的风险，从而引起货物损失，如战争、罢工、交货不到、拒收等。

4.5.2　国际货物运输的损失划分

国际货物运输中的损失按照程度的不同，可以分为全部损失和部分损失。

（1）全部损失。全部损失是指运输中的整批货物或不可分割的一批货物的全部损失。全部损失又分为实际全损和推定全损。

实际全损是指货物全部灭失或全部变质而不再有任何商业价值。实际全损包含下列几种情形：保险标的物已全部毁灭；保险标的物虽然存在，但其毁坏程度十分严重，以至于失去原来的用途；保险标的物的物权发生无可挽回的转移，被保险人无法追回该物；航海船舶失踪，经过相当长的时间仍无音讯。

推定全损是指货物遭受风险后受损，尽管未达实际全损的程度，但实际全损已不可避免，或者为避免实际全损所支付的费用与继续将货物运抵目的地的费用之和超过了保险价值。推定全损需经保险人核查后认定。推定全损包括以下几种情形：被保险人对其货物的所有权因保险事故而丧失，如要收回物权，其收回费用将超过保险标的物收回的价值；保险标的物受损后，其修理以及到达目的地的费用将超过运达后的价值；保险标的物的实际全损已无法避免，或者为了避免实际全损需要花费的施救等费用，将超过获救后的保险标的物的价值。

（2）部分损失。不属于实际全损和推定全损的损失为部分损失。海洋运输中，按照造成损失的原因可分为共同海损和单独海损。在海洋运输途中，船舶、货物或其他财产遭遇共同危险，为了解除共同危险，有意采取合理的救难措施所直接造成的特殊牺牲和支付的特殊费用称为共同海损。在船舶发生共同海损后，凡属共同海损范围内的牺牲和费用，均可通过共同海损清算，由有关获救受益方（即船方、货方和运费收入方）根据获救价值按比例分摊，然后向各自的保险人索赔。共同海损分摊涉及的因素比较复杂，一般均由专门的海损理算机构进行理算。单独海损不具有共同海损性质，并未达到全损程度的损失。该损失仅涉及船舶或货物所有人单方面的利益损失。

海上风险还会造成费用支出，主要有施救费用和救助费用。施救费用是指被保险货物在遭受承保责任范围内的灾害事故时，被保险人或其代理人或保险单受让人为了避免或减少损失，采取各种措施而支出的合理费用。救助费用是指保险人或被保险人以外的第三者采取了有效的救助措施之后，由被救方付给的报酬。保险人对施救费用和救助费用都负责赔偿，但以总和不超过保险金额为限。

4.5.3　国际货物运输保险的划分

目前，各国保险组织都制定了自己的保险条款，但在国际贸易中，英国伦敦保险业协会制定的《协会货物条款》（Institute Cargo Clause，I. C. C.）被大多数国家在海上保险业务中直接采用。我国企业按 CIF 或 CIP 条件出口时，一般情况下都按照《中国保险条款》（China Insurance Clauses，C. I. C.）进行投保，如果贸易另一方要求按《协会货物条款》投保，一般也会接受。

《协会货物条款》使用了 I. C. C. (A)、I. C. C. (B)、I. C. C. (C)、战争险、罢工险和恶意损害险，前三种是主险（基本险），后三种是附加险。I. C. C. (A) 的承保风险采用“一切风险减去除外责任”的方式进行规定，I. C. C. (A) 的除外责任可以分为四类：一般除外责任、不适航和不适货除外责任、战争除外责任和罢工除外责任。I. C. C. (B) 承保风险采用“列明风险”的方式，在保险条款中对承保的风险逐个加以列明。I. C. C. (B) 涉及的风险有：火灾和爆炸；船舶或驳船触礁或搁浅、沉没、倾覆；陆上运输工具倾覆或出轨；运输工具同水以外的外界物体碰撞；在避难港卸货；地震、火山爆发或雷电等。I. C. C. (C) 只承保重大意外事故，而不承保自然灾害及非重大意外事故。与 I. C. C. (B) 相同，I. C. C. (C) 承保风险也采用“列明风险”的方式。其涉及的风险有：火灾和爆炸；船舶或驳船触礁或搁浅、沉没、倾覆；陆上运输工具倾覆或出轨；在避难港卸货等。由此可见，I. C. C. (C) 的承保范围比 I. C. C. (B) 更小，仅承保意外事故所致的损失以及共同海损和救助费用。战争险涉及的风险有：战争、内战、革命、叛乱、造反或由此引起的内乱，或交战国针对交战国的任何敌对行为所导致的捕获、拘留、扣留、禁制或扣押及其后果，或任何进行这种行为的企图；遗弃的水雷、鱼雷、炸弹或其他遗弃的战争武器。罢工险承保的风险有：罢工者、被迫停工工人或参加工潮、暴动或民众斗争的人员所致的货物灭失；任何恐怖主义者或任何出于政治目的采取行为的人引起的货物灭失或损害。恶意损害险承保的是，被保险人以外的其他人的故意破坏行为所致保险标的物的灭失或损害。若对各种保险的每个条款内容感兴趣，请自行了解，在此对其不进行赘述。

《中国保险条款》将国际货物运输保险条款分为三类：海洋运输货物保险条款、航空运输货物保险条款、陆上运输货物保险条款。

（1）海洋运输货物保险条款。《中国人民保险公司海洋运输货物保险条款》中将海洋运输货物保险划分为三大类：基本险、附加险和专门险。基本险中设有三类：平安险、水渍险和一切险。平安险是三个基本险别中承保范围最小的险别，只对全部海损、共同海损和意外造成的单独海损负责。水渍险在平安险的基础上扩大了承保范围，增加了保险标的由恶劣天气、海啸、雷电等自然灾害造成的部分损失，但不包括货物生锈、破碎等。一切险是三种基本险种中承保范围最大、风险最全的险别，在水渍险的基础上增加了被保货物在运输途中受到一般外来风险所造成的全部和部分损失。值得注意的是，一切险并不是囊括了一般意义上的所有海上风险，战争、罢工等导致的风险和损失是不在承保范围内的。附加险是为了转移海上货物运输中可能遇到的在基本险别承保范围外的风险，通常可以将其分为一般附加险（承保范围包括偷窃、提不到货、淡水雨淋、串味等)、特别附加险（承保范围包括进口关税多缴、拒收等）和特殊附加险（主要涉及海运战争险、罢工险)。国内附加险的投保必须在投保人已经投保基本险别的基础上，不能只投附加险。这一点和《协会货物条款》中的附加险不同，《协会货物条款》中的三种附加险是可以独立投保的。专门险是针对海运有特殊要求或者货物较为特殊而设计的险别，主要有海上运输冷藏货物保险和海上运输散装桐油保险两种，可以单独投保。

我国海洋运输保险条款主体有以下几个部分：

1）除外责任。三个基本险中都规定了不负赔偿责任的例外情况。附加险和专门险中，也有各自的除外责任。《协会货物条款》中的六类保险其实也有各自对应的除外责任。

2）保险期限。《中国人民保险公司海洋运输货物保险条款》规定，基本险的承保责任起讫时间采用“仓至仓条款”。该条款的保险责任生效起始时间为运离保单载明的起运地发货人仓库或存储处所，保险责任结束的终止时间为货物抵达保单所载明的目的地，并于60日内抵达收货人仓库或存储处所。对于附加险和专门险，保险期限的界定随着承保内容的不同而不同。

3）被保险人的义务。《中国人民保险公司海洋运输货物保险条款》规定，被保险人在货物抵达目的地后应及时提货，一旦发现货物遭受损失应立即向保单载明的检验、理赔代理人申请检验，向有关当局提取货损货差的证明，以及向涉及的第三方索取延长索赔时效的凭证。对于遭受损失的货物，被保险人承担采取合理抢救措施，以减少损失的义务。被保险人在遇到承载货物的船舶变更航程或发现保单所载明的货物、船名、航程、航线等有遗漏或错误时，应立即通知保险人，必要时加缴保费。当被保险人提出索赔时，应向保险人提供保单所载明的相关索赔证明、检验报告、索赔清单及向第三方追偿的有关函电、单证和文件。被保险人获悉运输合同中“船舶互撞责任”条款的实际责任后，应及时通知保险人。

4）索赔期限。索赔期限通常在保险合同中有明确的规定。《中国人民保险公司海洋运输货物保险条款》规定的索赔期限为两年，起始时间从保险标的抵达目的港并且全部卸离船舶之日算起。

（2）航空运输货物保险条款。根据《中国人民保险公司航空运输货物保险条款》的规定，航空运输货物保险包括基本险（航空运输险和航空运输一切险）和附加险（航空运输货物战争险、航空运输罢工险）。航空运输险相当于海运保险中的水渍险，承保范围包括：被保险货物在运输途中遭受雷电、火灾或爆炸或由于飞机遭受恶劣气候或其他危难事故而被抛弃，或由于飞机遭受碰撞、倾覆、坠落或失踪意外事故所造成的全部或部分损失；被保险人对遭受承保责任内危险的货物采取抢救，防止或减少货损的措施而支付的合理费用，但以不超过该批被救货物的保险金额为限。航空运输一切险在航空运输险的基础之上，增加了负责被保险货物由外来原因所致的全部或部分损失。航空运输货物战争险的承保范围包括货物运输过程中由战争或者类似战争的行为、武装冲突、敌对行为和各种常规武器造成的损失。航空运输罢工险可以直接在战争险的基础上免费投保。

（3）陆上运输货物保险条款。《中国人民保险公司陆上运输货物保险条款》规定，陆上运输货物保险包括基本险（陆运险和陆运一切险）、专门险（陆上运输冷藏货物保险）和附加险（陆上运输货物战争险、罢工险）。陆运险也相当于海运保险中的水渍险，承保的风险包括：运输途中遭受暴风、雷电、地震、洪水等自然灾害，或由于陆上运输工具（火车、汽车等）遭受碰撞、倾覆或出轨，或在驳运过程因驳运工具搁浅、触礁、沉没，或由遭受隧道坍塌、崖崩或火灾、爆炸等意外事故造成的全部损失或部分损失，以及被保险人对遭受承保责任内的货物采取抢救，防止或减少货损的措施而支付的合理费用。陆运一切险在陆运险的基础之上，增加被保险货物在运输途中由外来原因所致的全部或部分损失。陆上运输冷藏货物保险在陆运险的基础上，包括由冷藏机器或隔热设备在运输途中损坏所造成的被保险货物的腐败的损失。陆上运输货物战争险仅限于火车运输，承保范围与航空运输货物战争险相同，而罢工险可以在战争险的基础上免费投保。

我国航空运输货物保险和陆上运输货物保险的保险条款主体部分与海洋运输保险条款主体部分组成相同，均包括除外责任、保险期限、被保险人的义务和索赔期限，各部分的内容有所不同，可以参照相应的保险条款。

4.5.4 国际货物运输保险的办理程序

保险条款是国际贸易合同中不可或缺的重要部分，涉及投保人、保险人和保费承担人，其中基本内容需要约定投保人，约定保险公司和保险条款，约定保险险别，约定保险金额。国际货物运输保险的办理程序分为以下几步：

（1）选择保险险别。根据风险评估和保费等因素选择主险和附加险。

（2）确定投保的金额。投保金额是保险费计算的关键依据，国际惯例按预期利润（货价另加10%计算）进行投保。

（3）填写投保单。投保单是投保人向保险人提出投保的书面申请，其主要内容包括被保险人的姓名，被保险货物的品名、标记、数量、包装、保险金额、运输工具名称、开航日期及起讫地点，投保险别，投保日期及签章等。

（4）支付保险费，获得保险单。保险费按投保险别的保险费率计算。保险费率是根据不同的险别、不同的商品、不同的运输方式、不同的目的地，并参照国际上的费率水平制定的。在发生保险范围内的损失或灭失时，投保人可凭保险单向保险人要求赔偿。

□ 思考题

1. 概述国际贸易的由来和发展。
2. 说一说支付工具和支付方式的关系。
3. 选取一个国际物流公司，分析其特点和商业模式。
4. 熟悉交易磋商的合同相关问题，分析其中的关键部分。
5. 寻找电子支付、交易磋商、运输保险的相关实例，分析各个部分的关键点。
6. 论述国际贸易与电子商务的关系。

□ 练习题

一、单项选择题

1. 以下各项中，不属于国际贸易按照商品移动方向划分的类别的是（　　）。

A. 出口贸易　　B. 过境贸易　　C. 转口贸易　　D. 进口贸易

2. 以下各项中，不属于国际贸易的支付工具的是（　　）。

A. 汇票　　B. 本票　　C. 支票　　D. 发票

3. 以下各项中，不属于国际物流的基本功能的是（　　）。

A. 运输功能　　B. 包装功能　　C. 保险功能　　D. 配送功能

4. 以下各项中，不属于国际货运代理的行业组织的是（　　）。

A. CIFA　　B. IATA　　C. FIATA　　D. WCO

5. 交易磋商的主要交易条件中，不包括（　　）。

A. 品质　　B. 价格　　C. 支付条件　　D. 买卖合同

二、多项选择题

1. 国际贸易中的金融票据的基本方式有（　　）。

A. 汇付　　B. 信用证　　C. 托收　　D. 电子支付

2. 基于法律的角度，国际货运代理可以划分为（　　）。

A. 中间人型　　B. 代理人型　　C. 联运代理型　　D. 当事人型

3. 交易磋商过程的环节有（　　）。

A. 发盘　　B. 询盘　　C. 还盘　　D. 接受

4. 国际货物的运输保险有（　　）。

A. 人寿保险　　B. 财产保险　　C. 责任保险　　D. 保证保险

5. 国际货物运输的风险有（　　）。

A. 人为风险　　B. 海上风险　　C. 外来风险　　D. 时间风险

三、判断题

1. 国际贸易按照结算方式划分，分为现汇贸易和专门贸易。（　　）

2. 支票是金融票据最主要的方式。（　　）

3. 主要交易条件是交易磋商的主要内容。（　　）

4. 还盘是交易磋商中必不可少的环节。（　　）

5. 国际货物运输保险属于责任保险范畴。（　　）

第五章

电子商务技术基础

案例导入

AlphaGo：围棋机器里的“幽灵”

围棋起源于中国，一说为帝尧所创，春秋战国时期即有记载，早在隋唐时期就传入日本和欧美各国。围棋蕴含着中华文化的丰富内涵，体现了中华文化与中华文明。在围棋中，有着难以度量的状态和决策空间，因此围棋被认为是最复杂的智力游戏，它涉及人工智能的很多方面，如逻辑推理、最佳选择和形象思维等，这些都是世界公认人工智能领域的重大挑战。基于这种背景，AlphaGo应运而生。

AlphaGo是由谷歌（Google）旗下的DeepMind公司Demise Hassabis开发的人工智能机器人，它是第一个战胜围棋世界冠军的机器人。作为一款围棋人工智能程序，它主要包括四个部分，分别是策略网络、快速走子网络、价值网络和蒙特卡洛树搜索。AlphaGo是通过两个不同的神经网络“大脑”来逐步学习、改进学习的，这两个“大脑”分别是落子选择器（move picker）和棋局评估器（position evaluation）。前者的功能是观察棋盘的整体布局，找到最佳的下一步；后者则是解决另一个问题，并不是猜测下一步，而是在已经给定棋子的位置情况下，预测每一个棋手的获胜概率，结合落子选择器，通过分析潜在未来局势的好坏，AlphaGo能做出是否通过特殊变种去深入阅读的决定。

2017年5月，在我国的乌镇围棋峰会上，Alpha Master坐在了世界围棋排名第一的柯洁对面，Alpha Master三局全胜。至此，人工智能在围棋上完胜人类成为一个共识。创造AlphaGo的团队DeepMind宣布，不再与人类棋手比赛。2017年10月19日在《自然》上发表新版程序：AlphaGo Zero。据AlphaGo团队负责人Dave Sliver介绍，AlphaGo Zero从空白状态学起，无任何人类输入的条件下，AlphaGo Zero能够迅速地自学围棋，并以100：0的战绩击败“前辈”AlphaGo。抛弃人类经验和自我训练并非AlphaGo Zero最大的亮点，它最大的特点在于采用新的强化学习算法（reinforcement learning)。

AlphaGo 的不断进步是人工智能在飞速发展的一个缩影。人工智能发展至今，已经逐步成为新一轮科技革命和产业革命的核心，正在对世界经济、社会进步和人类生活产生越来越大的影响。深度学习、图像识别和语音识别等人工智能技术已经广泛应用于智能设备、智能家居、移动支付等领域，并且有在教育、医疗、金融、军事等领域发挥更为显著作用的趋势。这一切无论是在推动国家经济发展还是在为人们提供更便利生活服务方面，都具有十分重大的意义。

思考题

1. 你怎么看待人工智能的发展？机器人能取代人类吗？
2. 你觉得人工智能在电子商务中可以得到怎样的应用？

5.1 互联网技术基础

5.1.1 互联网的概念及特点

互联网（internet）指的是多个网络连成的庞大网络，这些网络之间通用统一的协议，形成逻辑相对单一的庞大国际网络。

互联网最早可追溯至美国 1969 年的国防部高级计划局网络（APRANET），即阿帕网。通常意义上，internet 泛指互联网，而 Internet 则特指因特网，二者并不相同。将各种计算机网络相互连接在一起的方法可称作网络互联，以此为基础，发展出覆盖全球的互联网络，称为互联网，顾名思义，这是相互连接在一起的网络结构。互联网和万维网（world wide web）并不相同，万维网只是一种基于超链接相互链接的全球系统，是互联网提供的服务之一。

万维网、因特网和互联网这三者的关系是：万维网属于因特网，因特网属于互联网。也就是说，互联网的范围最广，只要是能够相互通信的设备所组成的网络，就称为互联网，所以哪怕只有几台机器（甚至只有两台），无论使用何种协议或者技术让这些设备能够通信，都可以成为互联网。因特网是互联网的一种，因特网中有成千上万的设备，由此组成互联网。因特网使用 TCP/IP 协议让不同的设备建立连接，实现互相通信。但是使用了 TCP/IP 协议的网络，并不一定是因特网，局域网也可使用此协议。所以，判断一个设备是否接入了因特网，首先要知道该设备是否安装了 TCP/IP 协议，其次还要知道是否有公网地址。因特网是基于 TCP/IP 协议的，除了 TCP/IP 协议，还有许多协议，不同种类的协议在不同的网络层次中发挥不同的作用，其中在应用层中使用 HTTP 协议的，就称为万维网。在浏览大多数网页或者输入网址时，可以看到 HTTP 的字样，这就是因为浏览器和各大网站的服务器之间使用的协议是 HTTP 协议。

互联网之所以在当今世界大受欢迎，是因为它有着顺应时代发展的特点和优点。首先，互联网不受时间和空间的限制，无论身处何地都可以进行信息交换，而且在当前 5G 逐渐普及的时代背景下，信息的传输速率进一步提升，大大缩短传输时延；其次，在使用成本低的前提下还做到了较强的交互性，与传统的通信方式不同，互联网通过信息交换代替了实体的交换，做到了人与人、人与信息之间可以相互交流；再次，互联网在拥有庞大用户数量的基础上，信息交换的发展仍有个性化的趋势，截至 2021 年 10 月，据 SlideShare 发布的 2021 数字全球报告，全球的互联网用户已经达到 48.8 亿，即使在这种庞大的用户基数下，各大互联网公司也能够最大限度地满足每个人的个性化需求；最后，互联网可以将多种形式的有价值信息进行整合，现阶段信息交换有多种形式，如视频、图片、文字等，互联网将大量的信息高效、快速地传递，是传统信息传递方式做不到的。

5.1.2 计算机网络的组成和分类

从不同的角度，计算机网络的组成可以分为如下几类。

（1）从工作方式角度分类，计算机网络主要可分为核心部分以及边缘部分。核心部分主要包含大量的网络和连接这些网络的路由器，它为边缘部分提供连通性和交换服务；边缘部分主要包含所有连接因特网、供用户使用的设备，以此来实现资源共享和通信（如传输音频、视频和数据等）。图 5-1 展示了这两部分的具体关系。

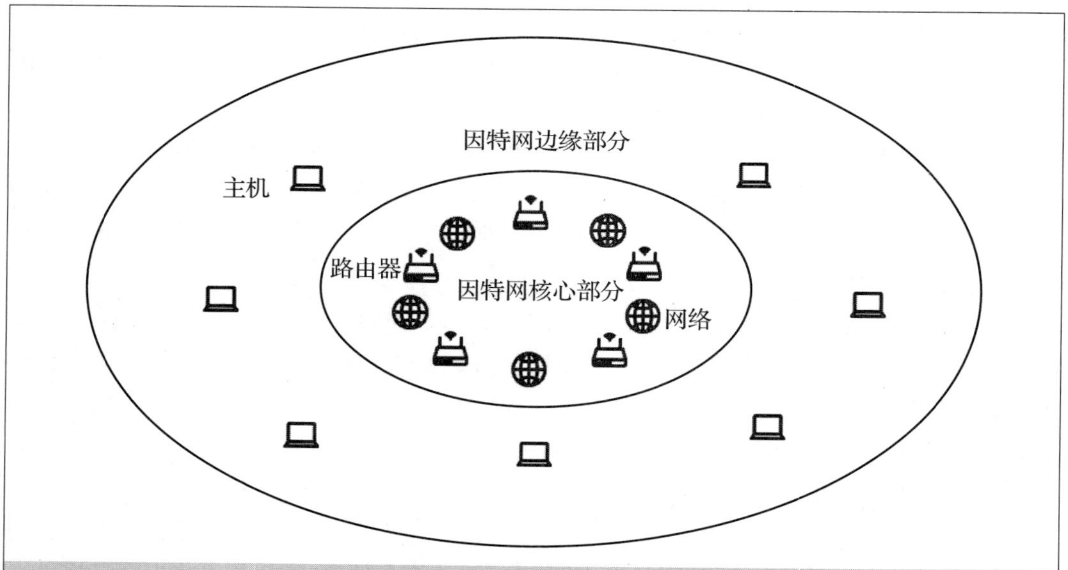

图 5-1 核心部分与边缘部分

（2）从组成部分角度分类，通常一个较为完整的计算机网络主要包含硬件、软件和协议三个部分，三者缺一不可。硬件主要由主机（也可称为端系统）、通信链路（如光纤、双绞线、微波等）、交换设备（如交换机、网桥、路由器等）和通信处理器（如网卡）等组成。软件主要包括各种可以实现资源共享的软件、方便用户使用的软件，如 FTP 程序、网络操作系统、邮件收发程序、聊天程序等。协议是计算机网络的核心，它规定了网络传输数据应该遵循怎样的规范和格式。

（3）从功能的角度分类，计算机网络又可以分为资源子网和通信子网。资源子网是一个集合，这个集合包含实现资源共享功能的设备及其软件，它为用户提供共享其他计算机上的硬件、软件和数据等资源的服务。

从不同的角度，计算机网络的分类方式可以是不同的。

1. 按传输技术分类

（1）点对点网络。每一条物理线路连接一对计算机。如果通信的两台主机之间没有直接相连的线路，那么二者之间的分组传输必须通过中间节点的接收、存储和转发，直至传输到目的节点。

（2）广播式网络。即所有的联网计算机都共享一个公共通信信道。当其中一台计算机使用共享通信信道发送报文分组时，其他所有计算机都收到这个分组。接收到这个分组的计算机通过检查该分组的目的地址来决定是否接收该分组。

2. 按覆盖范围分类

（1）广域网（WAN）。广域网的任务是提供长距离通信，传输主机所发送的数据，其覆盖范围为几十米至几千千米的区域。广域网是因特网的核心部分。连接广域网各个节点的交换机的链路通常都是高速链路，可以容纳较大的通信数据。

（2）城域网（MAN）。城域网覆盖的范围可以跨越几个街区甚至整个城市，范围约为 5～50 千米。城域网采用的技术以以太网为主，所以有时也和局域网一同进行讨论。

（3）局域网（LAN）。局域网一般用微机或者工作站通过高速线路，覆盖范围小，通常范围只有几十米到几千米的区域。局域网在计算机配置数量上并无过多限制，从两台至几百台不等。一般，局域网使用广播技术，而广域网使用交换技术。

（4）个人区域网（PAN）。个人区域网是在个人工作的区域将电子设备（如智能手机和平板电脑）用无线技术连接起来的网络，也称为无线个人区域网（WPAN），范围在 10 米左右。

3. 按拓扑结构分类

网络的拓扑结构是指用网中节点（主机、路由器等）中通信线路（网线）之间的几何关系（如环形、总线形）表示的网络结构，主要是指通信子网的拓扑结构。

（1）总线形网络。用一根传输线把计算机连接起来。这种网络的优点是建网方便，增减节点方便，节省线路。缺点是总线任意一处故障会导致整个网络瘫痪，重负载的时候通信率较低。

（2）星形网络。每一台计算机或者终端都以单独的线路与中央设备相连。中央设备早期是计算机，如今一般是路由器或者交换机。星形网络比较容易集中控制和管理，因为端用户之间的通信必须经过中央设备。这种网络的缺点是中心节点故障会致使整个网络瘫痪，同时星形网络的成本较高。

（3）网状形网络。一般情况下，每个节点至少有两条路径与其他的节点连接，在广域网中使用较多。网状形网络分为有规则形和无规则形两种。其优点是可靠性较高；缺点是线路成本高，控制相对复杂。

（4）环形网络。所有计算机接口设备连接成一个环。环形网络中最为典型的例子就是令牌环局域网。环形网络的环可以是单环，也可以是双环，但是在环中信号的传输是单向的。

4. 按交换技术分类

(1) 电路交换网络。在源节点和目的节点之间建立一条专用的通路用于传输数据，分为建立连接、传输数据和断开连接三个阶段，其中最典型的电路交换网就是传统的电话网络。这种网络最主要的特点就是整个报文的比特流连续地从源点直达终点。优点是数据直接传送、延迟小。缺点是不能充分利用线路容量，线路利用率低，不便于进行差错控制。

(2) 报文交换网络。将用户的数据附加上源地址、目的地址、校验码等辅助信息，然后封装成报文。将整个报文传送至相邻节点，待全部存储后，再转发给下一个节点，如此反复，直至到达目的节点。其优点是可以较为充分地利用线路容量，可以实现格式转换，可以实现一对多和多对一访问，可以实现差错控制；缺点是增加资源耗费，增加缓冲延迟，接收方不能提前确定大小等。

(3) 分组交换网络。此网络的原理是将数据分成较短且长度固定的数据块，在每个数据块中加入目的地址、源地址等辅助信息组成分组，利用类似报文交换的方式进行传输。除了具备报文交换的优点外，其本身的优点还有缓冲易于管理，平均延迟更小，易于标准化，更适合应用。

5. 按使用者分类

(1) 专用网 (private network)。它是指某个部门为本单位的特殊业务需要而建造的网络。这种网络不向本单位以外提供服务，如铁路、军队、电力等部门的专用网。

(2) 公用网 (public network)。它是指电信公司出资建造的大型网络。所有按电信公司的规定交纳费用的用户，都可以使用这种网络。

6. 按传输介质分类

传输介质可分为无线和有线两大类，所以网络也可以分为无线网络和有线网络两类。无线网络可以分为蓝牙、无线电、微波等类型；有线网络可以分为双绞线网络、同轴电缆网络等。

5.1.3 计算机网络的参考模型

1. OSI 参考模型

国际标准化组织 (ISO) 所提出的网络体系结构模型，称为开放系统互联参考模型，简称为 OSI 参考模型。OSI 参考模型共有 7 层，从下至上依次为物理层、数据链路层、网络层、传输层、会话层、表示层、应用层。OSI 参考模型层次结构如图 5－2 所示。

(1) 物理层 (physical layer)：物理层的传输单位是比特，任务是透明地传输比特流，功能是在物理媒体上为数据端设备透明地传输原始比特流。物理层的协议有 RS-232，RS-449，X.21 等。

(2) 数据链路层 (data link layer)：数据链路层的传输单位是帧，任务是将网络层传来的 IP 数据报组装成帧。数据链路层的功能包括成帧、流量控制、传输管理和差错控制等。较为典型的数据链路层协议有 HDLC，SDLC，PPP，STP 和帧中继等。

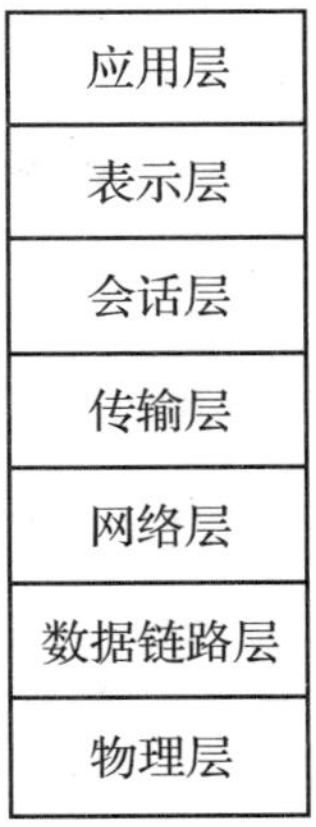

图 5-2　OSI 参考模型层次结构

（3）网络层（network layer）：网络层的传输单位是数据报，主要任务是把网络层的协议数据单元从源端传送至目的端，为不同的主机提供通信服务。网络层的功能是实现流量控制、拥堵控制、网际互联和差错控制等。网络层的协议有 IP，IPX，ICMP，IGMP，ARP，RARP 和 OSPF 等。

（4）传输层（transport layer）：传输层的传输单位是报文段（TCP）或者用户数据报（UDP），传输层负责设备中两个进程之间的通信。功能是为端到端链接提供可靠服务的传输服务，为端到端链接提供流量控制、服务质量、差错控制、数据传输管理等服务。传输层的协议有 TCP，UDP。

（5）会话层（session layer）：会话层允许不同主机上的各个进程之间进行会话。

（6）表示层（presentation layer）：表示层主要处理在两个通信系统中交换信息的表示方式。表示层的功能包括数据压缩、加密和解密，以及数据和信息之间的相互交换。

（7）应用层（application layer）：应用层是 OSI 参考模型的最高层，是用户与网络的界面。因为用户的实际应用复杂多样，所以应用层使用的协议也最多。典型的协议有用于文件传输的 FTP、用于万维网的 HTTP、用于电子邮件的 SMTP 等。

2. TCP/IP 模型

ARPA 在研究 ARPNET 时提出了 TCP/IP 模型，由下至上依次为网络接口层（对应 OSI 参考模型中的物理层和数据链路层）、网际层、传输层和应用层（对应 OSI 参考模型中的会话层、表示层和应用层）。TCP/IP 的层次结构及各层的主要协议如图 5-3 所示。

3. OSI 参考模型和 TCP/IP 模型的比较

首先，二者都是基于独立的协议栈概念；其次，二者都采取了分层的结构，将庞大复杂的问题划分为几个比较容易处理、简单的问题，二者的功能也大体相似；最后，二者都可以解决异构网络的互联，不同厂家生产的计算机之间可以互相通信。OSI 参考模型与 TCP/IP 模型的层次对应关系如图 5-4 所示。

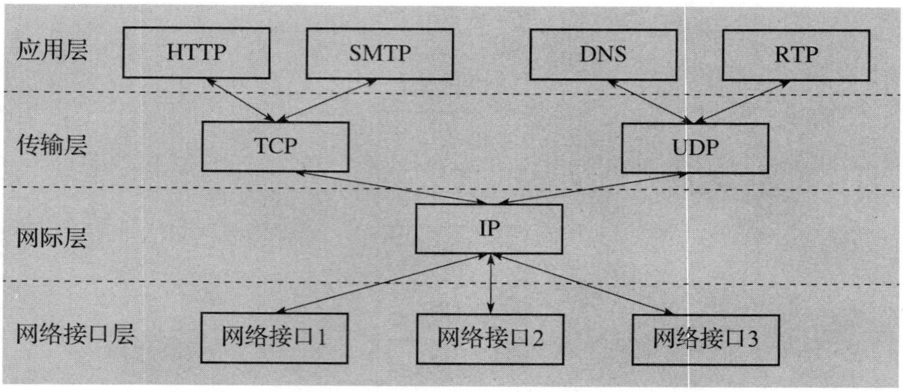

图 5-3 TCP/IP 的层次结构及各层的主要协议

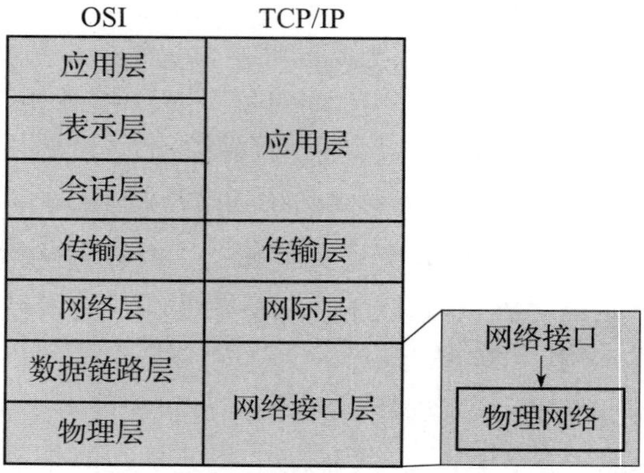

图 5-4 OSI 参考模型与 TCP/IP 模型的层次对应关系

5.2 Web 应用

5.2.1 Web 定义及其发展历史

1. Web 定义

Web（world wide web）即万维网，也称为全球广域网，它以 HTTP 协议和 HTML 为基础，是一种可跨平台、可动态交互的全球性分布式信息系统。

2. 发展历史

Web 最早可追溯至 1989 年，由欧洲粒子物理研究所（CERN）首先提出。该研究所的 Tim Berners-Lee 领导的工作组提交了一个面向互联网的新协议以及使用该协议的系统，这个系统就是 Web，这个系统旨在让使用者可以随意地在文件之间跳跃，在此基础上，世界各地的用户都可以利用互联网交流自己的文档。

1994 年 11 月，Mosaic 浏览器的开发人员创建了 Netscape Communications Corp. 公司，并发布了 Mosaic Netscape 1.0 Beta 浏览器，后更名为 Navigator。同年底，由

Tim 牵头的 W3C（World Wide Web Consortium）正式成立，同时也标志着 Web 的正式诞生。W3C 最重要的工作是发展 Web 规范，这些规范描述了 Web 的通信协议（如 HTML，XHTML 等）以及其他的构建模块。

5.2.2　Web 结构

Web 的内核部分是由三个标准构成的：

（1）超文本传输协议（HTTP）：它是一个应用层协议，利用 TCP/IP 连接进行可靠传输，HTTP 是 Web 服务器与客户程序之间交互必须遵守的协议。

（2）统一资源定位符（URL）：它负责辨识 Web 上各式各类的文档，使得每个文档在 Web 中具有唯一的标识符 URL。

（3）超文本标记语言（HTML）：它是一种文档结构的标记语言，使用一些相对规范的标记对页面上的各种信息（包括但不限于声音、文字、图像、视频）、格式进行解释和描述。

Web 结构如图 5－5 所示。

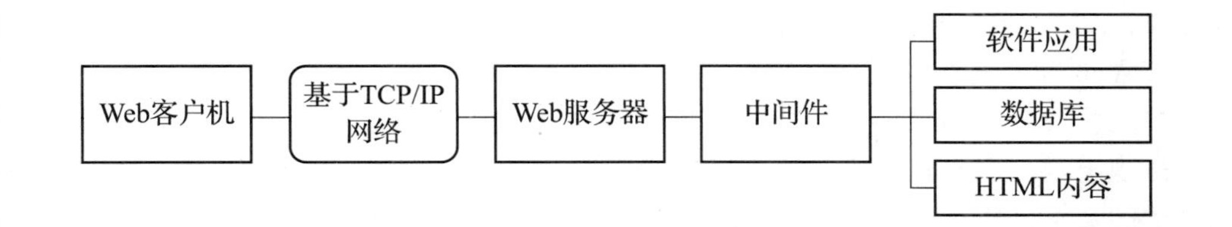

图 5－5　Web 结构

Web 使用 C/S 方式工作，浏览器是用户计算机上的 Web 客服程序，而保存 Web 文档的计算机则运行服务器程序，这个计算机就是 Web 服务器。客服程序向服务器程序发出请求，服务器程序向客服程序送回客户所要的文档。Web 发送信息的工作流程是：首先 Web 用户使用浏览器（有确定的 URL）与 Web 服务器建立连接，由浏览器向 Web 服务器发出 HTTP 请求，Web 服务器收到请求之后把 URL 转换为文档路径，并将结果以 HTML 文件返回给 Web 浏览器，浏览器对其进行解释后显示给用户。

5.2.3　Web 技术

Web 是一种十分典型的应用分布式结构，其中每一次信息的交换都与客户端和服务端相关，所以 Web 技术可以大体分为 Web 服务端技术和 Web 客户端技术两大类。

1. Web 服务端技术

（1）服务器技术。服务器技术主要指 Web 服务器构建的基本技术，包括服务器硬件的选择、服务器结构设计和策略以及其他有关的服务器构建问题。常见的应用服务器有 IBM WebSphere Application Sever，Oracle WebLogic，Tomcat 等。

（2）公共网关接口（common gateway interface，CGI）技术。最早的 Web 服务器响应浏览器的 HTTP 请求后，将存储在服务器中的 HTML 文件返回给远端浏览器，但 HTML 只能反映静态的信息，CGI 使得主页能够实时响应用户的动作，并与本地的数据库建立联系。CGI 应用程序可以由大多数编程语言编写，包括但不限于 C，C++，Java，Perl（practical extraction and report language），Visual Basic。浏览器向 Web 浏览器发出请求后显示服务器传递的服务结果。Web 服务器是交换中心，将请求映射给 CGI 接口，待 CGI 程序运行结束后，将结果返回至浏览器。

（3）PHP（personal home page tools）技术。Rasmus Lerdorf 于 1994 年发明了专门用于 Web 服务端的编程语言，即 PHP。与 CGI 不同的是，PHP 将 HTML 代码与 PHP 指令整合成一个相对完整的动态页面，Web 的开发者更容易实现 Web 的功能。

（4）Servlet 和 JSP。Sun 公司分别于 1997 年和 1998 年推出了 Servlet 技术和 JSP 技术。JSP 不仅让 Java 开发者拥有了类似 CGI 程序的集中处理功能，还拥有了类似 HTML 和 PHP 的嵌入功能。不仅如此，Java 也提高了 Servlet 和 JSP 的执行效率。

（5）活动服务器页面（active server pages，ASP）技术。1996 年，微软（Microsoft）借鉴 PHP 思想，在其服务器 IIS（internet information server）3.0 中嵌入了 ASP 技术。ASP 使用的脚本语言是 JavaScript 与 VBScript。虽然 ASP 只能存取支持 ODBC 的数据库，并且使用的平台仅限于基于 Windows 的 Web 服务器产品，但由于 VBScript 是 Visual Basic 的子集，因此掌握了 Visual Basic 的开发人员可以很快上手。

2. Web 客户端技术

（1）HTML（hyper text markup language）语言。它是 Web 上专用的描述语言，它可以规定网页需要显示的图片、信息的格式、嵌入其他浏览器支持的描述性语言和指定的超文本链接对象。HTML 语言的源文件是纯文本文件，所以可以使用任何的文本编辑器，包括但不限于 Windows 的书写器、DOS 的 Edit、Linux 的 VI。

（2）Java Applets，即 Java 的应用程序。浏览器可以将 Java Applets 从服务器下载至浏览器，随后在浏览器上运行。Java Applets 可提供音频、动画等多种服务。

（3）脚本程序。这是一种嵌入 HTML 文档的程序，使用它可以创建动态页面，提高交互性。常用的脚本语言有 VBScript 和 JavaScript。VBScript 由微软开发，用于设计 Web 的交互页面；JavaScript 由 Netscape 公司开发，它使用起来十分方便，并且变量类型灵活，无须编译。二者被发明的初衷都是用来设计动态页面的，但是它们都可以编写服务端的脚本程序。服务端脚本程序与客户端脚本程序不同，前者在 Web 服务器端机器执行，后者在客户端机器执行。

（4）层叠样式表（cascading style sheets，CSS）。CSS 是 HTML 文档的样式表，可以统一控制 HTML 各种标记的显示属性。1994 年，Hakon Wium 提出了 CSS 的最初建议，当时 Bert Bos 正在设计 Argo 浏览器，于是两人决定一同设计 CSS。1996 年底，W3C 提出了 CSS 建议标准，同年 CSS 被引入了 IE 3.0。1997 年的 Netscape 4.0 在支持 CSS 的基础上，增加了许多自定义的动态 HTML 标记，大大提高了开发者对信息的展示格式的掌控性。

（5）动态 HTML（dynamic HTML，DHTML）。1997 年，微软发布了 IE 4.0 版本，并将动态对象（dynamic object model）、HTML 标记和 CSS 整合成一套具有实用价值的高效可开发的技术体系。DHTML 相比 Java 虚拟机和其他脚本，实现 HTML

的动态效果有更高的执行效率和更好的展现效果。

(6) 插件技术。常见的插件有 Realplayer, Media Player, Flash 等，这些技术丰富了浏览器的多媒体信息技术展示功能，使得在 HTML 页面实现了音频、视频等更复杂的应用。使用插件能够在分析、设计、开发、项目计划、协作生产和产品扩展方面带来诸多好处。首先，插件结构清晰且可维护性强。每个插件相对独立，插件与主程序之间通过接口联系，可以随时增删改查，方便升级维护。其次，插件的可移植性强并且结构容易调整，插件本身由小的功能结构组成，只通过接口发挥自己的作用，所以主程序或系统的功能增加或者减少，只需要增删插件，而不影响整体的结构。最后，插件之间的耦合度较低，使软件开发灵活多变，插件与主程序或系统直接通信，插件之间几乎不存在信息交换，这就可以根据资源的实际情况来选择开发方式，自主开发或考外包。

5.2.4 Web 浏览器

1. Web 浏览器简介

Web 浏览器使用 HTTP 协议向服务器发出请求，以此来访问指定的服务或者文件，服务器收到请求之后，将结果以 HTML 文件的形式返回给浏览器，浏览器获得其中的标记代码后，对其解释并显示给用户。个人电脑的常见 Web 浏览器包括微软的 Internet Explorer 和 Edge，谷歌的 Chrome，Mozilla 的 Firefox，Maxthon 和 Safari 等。

2. Web 浏览器组成

浏览器窗口的部分功能如下。

(1) 地址栏：用来输入网址，浏览器通过识别地址栏中的网址，正确显示用户要访问的内容。

(2) 菜单栏：由“文件”“查看”“收藏夹”等菜单组成。每个菜单都有相关命令选项。

(3) 页面窗口：是浏览器的主窗口，网页的内容在此显示。

(4) 状态栏：显示当前的下载 Web 页面和操作的进度情况。

3. Web 浏览器功能

浏览器除了一些基本的浏览功能外，还包括但不限于书签管理、下载管理、网页内容快速提取、通过第三方插件支持多媒体、网址和表单资料自动完成、分页浏览、禁止弹出式广告和广告过滤功能。

4. 统一资源定位符

统一资源定位符（uniform resource locators，URL）是对可以从因特网得到资源的位置和访问方法的一种表示方法。URL 相当于一个文件名在网络范围的扩展，它一般包括网络信息资源类型/协议、端口、路径。

URL 的一般形式是：〈协议〉://〈主机〉:〈端口〉/〈路径〉(不区分大小写)。

常见的〈协议〉有 http，ftp 等；〈主机〉可以是 IP 地址，也可以是存放资源的主机的域名；〈端口〉和〈路径〉可以省略。

5. Web 浏览器安全

(1) 上网痕迹的清理。在上网的过程中，浏览器会在把浏览过的图片、文本以及动画等临时文件、网页文件和 cookie 保存在本地。所以为了个人隐私及信息安全，应定期清理上网痕迹，如将浏览历史记录删除，或者自定义浏览历史记录保存天数。

(2) 安全级别设置。在 Internet 属性功能中可以设置可信站点和受限站点，在自定义级别中能够进行相关的安全级别设置，如对 Java、脚本、下载、用户验证等安全选项进行提示、禁用或者启用等设置。

(3) 自动完成和内容审查。在 Internet 属性功能中可以启用审查程序，以此来对常用站点进行分级。在使用过程中，还存在自动保存用户名、密码等操作，这些都可以通过取消相关权限来进行设置。

(4) 隐私设置。在 Internet 属性功能中可以设置 cookie 的隐私设置，由低到高分别为接受所有 cookie、低、中、中上、高、阻止所有 cookie。除此之外，一些网页中还会有很多弹窗，这些弹窗会占用网络带宽，使浏览速度变慢，可以设置弹出窗口阻止程序，设置弹窗的阻止级别以及允许访问的站点。

(5) 禁用冗余插件。在工具栏中可以查看浏览器已安装的插件，如果其中某个插件是无用或对计算机有害的，可以选择禁用或者删除。

6. 手机浏览器

手机浏览器是可以让用户在手机、平板电脑等终端，通过无线通信网络浏览互联网的工具。如今，手机浏览器除了浏览网页这个最主要的功能外，还提供了其他许多功能，如导航、天气、电子书书架、手机空间管理等，为用户提供了各种各样的互联网服务。

近年来，我国移动互联网发展日新月异，手机浏览器的战略地位日益突出，众多实力雄厚的互联网企业都打算在这一市场占有一席之地，纷纷投入大量资金以及人力，抢占手机浏览器市场。

从手机浏览器市场的发展历程来看，2009 年我国手机浏览器市场还处于初期探索阶段，大多数厂商都采用对用户免费的方式，以抢占市场。这一阶段手机浏览器的产业链较短，并不存在过多的广告内容，主要包括开发、运营以及客户，相对简单。从 2010 年开始，实力较为强劲的企业（如腾讯）逐步开始提高手机浏览器的竞争力，百度、谷歌等厂商也陆续进入我国手机浏览器市场，手机的商业模式开始朝广告收费、用户使用或者增值业务费方向转型。随着手机浏览器用户黏性的逐步形成，用户数量也逐步趋于稳定。截至 2021 年 6 月，我国网民规模达 10.11 亿，网民通过手机接入互联网的比例高达 99.6%，手机浏览器的重要性日益显著。

从长远的角度来看，随着三网融合的逐渐完善，广电网、电信网和互联网的融合使得手机已经发展成为具备看电视、语音通信以及网络服务的全能终端，手机浏览器作为移动端的重要网络接口，其战略地位不言而喻。同时，国家正积极推动物联网发展，未来还会出现更多具备上网功能的终端，这些终端可能都会以手机为中心，跨媒体网络融合的趋势也让手机浏览器的发展空间充满更多可能性。

从技术角度来看，当前手机浏览器市场处于进一步优化用户体验阶段，长远来看，软件发展的标准应该是满足用户的个性化需求。由于当前 4G 的普及以及 5G 的发展，传输数据的速度大幅提高，用户的个性化需求也将迎来进一步挑战。

5.3 新型数字化技术

5.3.1 人工智能

人工智能（artificial intelligence，AI）是计算机科学的一个分支学科，不同专家对这一技术的定义不尽相同，如麻省理工学院的温斯顿教授认为，人工智能就是研究让计算机如何去做过去只有人类才能做的工作；而尼尔逊教授的观点为，人工智能是一个关于知识的学科，这个学科研究怎样表示知识以及怎样获得知识并使用知识。以上这两种说法虽然不同，但是都基本反映了人工智能学科的基本内容和基本原理，即人工智能是研究人类智能活动规律，构造有一定智能的系统，也就是研究怎样用计算机软硬件结合来模拟人类一部分行为的基本理论、方法和技术。

人工智能是一门挑战性极大的学科，它涉及的学科主要包括哲学、认知科学、神经生理学、计算机科学、数学、信息论、控制论、不定性论，从事相关工作和研究的人员需要了解的知识相对较多。总的来说，人工智能研究的主要目标就是使得机器能够胜任一些复杂的工作。这一领域的研究包括但不限于语言识别、自然语言处理、机器视觉、指纹识别、智能搜索、定理证明、智能控制、人脸识别、博弈。

目前人工智能的研究方法并没有统一的原理或者范式，主流的研究方法有大脑模拟、符号处理、子符算法、统计学法、集成方法等。在这些研究方法的基础上，人工智能在计算机上的实现有两种不同的方法，一种方法是采用传统的编程技术使得系统呈现出具有人工智能的效果（不考虑所用的方法与人或者生物机体所用的方法是否相同），这是工程学方法（engineering approach），这种方法已经在一些领域出现成果，如电脑下棋和文字识别等；另一种方法是模拟法（modeling approach），这种方法在取得相对不错效果的同时，还要求实现的方法和人或者生物机体所用方法类似，遗传算法（genetic algorithm，GA）和人工神经网络（artificial neural network，ANN）都属于这种方法，遗传算法是模拟人类或者生物的遗传-进化机制，人工神经网络则是模拟人类或者动物大脑的神经细胞活动方式。在研究过程中，为了得到较好的智能效果，工程学方法和模拟法同时使用。

随着时代的进步，人工智能对自然科学、经济、社会和产业发展的影响也进一步加深。首先，自然科学方面，在需要使用数学计算机工具解决问题的学科中，人工智能所能提供的帮助显得愈发重要，进一步来说，人工智能甚至有助于促进人类的自我认知，如帮助人类最终了解智能是如何形成的；其次，经济方面，人工智能促进了计算机工业和网络工业的发展，带来了非常可观的宏观收益，但是由于人工智能在科技和工程方面的应用，部分技术工作和脑力劳动被人工智能替代，导致了就业问题，可能会使社会结构发生一些变化；再者，社会方面，人工智能未来为人类的生活提供了新的方式和更多的可能性，现有的娱乐方式（如游戏）逐步发展成为更高智能的文娱手段。最后，产业发展方面，党的二十大报告明确指出，人工智能将成为推动战略性新兴产业融合集群发展的新的增长引擎之一。

在科技飞速发展的现代，人工智能发展早已进入新阶段。2021年7月13日，中国互联网协会发布《中国互联网发展报告（2021）》，该报告显示，2020年人工智能产业规模达到了3 031亿元，同比增长15%，增速略高于全球的平均增速。产业主要集中在北京、上海、广东、浙江等地，我国在人工智能芯片领域、深度学习软件架构领域、中文自然语言处理领域进展显著。

5.3.2 虚拟现实技术

虚拟现实技术（virtual reality，VR）是一种20世纪逐渐发展起来的全新的应用技术。虚拟现实包括电子信息、计算机技术、仿真技术等相关技术，它实现的基本方式是由计算机模拟虚拟环境，从而给人以环境沉浸感和交互感。从理论上说，虚拟现实是一种可以创建并且体验虚拟世界的计算机仿真系统，它利用计算机生成的一种模拟环境，让用户从视觉和听觉的角度沉浸到这个环境中。虚拟现实中的数据大部分取自生活，利用计算机技术产生的电子信号，再与各种输出设备（如VR眼镜）结合转化成为能让人们感受到的客体，这些客体可以是现实中真实存在的，亦可以是我们所看不到的物质，通过三维建模表现出来。因为有些现象在平时生活中看不到，而是通过计算机模拟出来的，所以称为虚拟现实。

虚拟现实的关键技术主要包括系统集成技术、动态环境建模技术、立体显示和传感器技术、实时三维图像生成技术、应用系统开发技术。在这些技术逐步发展和完善的基础上，虚拟现实应用的场景也越来越多。近年来，虚拟现实技术应用越来越广泛，以虚拟现实技术为基础建立的9D VR体验馆得以实现。第一现场9D VR体验馆自建成以来，其影响力在影视娱乐市场十分巨大，这一体验馆可以让观影者有身临其境的感觉，沉浸在影片所创造的虚拟环境中。不仅如此，随着虚拟现实技术的不断创新，该技术在游戏领域也在飞速发展。虚拟现实技术利用的是电脑建立的三维空间，而三维游戏也是在此基础上制作的，这使得三维游戏在保持实时性和交互性的同时，也大幅提升了在游戏中的真实感和沉浸感。除了影视娱乐之外，虚拟现实技术在教育、设计、医学、军事、航天航空等方面同样有着诸多应用。

随着技术的发展，虚拟现实也受到了越来越多的人的认可，人们可以在虚拟世界中体验到越来越真实的感受，从而有身临其境的感觉；同时，虚拟现实具有一些人类的感知功能，如听觉、触觉、视觉等；此外，它还具有超强的仿真系统，最大限度地做到了人机交互，人们在使用的过程中，可以相对自由地操作并得到来自虚拟世界的反馈。

目前，虽然虚拟现实的技术前景较为广阔，但是作为一项尚未普及的技术，它一定有着仍需解决的问题。首先，部分用户在使用VR设备时，会产生眩晕甚至呕吐的现象，这是造成体验不佳的主要问题，其原因主要是部分设备的清晰度和刷新率不足；其次，VR体验的经济成本和回报率较差，也是它尚未占据大量市场的主要原因，当前市场中大部分的VR设备都在千元以上，与此同时，还要搭配一台配置较高的电脑，但是其带来的体验并不让人满意。

2016年9月29日，在工业和信息化部电子信息司的指导下，虚拟现实产业联盟（Industry of Virtual Reality Alliance，IVRA）在北京成立。虚拟现实产业联盟由中国电子信息产业发展研究院、北京航空航天大学虚拟现实技术与系统国家重点实验室、歌尔股份有限公司、宏达通讯有限公司（HTC）等虚拟现实领域的主要企业、研究机构联合发起，已有包括众多国际知名企业在内的虚拟现实领域主要企业、研究机构、产业园区等近 180 家单位加入，象征着国内虚拟现实领域的进一步发展。

5.3.3　大数据

大数据（big data）指的是涉及的资料量十分巨大，以至于无法使用目前主流的软件工具在一个合理的时间内存取、管理并整理。最先提出“大数据”这一概念的是麦肯锡咨询公司（McKinsey and Company），这个公司认为大数据应该具有庞大的数据规模、多种数据类型、数据流转速度快和较低的价值密度四个特征，这四个特征后来被简化为大量（volume）、多样（variety）、高速（velocity）及价值（value）。

大数据最为主要的特征就是数据规模巨大，即大量。随着互联网、移动互联网和物联网的发展，所有人或者物体的行为都会被记录下来，数据的规模出现了爆发性增长的现象，在这之中蕴藏了很多数据价值和潜在信息。数据最小的基本单位是 bit，按由小到大的顺序依次是：bit，Byte，KB，MB，GB，TB，PB，EB，ZB，YB，BB，NB，DB（相邻的单位进率为 1 024，即 2 的 10 次方）。

大数据的来源十分广泛，这就不可避免地导致数据形式的多样。大数据的形式大体可以分为三种：一是非结构化数据，其特点是数据之间没有因果关系，如图片、音频、视频等；二是结构化数据，与非结构化数据相反，其数据之间的因果关系较强，如信息管理系统的数据、医疗系统数据等；三是半结构化数据，这种数据之间的因果关系强度介于结构化数据与非结构化数据之间，数据之间有较弱的因果关系，如 HTML 文档、网页、邮件等。据统计，目前结构化数据占据整个互联网数据总量的 70%以上，但产生价值较大的反而是非结构化数据。

大数据的高速主要体现在数据的增长速度和处理速度。与传统的数据载体（如报纸、书信等）不同，在大数据时代，数据交换主要通过互联网以及云计算等传播数据十分迅速的方式。相对应地，处理数据的响应速度也要更快，如在几秒内完成上亿条数据的分析。总体来说，数据的输入、处理与舍弃要做到几乎无延迟。

大数据最核心的特征就是价值，通常来看，价值密度的大小和数据总量的大小是成反比的，即数据总量越小，数据价值的密度越大，反之，数据价值的密度越小，数据总量越大。大部分有价值的信息的提炼是以庞大数据为基础的。

2015 年 9 月，国务院印发《促进大数据发展行动纲要》，系统部署大数据发展工作。《促进大数据发展行动纲要》明确，推动大数据发展和应用，在未来 5～10 年打造精准治理、多方协作的社会治理新模式，建立运行平稳、安全高效的经济运行新机制，构建以人为本、惠及全民的民生服务新体系，开启大众创业、万众创新的创新驱动新格局，培育高端智能、新兴繁荣的产业发展新生态。2016 年 3 月 17 日，《中华人民共和国国民经济和社会发展第十三个五年规划纲要》发布，其中第二十七章“实施国家大数据战略”提出，把大数据作为基础性战略资源，全面实施促进大数据发展行动，加快推动数据资源共享开放和开发应用，助力产业转型升级和社会治理创新，具体包括加快政府数据开放共享、促进大数据产业健康发展。

现代社会是一个高速发展、科技发达、信息流通的社会，人与人之间的交流愈发密切，生活也愈发便捷，大数据就是这个时代的产物。研究大数据，最重要的意义在于预测，因为归根结底，数据是对过去和现在的总结和归纳，其本身并不具备固有的特征和趋势，但是可以利用大数据去理解或者掌握事物发展的客观规律。

思考题

1. 简述万维网、因特网、互联网三者之间的关系。
2. 简述 OSI 参考模型和 TCP/IP 模型各自的层次结构以及二者之间的区别与联系。
3. Web 技术包含哪几种？请列举每一种技术中主要包括的技术。
4. 常用的 Web 编程语言包括哪些？
5. Web 浏览器的组成部分有哪些？
6. 手机浏览器的优势有哪些？

练习题

一、单项选择题

1. 以下各项中，网络层的协议是（　　）。

A. TCP　　B. UDP　　C. ARP　　D. STP

2. OSI 参考模型中的数据链路层和物理层对应 TCP/IP 模型中的（　　）。

A. 网际层　　B. 网络接口层　　C. 应用层　　D. 传输层

3. Web 的工作方式是（　　）。

A. C/S　　B. B/S　　C. P2P　　D. C2C

4. 以下各项中，不属于 Web 浏览器的组成部分的是（　　）。

A. 地址栏　　B. 状态栏　　C. 菜单栏　　D. 指示栏

5. 以下各项中，Web 的服务端技术是（　　）。

A. PHP　　B. HTML　　C. CSS　　D. DHTML

二、多项选择题

1. 按组成角度分类，计算机网络主要包含（　　）。

A. 软件　　B. 协议　　C. 硬件　　D. 模型

2. 按覆盖范围分类，计算机网络可以分为（　　）。

A. WAN　　B. MAN　　C. LAN　　D. PAN

3. Web 的基础协议有（　　）。

A. HTTP　　B. HTML　　C. TCP　　D. UDP

4. 统一资源定位符的组成部分有（　　）。

A. 协议　　B. 主机　　C. 端口　　D. 路径

5. 大数据的特征包括（　　）。

A. 大量　　B. 多样　　C. 高速　　D. 价值

三、判断题

1. 互联网、因特网、万维网三者指代的是同一个网络。（　　）

2. OSI 参考模型共有 5 层。（　　）

3. 电路交换网络的优点是可以一对多访问。（　　）

4. Web 浏览器不会在本地留下上网痕迹。（　　）

5. cookie 的隐私设置属性可以分为接受所有 cookie、低、中、中上、高、阻止所有 cookie。（　　）

第六章

电子商务隐私与安全

案例导入

微信红包：诈骗陷阱

微信红包是2014年1月微信推出的一款应用，可实现发红包、查收发记录和提现等功能。它与2015年春节联欢晚会的互动，让其成为2015年春节年夜饭的主菜单，小小的红包甚至不小心抢了春晚的风头。通过微信红包，微信成功捆绑微信用户的银行卡，从而为微信支付的推广和应用奠定了成功的基础。抢红包、晒红包、发红包成为许多人热聊的话题。随着微信红包被越来越多的人接受和喜爱，微信红包已经从春节走入我们的日常生活。虽然微信红包使人们的支付方式更加多样化，但是虚假微信红包隐藏的金融诈骗陷阱也着实不少。

随着微信的普及，亲友之间通过手机微信钱包转账支付比较方便，不法分子也盯上了人们喜欢抢红包的心理，制造出另一种所谓的“红包”，用户只要点击这个“红包”，个人信息和与手机绑定的网银、支付宝账号信息就可能会被他人盗走。

警方对这种新型电信诈骗发出了预警。据警方介绍，这种“发红包”的软件实际上是一种木马病毒。它设计的页面与腾讯的微信钱包十分相像。骗子先让用户在微信关注他的公众号并提醒：“恭喜你！你已经成功领取红包，请点击关注公众号，建立你的小金库”。关注成功后会给用户发送一个红包，并让用户点击领取。若用户真的点击，则会出现一个“恭喜你成功领取红包××元”的页面。不知情的人误以为这是商家的促销活动，或是有亲朋给自己发红包，进而将这个链接发给更多的微信好友，使得不法分子获取大量用户的个人信息和银行账户密码，随后转走钱财，导致更多不知情的人上当受骗。

思考题

1. 如何保障电子商务环境安全？
2. 如何防止网络诈骗？

6.1　电子商务安全概述

6.1.1　电子商务安全的概念

什么是电子商务安全？电子商务安全的底层是互联网安全，它与密码安全、计算机安全、网络安全、信息安全等密切相关。党的二十大报告也强调要强化网络安全保障体系建设。为了理解本书所描述的“电子商务安全”概念的重要性，有必要讨论计算机安全、网络安全、信息安全与电子商务安全之间的关系。

计算机安全是指保护计算机系统的硬件、软件和数据不受意外和恶意原因的损坏、更改和暴露，维持系统持续正常运行。网络安全应当保证两个实体之间信息交换、通信的安全性和可靠性，并符合计算机网络对信息的可用性、完整性、真实性、保密性和占有性的要求。信息安全是指系统资源和信息资源不受自然和人为有害因素的威胁和侵犯，以防止盗窃、操纵和不法行为，同时在信息的收集、存储、处理、广播和应用过程中保护信息的机密性、完整性和可用性。计算机安全、网络安全和信息安全是电子商务安全的基础。它们使用的安全技术是电子商务安全技术的重要组成部分。因此，计算机及网络安全是电子商务安全的基础和保障，信息安全是安全技术的目标，而电子商务安全则是这一目标的具体应用和体现。

电子商务安全是指在安全策略的指导下，建立一个全面的安全体系，规避信息传递风险、信息风险、管理风险和法律风险，保证网上交易的顺利进行，满足电子商务的安全要求。

总体而言，电子商务安全可以分为两个部分：计算机网络安全和商务交易安全。计算机网络安全包括计算机网络系统安全、计算机网络传输设施安全、计算机网络设备安全、应用软件安全、数据库安全等。它的特点是针对计算机网络本身可能存在的安全问题，实施一个系统来提高网络安全性，并确保计算机网络本身的安全性。商务交易安全则紧紧围绕传统商务在互联网上应用时产生的各种安全问题，在计算机网络安全的基础上，保障电子商务过程的顺利进行，即实现电子商务的机密性、完整性、真实性、可控性、可用性、不可否认性等安全性需求。计算机网络安全与商务交易安全实际上是密不可分的，两者相辅相成，缺一不可。

电子商务安全与网络安全、信息安全等一样，包括相互关联的两个方面：一方面是以技术为导向的安全体系方法的研究和应用；另一方面是社会和人文环境的创造，包括管理、法律法规、信息道德、伦理道德等网络文化的发展。本章主要从技术层面论述电子商务安全的概念和要求，结合电子商务本身的属性，阐述电子商务安全技术的原理和应用。

6.1.2　电子商务安全的要求

在网上活动的人不可能互相了解。为了保证贸易的顺利进行，我们需要在互联网通信网络中创造和维护一个值得信赖的环境和机制。为了保护交易各方的合法权益，保障电子商务的安全发展，必须满足以下要求。

1. 机密性

机密性是指信息在网络中传输或存储过程中，经过加密、伪装后，不被他人窃取或传输给未经授权的人或组织，使未经授权的人无法理解其内容。机密性要求确保存储在系统中的信息不会传递给未经授权的个人或实体。

电子商务信息作为一种贸易手段，直接代表个人、公司或国家的商业秘密，如信用卡号和密码、订单、内部报价等。传统的纸面贸易通过发送封闭信件或通过可靠的通信渠道发送商业信息来达到保密的目的。电子商务是建立在开放的网络环境上的。为了确保托运人和收货人之间交换的信息的保密性，必须采取必要的技术手段。要防止信息在传输过程中的非法获取，必须确保只有合法用户才能接收和理解数据，并防止攻击者使用互联网、搭线和电磁波拦截器，在数据包通过的网关和路由器上截获数据，获取用户的账号、密码、商业秘密等信息。

机密性可以通过加密技术来实现，这样信息交换就不能解释加密信息的内容。此外，机密性还要求保护通信流，如通信的来源和目的、通信量、频率等，以防止有价值的商业情报丢失。

2. 完整性

完整性是指保护数据的一致性，并防止未经授权的人员由于其他原因对数据进行更改、创建、嵌入、删除、传输或修改。完整性要求确保数据的一致性，并防止数据因未经授权的访问而被更改和破坏。

电子商务促进了贸易，减少了人为干预，同时带来了维护商业信息完整性和统一性的问题。虽然加密后的信息可以保证其在传输过程中的机密性，但不能保证不被更改。数据输入中的意外错误可能导致贸易伙伴之间的信息差异。此外，信息的丢失、信息的重复或数据传输过程中信息传输顺序的不同，也会导致各交易方的信息不同。电子商务系统应充分保证数据传输的正确性、可靠性和存储的完整性。为保证数据传输的正确性，用于网络传输的协议应具有检错和纠错功能，并应能够确认报文传输和通知信息，确保传输的准确性，防止数据丢失和被篡改。电子商务信息存储必须正确，才能保证数据存储的完整性。容错磁盘及其热修复技术可以应用于存储介质磁盘。另外，检查电子商务信息的完整性，拒绝不完整的电子商务文件。扫描收到的电子商务消息，根据电子商务的语法检查上下文，删除与语法不匹配的非法符。

所有交易方信息的完整性将影响到所有交易方的贸易和经营策略。维护交易各方信息的完整性是电子商务应用的基础。因此，必须防止信息的任意生成、修改和删除，防止数据传输过程中信息的丢失和重复，确保信息传输系统的统一。完整性可以通过数字摘要技术实现。

3. 不可否认性

不可否认性是指网络环境下信息交换双方不能否认在交换框架内发送或接收了信息。不可否认性要求建立有效的责任机制，防止个体否认自己的行为。

由于商业形势不断变化，一旦达成交易，就不能否认，否则必然损害当事人的利益，因此，电子交易通信过程中的任何一个环节都必须是无可争辩的。在传统的纸面交易中，交易双方通过在交易合同或商务文件上签名或盖章来确定交易对象，以确保合同和商务文件的可靠性，防止否认情况的发生。在无纸化电子商务模式下，不可能像传统的交易那样，通过手写签名和盖章来识别交易双方。一般用电子记录和电子合同来表示。因此，在传输交易信息的过程中，有必要确定参与交易的个人、企业或国家的身份和行为，即数据发送者在发送数据后不能否认数据，数据接收方在收到数据时也不能否认数据。

如今，许多关于互联网交易的条例明确规定，除非当事人另有约定，要约定好承诺可以通过电子记录和电子合同的方式来表示。网上交易完成后，形成交易信息文档。交易各方不得在未经授权的情况下拒绝和修改交易信息文件，也不得因是电子记录而否认合同的有效性和可执行性。不可否认性可以通过数字签名、数字证书和时间戳来实现。

4. 访问控制性

访问控制性是指对信息和信息系统实施安全监控和管理，防止非法使用信息和信息系统。访问控制性要求控制个人或组织对资源的使用，只有授权用户才能访问资源，并确保合法人员对系统、数据和服务的访问。

访问控制性规定了主体访问客体的操作权力限制，以及限制进入物理区域（出入控制）和限制使用计算机系统、计算机存储数据的过程（存取控制），包括人员限制、数据标识、权限控制、控制类型和风险分析等。这里主要指能够控制使用资源的人或实体的使用方式，在网络上限制和控制通信信道对主机系统和应用的访问，保护计算机系统的资源不被未经授权的人或以未授权方式接入、使用、修改、破坏、发出指令或植入程序等，即防止授权的数据暴露。访问控制性可用防火墙、口令、生物测定法等技术方法及相关制度措施实现。

5. 认证性

认证性是指网络两端的用户在相互通信前确认对方的身份，以确保交易方的存在而不是伪造某人的身份。认证性要求身份可被验证，保证交易双方身份的合法性和交易信息的真实性。

由于在线电子商务交易系统的特殊性，企业或个人的交易是在虚拟的网络环境中进行的。交易双方很可能素不相识，甚至相隔千里，所以交易双方要能够在相互不见面的情况下，在网络上向与交易有关的交易员、客户、银行、信用卡公司等证明其身份。认证性解决了被交易方是否为贸易方所期望的交易对象的问题。传统的纸面交易中由交易双方手写签名或在合同等书面文件上盖章。在无纸化电子商务模式下，为了保证双方身份的准确性，辨别参与者声称的身份的真实性，防止伪装攻击，必须使参与主体能够得到可靠的识别。当一个人或实体声称拥有某个特定的身份时，它通常需要第三方的干预，身份验证服务将提供一种方法来验证其声明的准确性。一般来说，身份验证可以通过数字证书、数字签名、问题答案、密码、生物识别方法等进行。

电子商务安全的需求主要包括机密性、完整性、不可否认性、访问控制性和认证性，它是电子商务系统的中心内容，是理解整个电子商务安全的基础，所有的安全威胁都是针对安全需求中的五项内容而言的，所有的安全技术也都是为了保证这五项内容的实现，可见电子商务安全需求在整体安全问题中占据的位置。

6.1.3 电子商务安全的组成部分

电子商务安全一直是电子商务研究的核心领域。作为一个安全的电子商务系统，首先，要保证计算机设备的安全。其次，要保证系统正常运行，并提供一些安全措施来保障信息处理过程的安全。最后，要保证交易信息的安全，快速传递，防止商业信息的泄露、操纵和商业欺诈。电子商务安全体系的框架必须是一个技术、管理和法律相结合的完整框架。

1. 实体安全

实体安全是指保护计算机设备、设施和其他介质免受自然灾害和其他环境灾害（如电磁污染）的措施和程序。电子商务的实体安全由环境安全、设备安全和媒体安全三部分组成。

(1) 环境安全。环境安全是指对电子商务系统所在的环境加以安全保护，主要包括灾害保护和区域保护。为了保证电子交易能顺利进行，电子交易所用的基础设施必须安全可靠，否则一切技术、措施将变得毫无意义。环境安全是电子商务的根本，包括机房环境安全、电磁环境安全、社会环境安全和行政管理安全。

(2) 设备安全。设备安全是指对电子商务系统（包括网络）的防护，特别是防止盗窃设备、破坏设备、获取线路、泄露电磁信息、电磁干扰和保护网络电源。

(3) 媒体安全。实体安全中的媒体安全是指对媒体数据和媒体本身实施安全保护。

2. 运行安全

电子商务系统安全的第二部分是运行安全。运行安全是指为保证系统功能的正常实现而提供的一系列安全措施，以保护信息处理过程的安全。电子商务系统的运行安全包括风险分析、审计跟踪、应急措施、备份与恢复四个方面。

(1) 风险分析。风险分析是指对电子商务系统进行人工或自动的风险分析。

(2) 审计跟踪。审计跟踪是指电子商务系统的人工或自动的审计跟踪，保存审计记录，维护审计的详细日志。

(3) 应急措施。运营安全领域的应急措施是指要确保电子商务在发生突发事件或者安全事件时能够持续运行或者紧急恢复。

(4) 备份与恢复。备份与恢复的目的是提供保障保护和恢复系统设备和数据的能力。

3. 信息安全

信息安全是指防止信息财产被故意或偶然地非授权泄露、更改、破坏或使信息被非法系统辨识、控制，信息安全要确保信息的机密性、完整性、不可否认性、访问控制性和认证性等电子商务安全需求。信息安全由以下 7 个部分组成。

(1) 操作系统安全。安全操作系统是指在系统设计、构造和使用的所有阶段都遵循完整的安全策略的操作系统。操作系统安全部件的目的是提高现有操作系统的安全性。

(2) 数据库安全。安全数据库系统是指在系统规划、编写、使用和过程中都遵循一套完整系统的安全策略的数据库系统。数据库系统安全组件是基于现有数据库系统提供的功能，创建一个安全模块，提高现有数据库系统的安全性。

（3）网络安全。网络安全管理指为网络的使用提供安全管理。网络安全应保证信息系统资源的完整性、准确性及有限的传播范围，能向所有的合法用户有选择地随时提供各自应得到的网络服务。网络系统应稳定可靠、运行正常。任何系统的差错，如硬件或软件错误、网络故障、错误操作、病毒攻击，都可能导致电子商务系统不能正常工作，从而使交易数据在确定时刻和地点的有效性、机密性得不到保证。网络安全包括以下内容：端系统安全、接入系统安全、传输系统安全、网络系统安全。

（4）计算机病毒防护。计算机病毒防护包括单机系统病毒防护、网络系统病毒防护、网络系统安全部件等。

（5）访问控制。访问控制也称出入控制，是指主体访问客体时的存取控制。例如，当授权用户访问系统的敏感信息以控制授权用户的访问权限时，将执行安全检查。还应防止未经授权的用户进入机构或组织。

（6）加密。加密是将明文数据转换成不可理解形式的过程。为了对传输的数据或信息进行加密以防止信息泄露，算法和密钥是加密的两大要素。

（7）鉴别。鉴别代表身份验证和信息验证。身份鉴别应当对信息发送者和接收者（包括用户、设备和进程）的身份进行识别，以确保用户的合法性。防止非法访问，防止用户身份的冒用。信息的认证是为了确定信息的正确性、完整性和不可否认性。

6.2 电子商务安全管理

6.2.1 电子商务安全面临的风险

随着互联网的发展，电子商务已经成为人们从事商务活动的一种新方式。与传统的贸易方式相比，电子商务具有明显的优势。然而，互联网上信息交换的开放性使得其网络安全非常脆弱，网络信息本身具有虚拟性和不稳定性，容易修改、破坏和丢失电子商务信息。此外，由于电子商务参与者的信用问题和网络技术发展的限制，电子商务的安全问题日益突出，成为制约其进一步发展的重要瓶颈。总之，电子商务不仅带来了巨大的机遇，也带来了风险。电子商务的安全风险主要包括信息风险、交易风险、网络风险、管理风险和法律风险。

1. 信息风险

（1）假冒身份。假冒身份指冒充主机以欺骗合法主机和合法用户，模拟网络控制程序获取或修改权限、密码、密钥等信息，接管合法用户并占用他们的资源。

（2）篡改信息。攻击者可以从以下三个方面破坏信息的完整性：篡改，改变信息流的顺序、信息的内容，如购买商品的送货地址等；删除，删除消息或消息的一部分；插入，在消息中插入一些信息，使接收者无法理解或收到错误的信息。

（3）窃取信息。攻击者可以通过截获互联网、公共电话网、电磁辐射范围内连接或安装监听设备传输的机密信息或消费者账号、密码等有用信息，导出信息流和方向、通信频率和长度等参数，如消费者的银行账号、密码等。

（4）拒绝服务。攻击者故意破坏和切断网络中其他人的通信。

（5）抵赖信息。发信者事后否认曾经发送过某条消息或内容；收信者事后否认曾经收到过某条消息或内容；购买者确认了订货单而不承认；商家卖出的商品因价格差而不承认原有的交易。

2. 交易风险

网络的虚拟性和匿名性使得交易各方都面临不同形式和不同程度的安全威胁。交易风险主要涉及交易各方的身份真实性、诚信度、商业数据、隐私、货款支付等方面。

（1）信用风险。信用风险是指商品交易主体不能按照事先达成的协议履行义务的潜在可能性。信用风险会使商品交易主体因无法获得商品交易的预期收益而承担财务损失。信用风险主要分为卖方信用风险、买方信用风险和拒绝交易风险。交易双方缺乏信任会造成交易障碍，这种障碍主要发生在不确定和有风险的环境中。由于网络交易环境的虚拟性，人们更难评估交易双方的真实性，使得信任在网络交易过程中的作用比传统的交易活动更为重要。

就卖方而言，不准确和不完整的产品信息或对买方的过度索取将误导买方采取错误的购买行为，如购买假冒伪劣产品，或者卖方单方违约不履行交易。对于买方来说，如果他们使用信用卡在网上支付，或者使用假信用卡欺骗卖方，他们可能会恶意透支。还有可能存在买卖双方都否认交易的情况。

（2）隐私风险。客户的个人隐私或身份资料在传输过程中可能被窃听，并被卖方泄露。比如，使用 cookie 的初衷就是引入 cookie 来实现网站的一些高级功能，比如实现电子商务认证，记录客户的个人数据、访问偏好等信息。然而，一些网站和组织在未经访问者许可的情况下滥用 cookie 收集他人的个人数据，以便通过创建用户数据库和发送广告谋利。和黑客问题相比，隐私保护问题与广大网民的距离更近一些。

（3）支付与结算风险。随着网络购物用户的快速增长，网络购物也面临诸多支付安全问题。目前最主要的支付方式有支付宝、微信转账、网上银行等。金融电子化后，短时间内可以大规模筹措资金，这给电子商务金融业务环境带来了地域开放性和支付结算系统国际化，但是结算风险也大幅提高。金融机构和客户群体需要一个安全系统，以确保订单、支付、银行结算和其他金融交易的在线安全，并保护各方的利益。这取决于网上银行的逐渐成熟。

对消费者来说，最常见的风险是“钓鱼网站”。据统计，2021 年上半年，360 Secure Brain 在 PC 和移动端拦截了约 581.3 亿次针对全国用户的“钓鱼网站”攻击，比 2020 年上半年（435.8 亿次）增长 33.4%。其中，PC 端截获量约 578.2 亿次，占总截获量的 99.5%，日均截获量约 3.2 亿次；移动端截获量约 3.1 亿次，占总截获量的 0.5%，日均截获量约 175.5 万次。移动端拦截“钓鱼网站”类型主要为色情，占比高达 64.8%；其次为境外彩票，占比为 25.1%。其余如赌博占比为 8.3%，虚假购物占比为 1.1%，金融证券占比为 0.5%。这些“钓鱼网站”的网页和域名与官方网站非常相似，并以动人的商品价格诱使买方上钩，造成买卖双方财产损失。

3. 网络风险

（1）黑客。在电子商务领域，金钱、财产、商业秘密被转换成存储在计算机中或在计算机网络中流通的数据。这无疑是对犯罪分子的巨大诱惑，他们把这个领域变成了遭受黑客攻击的灾区。黑客的攻击手段可分为：利用漏洞植入木马，利用木马程序操纵文件、窃取数据；隐蔽的网页篡改行为，如黑客通过网页秘密传播僵尸网络、间谍软件或控制僵尸网络活动，用于控制的服务器甚至可能在国外；设置陷阱，网站管理员可能不小心点击网上的一些链接，这个链接实际上是黑客设计的陷阱，它往往在电脑中加载病毒代码，并隐藏在网站的某个文件中，这些病毒大部分会对网站的文件系统造成很大危害；破解密码，黑客可以通过这种方式获取网站合法管理员的用户名和密码，使其以合法身份篡改网站。

（2）病毒。计算机病毒是指在计算机程序中编译或插入的一组计算机指令或程序代码，这些指令或程序代码能够破坏计算机的功能或数据，影响计算机的使用并自我复制。

计算机病毒是通过连接传播的。计算机病毒会加入其他程序。当这些程序运行时，病毒进入系统并大面积传播。如果一台计算机感染了病毒，它将导致系统效率降低和一些文件丢失，或者系统崩溃和计算机硬件损毁。目前有数千种活跃的计算机病毒。传统的计算机病毒依靠软盘传播，而在网络状态下，大多数计算机病毒是通过网络或电子邮件传播的。计算机病毒侵入网络，破坏网络资源，使网络不能正常运行，甚至造成网络瘫痪。

计算机病毒可分为两类：良性病毒和恶性病毒。良性病毒是指病毒不会破坏计算机数据，但会导致计算机程序工作异常。良性病毒通常更容易评估。虽然影响了程序的正常运行，但重启后可以继续工作。恶性病毒会破坏计算机数据，有的甚至会破坏计算机硬件，使整个计算机瘫痪。一般恶性病毒感染后没有异常表现，病毒会尽量隐藏得更深。一旦恶性病毒爆发，当人们发现它时，它已经对计算机数据或硬件造成破坏，并且损失将很难挽回。

（3）安全漏洞。安全漏洞是由软件开发人员的疏忽或编程语言的限制造成的。一些不法分子通过寻找软件漏洞谋取非法利益。

木马是特洛伊木马的缩写。它可以用来表示恶意软件，例如那些窃取网上银行账户、证券账户和在线游戏账户的程序，以及那些监控屏幕、控制摄像头和麦克风的程序。木马想要在用户的电脑上运行，最重要的手段就是利用安全漏洞。有安全漏洞的软件就像没有锁门的房子，而木马就像小偷。如果房子的门没有锁上，小偷很容易进入。近年来，计算机系统的安全漏洞日益增多，使得电子商务的安全形势日益严峻。

4．管理风险

电子商务的管理风险是指交易流程管理、人员管理和网络系统的不完善导致的安全风险。

（1）交易流程管理风险。在网上商品交易过程中，客户进入交易中心，买卖双方签订合同。交易中心不仅监督买方按时付款，而且监督卖方按时提供符合合同要求的货物。在这些关系中，存在许多管理问题，管理不善必然带来巨大的潜在风险。电子商务系统不监督买卖双方的行为，可能损害交易主体的利益，如刷单等。

（2）人员管理风险。人员管理是网络交易安全管理中最薄弱的环节。近年来，我国大多数计算机犯罪都呈现出向内部犯罪发展的趋势。主要原因是员工职业道德不高，安全教育管理不严。有的竞争对手还利用招收新员工的方式潜入公司，或者用不正当的方式贿赂公司员工，窃取公司用户 ID、密码和相关机密文件。如果电子商务系统工作人员的职业道德不高，内部工作人员可能会出售用户的个人资料。

5. 法律风险

一些独特的交易方法和手段必须得到法律的支持和认可，例如数字电子签名活动。与传统的商业活动一样，发展电子商务也会出现不完全履行电子商务交易合同、制造和传播计算机病毒、网络欺诈、网络赌博、网络传销等违法犯罪行为，需要通过法律手段加以约束和打击。

电子商务交易安全的法律保护包括两个基本方面：第一，电子商务交易是一种商品交易，其安全应当受到民商法的保护；第二，电子商务交易是通过计算机及其网络进行的，其安全性取决于计算机及其网络的安全性。目前，我国在上述两方面的法律制度尚不完善，现行法律对电子商务交易保护的规定也不多。在线交易可能会有法律延迟带来的安全风险。

6.2.2 电子商务安全的主要威胁

由于互联网的开放性，电子商务系统面临各种安全风险。电子商务带来的主要安全威胁如下。

1. 假冒身份

这是电子商务中常见的一种破坏方式，网络黑客将自己伪装成合法用户，进行未经授权的访问或伤害合法用户，或者权限较少的用户利用额外的权限来达到目的，侵占系统并占用合法用户资源。

2. 篡改信息

攻击者可以截获网络上的信息，然后篡改其内容，例如篡改本地存储的订单和合同等电子文档的内容，篡改接收端存储的电子文档的内容，或者篡改其他数据，从而使信息失去真实性和完整性。

3. 窃取信息

窃取信息是指攻击者在网络的传输通道中，通过物理或逻辑手段，非法截取和监视数据，以获取通信中的敏感信息，获取商业秘密。

4. 拒绝服务

攻击者干扰业务系统，妨碍合法访问信息、业务或其他资源，引起电子商务信息系统和网络瘫痪，或者迫使服务实体执行非服务操作，从而使执行系统的某些功能丧失或阻止正常用户执行某些功能以阻止合法用户访问信息资源。

5. 抵赖信息

对发出的信息予以否认。一些用户可能对自己发出的信息进行恶意的否认，以推卸其应承担的责任。对于合同、契约、票据等商业文件，在起草、提交、传递、交付的各个环节都很可能会发生用户否认。

6. 授权侵犯

授权侵犯是指被授权以某一目的使用某一系统或资源的某个人，却将此权限用于其他非授权的目的，这是一种内部攻击。

7. 非法入侵和病毒攻击

计算机网络往往会遭受非法入侵攻击和计算机病毒的破坏，如木马、蠕虫等，对电子商务系统的安全性造成威胁。

6.2.3 电子商务安全的防范措施

要营造一个满足电子商务安全的电子商务环境，就要相应地解决上述几个方面的电子商务安全问题。营造安全的电子商务环境的对策主要有下述几个。

1. 电子商务安全技术

电子商务的安全体系结构是保证电子商务中数据安全的一个完整的逻辑结构，同时它为交易过程的安全提供了基本保障。电子商务安全技术可以进一步分为计算机网络安全技术和电子商务交易安全技术两部分。计算机网络安全技术为电子商务运行平台的安全提供技术支持，主要有防火墙技术、入侵检测技术、虚拟专用网技术和病毒防治技术等。电子商务交易安全技术为电子商务安全交易提供技术支持，主要有数据加密技术、安全认证手段、安全协议等。

2. 制定电子商务安全管理制度

电子商务安全管理制度是用文字形式对各安全要求所做的规定，这些制度应该包括人员保密制度、管理制度、跟踪审计制度、系统维护制度、数据备份制度、病毒定期清理制度等。

3. 加强诚信教育，建立社会诚信体系

电子商务中的许多安全问题，如拒绝交易、侵犯个人隐私等，归根结底都是人的诚信问题。为促进电子商务更好地发展，消除消费者对电子商务安全的担忧，应加强诚信教育，将电子商务引入社会诚信体系。

6.3 电子商务安全技术

6.3.1 电子商务交易安全技术

1. 加密技术

加密技术是将明文数据转换成不可理解的形式，这个过程就是加密。这种不可理解的形式称为密文。解密是加密的逆过程，即密文恢复为明文。加密有两个要素：一是加密算法，它是一个数学函数，将明文转换为密文；二是加密密钥，它是用于加密的数字。因此，解密中也有两个要素：一是解密算法，它是一个数学函数，将密文转换为明文；二是解密密钥，它是用于解密的数字。一般来说，算法和密钥是用于加密或解密的数学函数和数字。

利用加密技术对信息进行加密不仅是电子商务安全体系的基础，也是安全认证方法和安全协议的基础。它可以保证电子商务中信息的机密性。在目前的技术条件下，加密技术一般分为对称加密技术、非对称加密技术和混合加密技术。

（1）对称加密技术。对称加密是指发送方和接收方仅用一个密钥对信息进行加密和解密。在对称密钥加密的情况下，密钥安全交换是提高对称加密有效性的重要环节。目前常用的对称加密算法有 DES，AES，IDEA 和 3DES 等。对称加密具有加密速度快（通常比非对称加密快 2 倍以上）和效率高等特点，在大量信息加密中得到广泛应用。然而，这种方法的缺点是密钥的传输和交换面临安全威胁，密钥容易被截获。而且，如果与大量用户通信，很难安全地管理大量密钥，因此在大规模应用中存在一些问题。

（2）非对称加密技术。与对称加密不同，非对称加密密钥分为公开密钥和私有密钥。公开密钥和私有密钥形成一对密钥。在生成密钥对之后，公开密钥以非保密方式对外公开，而私有密钥则由密钥发布者持有。公钥加密的信息只能由相对应的私钥解密，不能由其自身解密。类似地，由私钥加密的信息只能用相应的公钥加密。此外，不能用公钥计算相应的私钥，也不能用私钥计算相应的公钥。目前，RSA 和 ECC 是最常使用的非对称加密算法。非对称加密可以解决对称加密中密钥过多造成的管理困难和成本高的问题，并且在传输过程中不必担心私钥的泄露，其安全性能优于对称加密技术。然而，由于非对称加密算法的复杂性，加密速度很难达到理想状态。

（3）混合加密技术。混合加密技术可以弥补对称加密技术和非对称加密技术的不足，优势互补，达到方便用户使用的目的。混合加密将通信过程分为两个步骤。第一步是传输对称密钥并使用非对称加密技术。第二步是传输加密文件并使用对称加密技术。首先，采用对称加密方法对文件进行加密，生成加密密钥；其次，采用非对称加密方法对密钥进行加密。这两个文件在不同的通道中传输，以确保加密密钥的安全性，从而确保文件的安全性。

根据用途的不同，混合加密技术有两种基本模型：加密模型和认证模型。在加密模型中，对接收方的公钥进行加密，对接收方的私钥进行解密。在认证模型中，对发送方的私钥进行加密，对发送方的公钥进行解密。

2. 安全认证手段

仅靠加密不足以确保电子商务交易的安全。认证技术是保障电子商务安全的又一重要技术手段。认证包括数字摘要技术、数字信封技术、数字签名技术、数字证书技术、数字时间戳和认证中心等。

（1）数字摘要技术。数字摘要技术以哈希函数作为核心，保证了电子商务中信息的完整性。通过使用单向哈希函数将需要加密的明文摘要成一个固定长度（如 128 字节）的密文。不同的明文被加密成不同的密文，对明文的细微改动将导致完全不同的报文摘要，相同明文的消息摘要必须相同。因此，利用报文摘要就可以验证通过网络传输收到的明文是否为初始的、未被篡改过的，从而保证数据的完整性。

（2）数字信封技术。利用数字信封技术保证电子商务中信息的机密性。信息发送方采用对称密钥来加密信息，然后将此对称密钥用接收方的公开密钥再加密（称为数字信封）之后，将它和信息一起发送给接收方。接收方先用自己的私有密钥打开数字信封，得到对称密钥，然后使用对称密钥解开信息，从而保证只有规定的收信人才能阅读信息的内容。

（3）数字签名技术。数字签名是非对称加密技术的一种特定应用。利用数字签名技术来保证电子商务中通信的不可抵赖、不可否认，保证信息的有效性。其主要方式为：报文发送方从报文文本中生成一个报文摘要，并用自己的私有密钥对这个报文摘要进行加密，形成发送方的数字签名。然后，这个数字签名将作为报文的附件和报文一起发送给报文的接收方。报文接收方先从接收的原始报文中计算出报文摘要，接着用发送方的公开密钥对报文附加的数字签名进行解密得到报文摘要。如果这两个报文摘要相同，接收方就能确认该数字签名是发送方的。利用数字签名技术，接收方可以确定发送方的身份是否真实，同时发送方不能否认发送的消息，接收方也不能篡改接收的消息。

（4）数字证书技术。数字证书是用电子手段来证实一个用户的身份和对网络资源的访问权限。在网上的电子交易中，如果双方出示了各自的数字凭证，并用它来进行交易操作，那么双方都可不必为对方身份的真伪担心。数字凭证可用于电子邮件、电子商务、群件、电子资金转移等各种用途。数字凭证的内部格式是由CCITTX.509国际标准所规定的，它包含以下几部分内容：凭证拥有者的姓名；凭证拥有者的公共密钥；公共密钥的有效期；颁发数字凭证的单位；数字凭证的序列号。目前，数字证书有个人证书、企业证书和软件证书，其中前两类较为常用。个人证书仅仅为某个用户提供凭证，用以帮助其个人在网上进行安全交易操作。企业证书通常为网上的某个Web服务器提供凭证，拥有Web服务器的企业就可以用具有凭证的互联网站点来进行安全电子交易。

（5）数字时间戳。在保证文件的真实性和有效性方面，签署时间也是非常重要的内容。在电子商务活动中，同样需要对商务活动所涉及文件的时间采取保护措施，而数字时间戳服务（digital time-stamp service，DTS）就是为电子商务活动中交易文件的签署时间信息提供安全保护服务的。数字时间戳服务是由网上专门的机构提供的一种安全服务项目。时间戳是一个经加密形成的凭证文档，它包括需加时间戳的文件摘要、DTS机构收到文件的日期和时间，以及DTS机构的数字签名等内容。

数字时间戳产生的基本过程如下：用户首先将需要加时间戳的文件利用报文摘要技术生成摘要信息，然后将该摘要发送到DTS机构。当DTS机构收到文件摘要后，在其中加入收到的日期和时间信息，并对该文件进行加密（即数字签名），之后送回用户。到此为止，用户在其文件中就加入了由DTS机构提供的数字时间戳，使电子商务活动中信息的真实性和有效性进一步得到了保障。

（6）认证中心。在电子商务系统中，数字证书必须由相关和公正的第三方认证机构颁发。因此，认证机构（CA）是可信的第三方。认证机构有一个开放的标准，允许身份验证设备相互连接和身份验证。建立公钥基础设施（PKI）、为用户颁发数字证书和提供身份证明是整个系统的核心。

3. 安全协议

为了保证电子商务环境的安全性，必须将安全认证手段与安全协议结合起来，制定电子商务解决方案。目前在电子商务中广泛使用的安全认证协议有两种，即安全套接层协议（SSL）和安全电子交易协议（SET）。

6.3.2 计算机网络安全技术

1. 防火墙技术

防火墙技术是将本地网络与外部网络隔离的一种防御措施。它可以限制他人干预内部网络，过滤不安全服务和非法用户，防止非法用户入侵。它旨在限制外部用户对内部网络的访问，并管理内部用户对外部网络的访问。构建安全的电子商务环境最安全的方法是使用双防火墙和双服务器。

（1）防火墙的形态。防火墙可分为软件防火墙和硬件防火墙。软件防火墙在特定计算机上运行。它可以通过在操作系统的底层工作来优化网络管理和防御功能，具有结构简单、价格低廉的优点。安装在个人计算机上的常见防火墙是防火墙软件，用于保护个人计算机的安全，如 Windows 防火墙、Rising 防火墙等。硬件防火墙是通过专用网络芯片处理数据包和特殊操作系统平台的企业级防火墙，具有吞吐量大、安全性高、速度快等优点。

（2）防火墙的安全策略。防火墙有两个基本的安全策略。一是禁止任何未经授权的服务。基于这个标准，防火墙应该封锁所有的信息流，然后向它想提供的服务一个接一个地开放。这种策略的优点是安全性高，但方便性低，限制了用户可以自由使用的网络服务类型。二是允许所有非禁止访问的服务。基于这个标准，防火墙应该传输所有的信息流并屏蔽潜在的有害服务。这种策略的优点是舒适和灵活，但安全风险大于第一种策略。特别是当受保护的网络规模越来越大时，很难提供可靠的安全服务。

（3）防火墙的功能。防火墙的功能包括过滤不安全的访问服务；控制对特殊站点的访问；集中化的安全管理；对网络访问进行日志记录和统计。

（4）防火墙的不足。它不能保护自己不受来自防火墙或内部的攻击；无法阻止受感染文件的传输；无法阻止数据驱动式攻击。

2. 入侵检测技术

入侵检测技术是动态安全技术的核心技术之一。传统的操作系统加固技术和防火墙隔离技术都是静态安全技术，缺乏对网络环境中不断变化的攻击手段的主动响应。当防火墙与把守网络大门的网守相类比时，入侵检测技术就可比作巡警，主动监控内部网络安全。入侵检测技术利用入侵行为的过程和特性，使安全系统能够对入侵事件和入侵过程做出实时的反应。入侵检测系统具有分析所有类型的事件并确定违反安全策略行为的功能。入侵检测系统利用模式匹配或异常检测技术，从计算机系统中移动信息的关键点检测是否存在违反安全准则的行为和攻击迹象。

（1）入侵检测系统的功能。入侵检测系统被认为是防火墙后的第二道安全门，是一种动态的安全检测技术。一个合格的入侵检测系统应该具备以下功能：监控用户和系统的运行，搜索非法用户和合法用户未授权操作；监测系统配置的正确性和安全漏洞，并提示管理员修补漏洞；对用户的异常行为进行统计分析，找出入侵行为的规律；确保系统程序和数据的一致性和正确性；识别攻击的活动模式并联系网络管理员；异常活动统计分析；操作系统审计跟踪管理，识别违反策略的用户活动。

（2）入侵检测系统的模式。入侵检测系统一般采用以下三种模式：模式识别、异常检测和完整性分析。

模式识别：模式识别是一种基于知识的检测技术，它将所有的入侵行为和手段（及其变化）表示为一种模式或特征，然后通过匹配找到所有已知的入侵方法。模式识别的实现就是将收集到的信息与已知的网络入侵系统误用模型数据库进行比较，找出违反安全策略的行为。

异常检测：异常检测是一种基于行为的检测技术，它假设所有入侵行为都不同于正常行为。如果确定了系统正常行为的轨迹，理论上可以认为系统所有不同于正常轨迹的状态都是可疑的企图。它根据用户的行为或资源的使用情况来判断是否被入侵，而不取决于是否识别出具体的行为，因此又称为基于行为的检测。

完整性分析：完整性分析的重点是文件或对象是否发生了更改，通常还包含文件和目录的内容和属性。它在发现被修改和被木马攻击的应用程序时特别有效。它的优点是，无论模式匹配方法和统计分析方法是否能够检测到入侵，它都能检测到成功攻击对文件或其他对象的任何修改；缺点是，它通常是在批处理模式下实现的，不用于实时响应。

3. 虚拟专用网技术

虚拟专用网不是真正的专用网络。它利用不可靠的公共网络作为信息媒介，通过附加的安全隧道、用户认证和访问控制等技术，实现与专用网络相似的安全功能，以确保重要信息的安全传输。利用虚拟专用网技术，可以创建一个相对安全的网络环境。虚拟专用网的基本用途包括用户通过互联网进行远程访问和通过互联网进行网络互联。

4. 病毒防治技术

计算机病毒是一组计算机指令或程序代码，它们被编译或插入计算机程序，破坏计算机功能或数据，影响计算机的使用，并自我复制。电子商务中的计算机网络常常受到病毒攻击的破坏，使用病毒防治技术可以将计算机病毒的危害降到最低。

（1）计算机病毒的类型。常见的计算机病毒主要有两种：蠕虫病毒和特洛伊木马病毒。蠕虫病毒具有连续高速复制的特点。虽然代码的破坏性不是很强，但长期以来需要大量的系统资源，而且负载过重会导致系统瘫痪。木马病毒本质上是一种可以与外界通信的小型服务器程序。它不会破坏软件和硬件系统，而是悄悄地记录系统的私有信息并分发给程序制造者或传播者。

（2）计算机病毒的防治。为了防治计算机病毒，要正确安装和使用防病毒软件；改变系统配置，提高系统安全性；高度警惕网络案件，尽量不要打开未知网站和邮件附件；及时修补系统漏洞；及时进行数据备份。

□ 思考题

1. 简述计算机安全、网络安全、信息安全与电子商务安全之间的关系。
2. 电子商务安全的主要要求有哪些？

3. 电子商务系统安全主要包括哪几种?
4. 在电子商务发展过程中,常见的威胁主要有哪几种?
5. 如何解决电子商务的安全问题?
6. 简述电子商务的安全技术有哪些。

□ 练习题

一、单项选择题

1. 电子商务安全需求一般不包括(　　)。

A. 机密性　　B. 真实性

C. 高效性　　D. 完整性

2. 属于黑客入侵的常用手段的是(　　)。

A. 口令设置　　B. 邮件群发

C. 窃取情报　　D. IP 欺骗

3. 保证实现安全电子商务所面临的任务中,不包括(　　)。

A. 数据的完整性　　B. 信息的保密性

C. 操作的正确性　　D. 身份认证的真实性

4. 以下现象中,可能由病毒感染引起的是(　　)。

A. 出现乱码　　B. 磁盘出现坏道

C. 打印纸卡纸　　D. 机箱过热

5. 目前,困扰电子商务发展最关键的问题是(　　)。

A. 技术问题　　B. 成本问题

C. 安全问题　　D. 观念问题

6. 网络安全中,成熟的技术不包括(　　)。

A. 数字签名技术　　B. 入侵检测

C. 防火墙技术　　D. VPN 技术

7. 以下各项中,不属于数字证书数据的组成部分的是(　　)。

A. 姓名　　B. 有效使用期限

C. 公钥　　D. 版权信息

8. 为了确认电子商务参与对象的身份,通常采用的手段是(　　)。

A. 信息加密和解密　　B. 生物识别

C. 数字签名和身份认证技术　　D. 量子密码

9. 在登录邮箱时,必须填写用户名和密码,这个过程采用的认证手段是(　　)。

A. 口令认证　　B. 智能卡认证

C. 身份认证　　D. kerberos 认证

二、多项选择题

1. 电子商务的访问控制性规定了(　　)。

A. 主体访问客体的操作权力限制

B. 限制进入物理区域

C. 限制使用计算机系统和计算机存储数据的过程

D. 限制使用电子商务平台的时长

2. 电子商务的信息风险主要来源于（　　）。

A. 冒名偷窃　　B. 篡改数据

C. 信息丢失　　D. 虚假信息

3. 电子商务面临的安全威胁有（　　）。

A. 盗取　　B. 窃听

C. 篡改　　D. 假冒和抵赖

三、判断题

1. 电子商务安全可以分为计算机网络安全和商务交易安全两个部分。（　　）

2. 电子商务安全的研究范畴属于纯技术问题。（　　）

3. 通过各种技术手段对网络传输的信息进行中途修改，并发往目的地，属于信息的截获和窃取。（　　）

4. 数字签名可以用对称和非对称加密技术来实现。（　　）

第七章

电子商务法律

案例导入

刷单现象普遍 消费者如何维权

2013 年 2 月，被告人李某通过创建零距网商联盟网站和利用 YY 语音聊天工具建立刷单炒信平台，吸纳淘宝卖家注册账户成为会员，并收取 300～500 元不等的会员费和 40 元的平台管理维护费。李某通过制定刷单炒信规则与流程，组织及协助会员通过平台发布或接受刷单炒信任务，在淘宝上进行虚假交易并给予虚假好评，进而提升淘宝店铺的销量和信誉，欺骗淘宝买家。截至 2014 年 6 月，李某非法获利 90 余万元。2014 年 5 月，阿里巴巴向杭州市经侦支队报案，李某后被传唤到案。2016 年 6 月，李某被公诉机关以涉嫌非法经营罪起诉至余杭区人民法院。2017 年 6 月，一审法院做出判决：李某因犯非法经营罪判处有期徒刑 5 年 6 个月，并处罚金 90 万元，连同原判有期徒刑 9 个月，并处罚金 2 万元，予以并罚，决定执行有期徒刑 5 年 9 个月，并处罚金 92 万元。

《全国人民代表大会常务委员会关于维护互联网安全的决定》第三条规定，为了维护社会主义市场经济秩序和社会管理秩序，对有下列行为之一，构成犯罪的，依照刑法有关规定追究刑事责任：（一）利用互联网销售伪劣产品或者对商品、服务作虚假宣传……最高人民法院、最高人民检察院《关于办理利用信息网络实施诽谤等刑事案件适用法律若干问题的解释》第七条规定，违反国家规定，以营利为目的，通过信息网络有偿提供删除信息服务，或者明知是虚假信息，通过信息网络有偿提供发布信息等服务，扰乱市场秩序，具有下列情形之一的，属于非法经营行为“情节严重”，依照刑法第二百二十五条第（四）项的规定，以非法经营罪定罪处罚：（一）个人非法经营数额在五万元以上，或者违法所得数额在二万元以上的；（二）单位非法经营数额在十五万元以上，或者违法所得数额在五万元以上的。实施前款规定的行为，数额达到前款规定的数额五倍以上的，应当认定为刑法第二百二十五条规定的“情节特别严重”。

李某违反国家规定，未办理互联网信息服务增值电信业务经营许可证而从事有偿的互联网经营服务，同时又以营利为目的通过互联网有偿提供发布虚假信息等服务，严重扰乱市场秩序，应属于“其他严重扰乱市场秩序的非法经营行为”，构成非法经营罪。本案法院判决颇值肯定，该判决对建立和维护规范、健康的电子商务市场秩序具有里程碑意义。

资料来源：中国快递协会网站．

思考题

1. 电子商务中有哪些法律可以保障消费者权益?
2. 电子商务平台（公司）侵犯消费者权益的例子还有哪些?

7.1　电子商务法概述

7.1.1　电子商务法的概念

电子商务是一种在传统商务土壤中产生、成长并成熟起来，但又在很大程度上区别于传统商务的新经济形态。围绕电子商务所形成的虚拟社会与传统社会也存在显著差异，可以说，电子商务与虚拟社会的产生和发展是人类历史上颇具影响力的变革。这场深刻的社会变革也势必会对传统社会秩序、法律制度产生巨大的冲击与挑战。正是在电子商务这一新经济形态的推动下，一种全新的与之相适应的法律——电子商务法应运而生。目前关于电子商务法的理解，人们尚未达成统一看法。与电子商务概念类似，电子商务法也有广义和狭义之分。

1. 广义的电子商务法

广义的电子商务法又称网络经济法，与广义的电子商务概念相对应。它指调整以计算机网络为基础进行的商事活动的法律规范的总称。其调整对象是依托互联网在计算机网络上进行的所有商事活动所引起的法律关系及法律适用问题。广义的电子商务法是商法网络化的结果，因为它涉及商法的各个方面。广义电子商务法又可分为调整以电子信息为交易内容和调整以电子商务为交易形式的两大类规范。前者如美国颁布的《统一计算机信息交易法》和联合国国际贸易法委员会颁布的《电子资金传输法》；后者如联合国国际贸易法委员会颁布的《电子商务示范法》等。需要明确的是，以电子信息为内容的实体性规范和电子商务的形式性规范之间存在区别，其中形式性规范可以由一部法律或者法典制定，但实体性规范涉及范围较广，难以用一部单行法律或者法典予以概括，只能分别以单行法律、法规、判例等形式出现，或者融于其他部门法规范。值得注意的是，广义的电子商务法在具体的立法与司法过程中难以运用，其原因在于既难以制定一部调整对象如此广泛的电子商务法，也无法将其适用于某一具体的案件。

2. 狭义的电子商务法

狭义的电子商务法是政府调整个人和企业通过信息网络所产生的，以数据通信为交易手段，由交易形式引起的商事交易关系的规范体系。联合国国际贸易法委员会颁布的《电子商务示范法》集中反映了上述观点。在狭义电子商务法的概念中，调整对象是运用各种电子化手段所进行的商事活动，其中以合同行为为主，所解决的问题集中于互联网通信记录、电子鉴别技术的选定、电子签名效力的确认、安全标准与认证机构的确立及权利义务的确认等方面，其实质都是解决电子商务交易流程问题的规范。

7.1.2 电子商务法的特征

电子商务法是商事法律的一个新兴领域，相比其他商事法律法规，表现出如下独有特点。

1. 全球化

目前，在立法领域尚不存在一个同电子商务一般范围如此广泛的调整对象，对电子商务进行人为的界限设置不具有现实意义。电子商务法的制定也必须考虑这一特性，必须以全球性的解决方案来规范电子商务，推动其平稳发展。电子商务法若仅局限于某一国家、某一地区，都只能称其为解决当地或本国电子商务活动的“局域法”，而理想的电子商务法应该适用于全球电子商务发展，为全世界的电子商务发展提供一个统一、严格的法律法规体系，以使全球范围内的电子商务活动都在这一标准的法律体系下完成。联合国国际贸易法委员会所制定的《电子签名统一规则》和《电子商务示范法》，正是朝着这一方向努力的结果。

2. 程式性

作为交易形式法，电子商务法是实体法中的程式性规范，主要用于解决电子商务交易的形式方面的纠纷，而不会直接涉及电子商务交易的具体内容。电子交易形式是指交易当事人使用的电子通信手段；而交易内容则是指交易当事人所享有的利益，是一种权利义务。电子商务有较多的以电子通信为交易内容的法律问题，需要通过不同的法律规范进行专门调整，而狭义上的电子商务法是无法胜任的。比如在电子商务交易中电子讯息可以表示货币，也可以表示咨询信息，还可以表示享有著作权的作品。一条数据讯息应以合同法标准来对是否构成要约或承诺进行判断；以金融法来对能否构成电子货币进行衡量；以侵权法来对是否构成对名誉的损害进行界定。狭义上的电子商务法对电子商务交易中的数据讯息代表的是何种标的并不过问。它属于商事交易上的程式法，只调整当事人之间因使用电子交易形式而引起的纠纷，只关心电子讯息是否有效，是否归属于某人；电子签名是否有效，是否符合交易性质；认证机构是否有资质，在证书颁发与管理中应承担什么责任等问题。这些规范能够为电子商务交易形式方面提供法律指导，将现实商贸环境下的法律体系移植于虚拟的电子商务环境中。从民商法角度而言，电子商务法所解决的权利义务关系都属于商事意思表达程式的范畴，并没有对交易实体的权利义务进行直接界定。狭义上的电子商务法也不可能对电子商务交易内容进行全面规范，这方面应该由广义的电子商务法或其他专门的法律予以调整。

以美国《统一电子交易法》为例，全文主要规定了电子商务交易环境下的电子签名、电子记录、电子合同的归属、效力、保存等问题。与此同时，美国还颁布《统一计算机信息交易法》，该部法律以电子信息交易内容为主，主要对以数据讯息为标的的交易问题进行了全面的规定。相比《统一计算机信息交易法》，《统一电子交易法》的程式性就愈显突出。

3. 技术性

电子商务法所规定的许多法律规范都是由技术规范直接或间接地演变而来的。比如，部分国家将安全的电子签名规定为使用公开密钥体系所产生的数字签名。这一过程将公开密钥的技术规范转化为法律要求，深刻地影响着交易当事人间的交易形式和权利义务。另外，如果当事人不遵守网络协议的技术标准，他们就无法在开放环境下进行正常的电子商务交易活动。所以，技术性是电子商务法的一个重要特点。从时代背景来看，这也是21世纪知识经济在法律上的集中反映。技术规范的强制力来源于其客观规律性，也是现代自然法的主要渊源，理想的实证法不能任意违抗，只能对其进行准确反映。

4. 开放性

从民商法原理上讲，电子商务法是一种对电子讯息进行内容表示的法律制度。然而，电子讯息具有多种多样的表现形式，并且不断发展。因此，电子商务法的建设必须秉持开放的态度对待任何信息媒介与技术手段，设立开放性规范，从而让所有利于电子商务发展的技巧和设想都能被纳入法律体系。目前，各国及国际组织在电子商务立法过程中频繁地采用开放性条款和功能等价性条款，其目的就在于开拓电子商务多层次、创新性发展，以促进科学技术在电子商务中的广泛应用。它具体表现在三个方面：电子商务法基本定义的开放性、基本制度的开放性及法律结构的开放性。

5. 复合性

技术手段的依赖性和复杂性造成电子商务交易关系的复合性，具体表现在交易当事人通常需要在第三方协助下才能完成电子商务交易活动。比如，在当事人签订合同时，需要有认证机构和网络服务商分别提供数字证书和接入服务等。即使在线下点到点的传统商务环境下，交易当事人也要通过电话、电报、传真等方式来完成交易。此外，电子合同的履行也需要第三方介入。比如交易方在线支付货款时，通常需要银行提供电子金融服务。这就使得电子商务交易形式具有复杂化的特点。而每一笔电子商务交易又必须依赖多重法律关系提供支持，这就要求多方位的法律调整以及多学科知识的应用。

7.1.3　电子商务法的原则

1. 自愿、公平、诚实信用原则

自愿、公平、诚实信用是传统民商法的基本原则，同样适用于电子商务法。电子商务作为一种新兴商业模式，理应遵守社会公认的商业准则。同时，国家鼓励建立健全电子商务信用记录、信用评价、信用管理制度，完善电子商务信用体系和电子商务信用服务保障制度。

2. 安全原则

电子商务必须以安全为前提，既需要技术上的安全措施，也离不开法律上的安全规范。国家致力于保护电子商务交易当事人信息，鼓励电子商务数据交换共享，保障电子商务数据合法地利用和流动，维护电子商务交易安全。安全原则要求保证电子商务相关交易信息在传输、存储、交换等环节不被泄露、丢失、拦截、窃听、篡改等，要求网络和信息应保持可靠性、保密性、可用性、可控性、完整性和不可抵赖性。我国《电子签名法》对电子签名的标准和认证进行了规范，就是为了在电子商务交易中营造一个安全环境，维护当事人的合法权益。

3. 中立原则

电子商务法的基本目标是在网络技术主题活动中，创建自愿、平等、诚信、公平的交易方式，这是商法维护交易安全原则在电子商务法上的必然体现。要想保证电子商务交易多方参与者利益的均衡，实现公平交易的总体目标，就必须坚持中立原则。中立原则包括四个方面：技术中立、媒介中立、实施中立和同等保护。

（1）技术中立原则。技术中立是指法律对任何电子商务的技术手段如动态口令、生物识别、密钥加密等，均一视同仁，不厚此薄彼，既不限定使用也不禁止使用任何技术，不对特定技术在法律效力上进行区别对待，同时给未来技术发展趋势留有法律空间。技术中立是各国电子商务立法的基本原则。

（2）媒介中立原则。媒介中立与技术中立联系紧密，两者都具有强客观性。两者的主要区别在于技术中立强调信息的控制和利用，媒介中立侧重信息依赖的载体，前者是后者在电子商务上的具体表现。媒介中立具体指法律对交易媒介如纸质媒介和电子媒介均一视同仁，不因交易采用的媒介不同而区别对待或赋予不同的法律效力。

（3）实施中立原则。实施中立是指在电子商务立法和司法过程中，强调国内电子商务活动和跨国电子商务活动在法律适用上应平等对待。电子商务法与其他相关法律法规在执行上应不偏不倚。传统商务环境下的法律规范与电子商务法律规范在效力上应予以中立对待。

（4）同等保护原则。同等保护原则是电子商务交易实施中立原则在主题上的扩展。电子商务法对交易双方乃至多方，即商家和消费者、国内当事人和国外当事人等尽可能做到平等保护。

4. 交易自治原则

交易法的基本属性是允许当事人以协议方式订立交易规则，在电子商务法立法和司法过程中，都应该秉持交易自治原则。交易自治原则是指在电子商务交易协商过程中，不应含有被迫和强制的成分，应由各方当事人全面表达和实现个人意愿，确定交易的协议条款，选择交易与履行方式。

电子商务交易的各方当事人享有交易自治权。电子商务交易当事人有权决定是否交易、如何交易、与谁交易，任何个人和单位不得非法干预。以《电子商务示范法》第 4 条规定为例，其规定了电子商务交易当事人可以协议变更的条款。其内在含义是除了强制性的法律规范外，其余条款均可由当事人自行协商制定。《电子商务示范法》中的强行规范数量较少，其目的在于消除传统法律对电子商务发展所造成的障碍，为电子商务交易的各方当事人充分行使其意思自治创造条件。

5. 社会共治原则

国家鼓励、支持和引导电子商务行业组织、电子商务经营主体、消费者共同参与电子商务市场治理。电子商务经营主体需要加强行业自律，自觉遵守行业规范和网络活动规范；电子商务行业组织需要建立健全行业规范制度，引导行业经营者公平竞争，营造诚实守信行业氛围；消费者应当积极行使监督权，推动行业诚信建设。

6. 保护消费者合法权益原则

电子商务交易过程涉及生产者、销售者、配送者等多个主体，经过商品信息沟通、商品下单、电子支付、物流配送等诸多环节，交易链中任何一个环节出现问题都会损害消费者合法权益。因此，电子商务法在维护市场秩序时也必须秉持保护消费者合法权益的原则。

7.2 电子商务交易法律法规

我国拥有世界领先的电子商务市场，积累了丰富的创新发展经验。为适应电子商务发展要求，让电子商务活动有法可依、有法必依、执法必严、违法必究，我国制定并颁布了《中华人民共和国电子商务法》（简称《电子商务法》）。2013 年 12 月 7 日，全国人民代表大会常务委员会在人民大会堂召开《电子商务法》第一次起草组会议，正式启动我国《电子商务法》立法进程。2018 年 8 月 31 日，第十三届全国人民代表大会常务委员会第五次会议表决通过《电子商务法》，自 2019 年 1 月 1 日起实施。作为我国网络与信息领域立法的里程碑性成果，《电子商务法》具有鲜明的时代特征，不仅对我国未来的网络与信息立法具有重要示范作用，对世界范围内如何开展网络与信息领域立法也提供了借鉴样本。

7.2.1 电子商务法主要内容

第一，总则。总则主要阐明了立法目的、法律适用范围及国家对电子商务发展的态度等方面。本法主要用于保障电子商务交易各方主体的合法权益，规范电子商务行为，维护市场秩序，促进电子商务持续健康发展。

第二，电子商务经营者。该部分主要阐明电子商务经营者定义，明确了电子商务经营者应履行的义务和享受的权利。

第三，电子商务合同的订立与履行。电子商务当事人订立和履行合同，适用本章和《中华人民共和国民法总则》《中华人民共和国合同法》《中华人民共和国电子签名法》等法律的规定。

第四，电子商务争议解决。电子商务平台经营者与平台内经营者协议设立消费者权益保证金的，双方应当就消费者权益保证金的提取数额、管理、使用和退还办法等做出明确约定。消费者要求电子商务平台经营者承担先行赔偿责任以及电子商务平台经营者赔偿后向平台内经营者的追偿，适用《中华人民共和国消费者权益保护法》的有关规定。

第五，电子商务促进。国务院和省、自治区、直辖市人民政府应当将电子商务发展纳入国民经济和社会发展规划，制定科学合理的产业政策，促进电子商务创新发展。

第六，法律责任。电子商务经营者销售商品或者提供服务，不履行合同义务或者履行合同义务不符合约定，或者造成他人损害的，依法承担民事责任。

7.2.2 电子签名法律法规

1. 电子签名的概念

电子签名技术的出现是电子商务发展的必然结果。根据《电子签名法》，电子签名是指数据电文中以电子形式所含、所附用于识别签名人身份并表明签名人认可其中内容的数据。其中，数据电文是指以电子、光学、磁或者类似手段生成、发送、接收或者储存的信息。通俗地讲，电子签名就是通过密码技术对电子文件进行电子形式上的签名。电子签名采用数据加密技术，将签名人信息转化为密文，发送给接收方，接收方收到密文后进行解密还原。附有电子签名的文件可以用来识别签名人身份以及文件内容是否被签名人承认。

2. 电子签名法的产生

电子签名在电子商务交易过程中发挥着至关重要的作用。设想一下，如果没有电子签名，电子合同应该如何签订？因此，电子签名是电子商务交易过程中不可或缺的环节。传统法律文件以纸张为介质，以当事人的手写签名认定其法律效力。然而，电子签名的出现打破了这一认知：首先，电子签名是否应该具有和手写签名同样的法律效力？其次，什么样的电子签名才是有效的电子签名？最后，电子签名人的行为规范、电子签名的安全性、电子交易中的纠纷认定等问题如何解决？

上述这些问题都产生了法律上的空白，电子商务的迅猛发展使得电子签名相关立法成为必要。因此，部分国家和地区相继出台了相关的法律规范。譬如，美国犹他州于 1995 年颁布了世界上第一部《电子签名法》，联合国国际贸易法委员会于 1996 年颁布了《电子签名示范法》，欧盟于 1999 年颁布了《电子签名指令》，2000 年美国制定了《国际国内商务电子签名法》，新加坡、韩国等国家也纷纷制定了相关法律。为了确立电子签名的法律效力，规范电子签名行为，维护电子商务交易各方合法权益，2004 年 8 月 28 日，中华人民共和国第十届全国人民代表大会常务委员会第十一次会议表决通过《电子签名法》，自 2005 年 4 月 1 日起施行，之后又分别在 2015 年和 2019 年对《电子签名法》进行两次修订。目前，共计 40 多个国家已经颁布电子商务相关的法律法规，对保障电子交易安全、规范电子签名行为、维护电子交易当事人合法权益、促进电子商务健康发展发挥了重要作用。

3.《电子签名法》的适用范围

民事活动中的合同或者其他文件、单证等文书，当事人可以约定使用或者不使用电子签名、数据电文。当事人约定使用电子签名、数据电文的文书，不得仅因其采用电子签名、数据电文的形式而否定其法律效力。前款规定不适用下列文书：涉及婚姻、收养、继承等人身关系的；涉及土地、房屋等不动产权益转让的；涉及停止供水、供热、供气、供电等公用事业服务的；法律、行政法规规定的不适用电子文书的其他情形。

4.《电子签名法》的法律效力

本法法律效力采取了折中式的立法模式。一是规定当事人约定使用电子签名的文书，不得仅因其采用电子签名而否定其法律效力；二是规定可靠的电子签名具有与手写签名或者盖章同等的法律效力；三是规定当事人可以选择使用符合其约定的可靠条件的电子签名；四是以目前国际上比较公认的成熟技术为基础，推荐一定的安全条件和标准，作为可靠的电子签名的标准。按照本法的规定，一个电子签名如果符合法定或者当事人约定的可靠的电子签名的条件，就具有与手写签名或者盖章同等的法律效力。

5.《电子签名法》的主要内容

我国《电子签名法》明确和规范了下述问题：

(1) 明确了电子签名的法律效力。《电子签名法》明确规定，民事活动中的合同或者其他文件、单证等文书，当事人可以约定使用或者不使用电子签名、数据电文。当事人约定使用电子签名、数据电文的文书，不得仅因为其采用电子签名、数据电文的形式而否定其法律效力。电子签名与手写签字或者盖章具有同等法律效力，同时承认书面文书与电子文件具有同等效力，因而现行民商事法律同样适用于电子文件。

(2) 明确了电子签名的法理和技术条件。电子签名必须同时符合“电子签名制作数据用于电子签名时，属于电子签名人专有”“签署时电子签名制作数据仅由电子签名人控制”“签署后对电子签名的任何改动能够被发现”“签署后对数据电文内容和形式的任何改动能够被发现”等若干条件，才能视为可靠的电子签名。这一条款为确保电子签名准确、安全以及防范欺诈行为提供具有可操作性的、严格的法律规定。

(3) 规定了电子商务认证机构和行为。电子商务要求第三方对电子签名人的身份进行认证，此处所提的第三方就是电子认证服务机构。认证机构的可靠性关乎电子交易的安全性和电子签名的真实性。由于目前我国社会信用体系尚不健全，为了确保电子交易的安全可靠，《电子签名法》规定了认证服务市场准入制度，明确了由政府对认证机构实行资质管理的制度，并对电子认证服务机构提出了严格的人员、资金、技术、设备等方面的条件限制。

(4) 明确了电子商务交易双方和认证机构在电子签名活动中的权利、义务和行为规范。例如，对电子合同中数据电文的发送和接收时间、数据电文的发送和接收地点、电子签名人向电子认证服务提供者申请电子签名认证证书的程序、电子认证服务提供者提供服务的原则、电子签名人或认证机构各自应承担的法律义务与责任等问题，都做出了明确的规定。

(5) 明确了技术中立原则。此次立法借鉴了联合国国际贸易法委员会《电子签名示范法》的技术中立原则，只对可靠的电子签名的标准做出了规定，并未规定使用何种技术达到这一标准，这为今后新技术的创新和应用提供了空间。

(6) 增加了有关政府监管部门法律责任的条款。负责电子认证服务业监督管理工作的部门的工作人员，不依法履行行政许可、监督管理职责的，依法给予行政处分；构成犯罪的，依法追究刑事责任。此次立法提出追究不依法进行监督管理人员的法律责任这一条款，这是针对当下我国电子商务环境不健全、市场信用制度落后的国情而提出的。

7.2.3 电子合同法律法规

1. 电子合同的定义

电子合同在法律层面上被定义为交易当事人之间通过电子信息网络以电子的形式

达成的设立、变更、终止财产性民事权利义务关系的协议。可以看出，电子合同是以电子的方式订立的合同，其主要是指在网络条件下当事人为了达到一定的目的，通过数据电文、电子邮件等形式签订的明确双方权利义务关系的一种电子协议。

2. 电子合同法律的产生

《中华人民共和国合同法》是为了保护合同当事人的合法权益，维护社会经济秩序，促进社会主义现代化建设制定，由第九届全国人民代表大会第二次会议于 1999 年 3 月 15 日通过，自 1999 年 10 月 1 日起施行。2020 年 5 月 28 日，第十三届全国人民代表大会第三次会议表决通过了《中华人民共和国民法典》（下称《民法典》），自 2021 年 1 月 1 日起施行。《中华人民共和国合同法》同时废止。

3. 电子合同的效力

合同的效力问题实质上是合同是否具有法律约束力的问题。根据《民法典》第三编“合同”的规定，依法成立的合同，自成立时生效，但是法律另有规定或者当事人另有约定的除外。

依照法律、行政法规的规定，合同应当办理批准等手续的，依照其规定。未办理批准等手续影响合同生效的，不影响合同中履行报批等义务条款以及相关条款的效力。应当办理申请批准等手续的当事人未履行义务的，对方可以请求其承担违反该义务的责任。

依照法律、行政法规的规定，合同的变更、转让、解除等情形应当办理批准等手续的，适用前款规定。

无权代理人以被代理人的名义订立合同，被代理人已经开始履行合同义务或者接受相对人履行的，视为对合同的追认。

法人的法定代表人或者非法人组织的负责人超越权限订立的合同，除相对人知道或者应当知道其超越权限外，该代表行为有效，订立的合同对法人或者非法人组织发生效力。

当事人超越经营范围订立的合同的效力，应当依照本法第一编第六章第三节和本编的有关规定确定，不得仅以超越经营范围确认合同无效。

合同中的下列免责条款无效：

（1）造成对方人身损害的；

（2）因故意或者重大过失造成对方财产损失的。

合同不生效、无效、被撤销或者终止的，不影响合同中有关解决争议方法的条款的效力。

7.3 电子商务消费者权益保护

7.3.1 消费者权益保护的概念

消费者权益是指消费者在有偿获得商品或接受服务时在一定时期内依法享有的权益，是一定社会经济关系下适应经济运行的客观需要赋予商品最终使用者的权利。

为了保护消费者的合法权益，维护社会经济秩序，促进社会主义市场经济健康发展。1993 年 10 月 31 日第八届全国人民代表大会常务委员会第四次会议通过《中华人民共和国消费者权益保护法》（简称《消费者权益保护法》），现行版本于 2013 年 10 月 25 日由第十二届全国人民代表大会常务委员会第五次会议通过，自 2014 年 3 月 15 日起施行。

根据《消费者权益保护法》，消费者依法享有以下权利：

第一，安全保障权。安全保障权是指消费者在购买、使用商品或接受服务时享有的保障其人身、财产安全不受损害的权利。消费者有权要求经营者提供的商品和服务，符合保障人身、财产安全的要求。

第二，知悉真情权。知悉真情权是指消费者享有知悉其购买使用的商品或者接受的服务的真实情况的权利。消费者有权根据商品或者服务的不同情况，要求经营者提供商品的价格、产地、生产者、用途、性能、规格、等级、主要成分、生产日期、有效期限、检验合格证明、使用方法说明书、售后服务，或者服务的内容、规格、费用等有关情况。

第三，自主选择权。自主选择权是指消费者享有自主选择商品或者服务的权利。消费者有权自主选择提供商品或者服务的经营者，自主选择商品品种或者服务方式，自主决定购买或者不购买任何一种商品、接受或者不接受任何一项服务。消费者在自主选择商品或者服务时，有权进行比较、鉴别和挑选。

第四，公平交易权。公平交易权是指消费者在购买商品或者接受服务时所享有的获得质量保障、价格合理、计量正确等公平交易以及拒绝经营者强制交易行为的权利。

第五，依法求偿权。依法求偿权是指消费者因购买、使用商品或接受服务受到人身、财产损害时，依法享有的要求获得赔偿的权利。

第六，求教获知权。求教获知权是从知悉真情权中引申出来的一种消费者的权利，是指消费者所享有的获得有关消费和消费者权益保护方面的知识的权利。消费者应当努力掌握所需商品或者服务的知识和使用技能，具有安全意识，充分了解商品的安全使用方法。

第七，依法结社权。依法结社权是指消费者享有的依法成立维护自身合法权益的社会团体的权利。

第八，维护尊严权。维护尊严权是指消费者在购买商品或者接受服务时所享有的其人格尊严、民族风俗习惯得到尊重的权利。

第九，监督批评权。监督批评权是指消费者享有的对商品和服务以及保护消费者权益工作进行监督的权利。消费者有权检举、控告侵害消费者权益的行为和国家机关及其工作人员在保护消费者权益工作中的违法失职行为，有权对保护消费者权益工作提出批评、建议。

7.3.2 电子商务中的消费者权益保护面临的问题

《关于电子商务中消费者保护指南的建议》称，全球性的网络环境对每一个国家或其法律制度解决电子商务中消费者权益保护问题的能力提出了挑战。在电子商务迅猛发展的商业环境下，消费者权益保护面临如何应对网络经济、电子商务等新型商业模式给消费方式带来的问题。在电子商务领域，消费者权益保护也面临前所未有的新问题。

1. 消费者风险和权利行使难度增大

电子商务的虚拟性导致买卖双方难以面对面交易，因此，消费者无法直接感知和使用商品，这严重威胁着消费者的合法权益。例如，电子商务交易中以次充好等现象频发，消费者仅通过浏览网络上的商品图片展示、消费者评价等信息已经无法精准地判断商品的真实质量，这无疑增加了消费者的商品购买风险。此外，电子商务环境下消费者维权也会遭遇更大的困难。例如，电子商务交易的主要数据通常掌握在经营者或第三方交易平台手中，当消费者向其索取证据时，他们对消费者的诉求置之不理、推卸责任，甚至以无义务为由，拒绝提供任何信息；当监管部门对电子商务交易数据进行调查取证时，他们又以涉及商业秘密或存储介质损坏等借口为由不予配合；当法院对相关交易数据调查取证时，他们可能会利用技术手段进行篡改、加密、破坏，降低证据的合法性和权威性。因此，在实践中，电子商务交易数据的采集和固定相对困难。

2. 广告欺诈和广告误导问题

网络购物环境使得买卖双方存在时空上的隔离，广告因此成为消费者网上购物的主要依据，消费者根据广告内容判断商品功效、质量等信息，从而做出商品购买选择。在电子商务高速发展的同时，虚假广告也野蛮生长。例如，电子商务宣传广告中承诺提供免费下载的软件服务，以此吸引眼球，增加点击量。但其实该免费软件并不存在，若点击后进入广告页面，取而代之的则是其他收费服务，无形中间接地侵犯了消费者的商品知情权。因此，以虚假不实的广告欺骗、误导消费者，均会损害消费者的合法权益。

3. 责任主体的界定与追究问题

在电子商务交易中，所购买的商品最终送达消费者需要经过生产、供应、销售、物流配等多个环节，涉及生产商、供应商、销售商等多个主体和信息沟通、货物配送、货款支付等多方面活动，其中的任何一个环节出现问题，都会使得消费者的合法权益受到严重损害。与此同时，正是由于涉及环节很多，诸如产品质量、商品损坏、假冒伪劣商品和消费者理解异义等方面都可能出现责任难以界定、难以追究的问题。

7.3.3 电子商务中的消费者权益保护法律法规

电子商务想要健康可持续发展，必然要坚守保护用户和消费者权益这一原则。《电子商务法》坚持以人民为中心的思想，把用户和消费者的权益放在首要位置。《电子商务法》对用户和消费者权益的保护主要体现在以下三个方面。

1. 系统、全面地规定电子商务经营者保护用户和消费者权益的义务

（1）一般保护义务。应当履行消费者权益保护、网络安全与个人信息保护等方面的义务，销售的商品或者提供的服务应当符合保障人身、财产安全的要求。

（2）信息披露义务。应当全面、真实、准确、及时地披露商品或者服务信息，保障消费者的知情权和选择权。

（3）真实宣传义务。不得以虚构交易、编造用户评价等方式进行虚假或者引人误解的商业宣传，欺骗、误导消费者。

（4）公平交易义务。根据消费者的兴趣爱好、消费习惯等特征向其提供商品或者服务的搜索结果的，应当同时向该消费者提供不针对其个人特征的选项，尊重和平等保护消费者合法权益。

（5）依法发送广告义务。向消费者发送广告的，应当遵守《中华人民共和国广告法》的有关规定。

（6）搭售提示义务。搭售商品或者服务，应当以显著方式提请消费者注意，不得将搭售商品或者服务作为默认同意的选项。

（7）依承诺或约定交付义务。应当按照承诺或者与消费者约定的方式、时限向消费者交付商品或者服务。

（8）合理退还押金义务。按照约定向消费者收取押金的，应当明示方式、程序，不得设置不合理条件。

（9）应当明示用户信息查询、更正、删除以及用户注销的方式、程序，不得设置不合理条件。

（10）公平订立合同义务。不得以格式条款等方式约定消费者支付价款后合同不成立。

（11）受理并处理投诉、举报义务。应当建立便捷、有效的投诉、举报机制，公开投诉、举报方式等信息，及时受理并处理投诉、举报。

2. 设定平台义务和平台责任以规制电子商务平台经营者可能滥用的平台资源“私权力”

（1）平台义务：1）区分标记自营业务义务。在其平台上开展自营业务的，应当以显著方式区分标记自营业务和平台内经营者开展的业务，不得误导消费者。2）保留消费者评价义务。不得删除消费者对其平台内销售的商品或者提供的服务的评价。3）合理宣传义务。应当根据商品或者服务的价格、销量、信用等以多种方式向消费者显示商品或者服务的搜索结果；对于竞价排名的商品或者服务，应当显著标明“广告”。4）消费者维权协助义务。消费者在电子商务平台购买商品或者接受服务，与平台内经营者发生争议时，电商平台应当积极协助消费者维护合法权益。

（2）平台责任：1）先行赔偿责任。消费者可以根据《消费者权益保护法》的有关规定要求电商平台承担先行赔偿责任。2）连带责任。知道或者应当知道平台内经营者销售的商品或者提供的服务不符合保障人身、财产安全的要求，或者有其他侵害消费者合法权益行为，未采取必要措施的，依法与该平台内经营者承担连带责任。3）相应责任。对关系消费者生命健康的商品或者服务，对平台内经营者的资质资格未尽到审核义务，或者对消费者未尽到安全保障义务，造成消费者损害的，依法承担相应的责任。

3. 明确规定国家维护电子商务交易安全以保护电子商务用户信息

电子商务平台经营者应当采取技术措施和其他必要措施保证其网络安全、稳定运行，防范网络违法犯罪活动，有效应对网络安全事件，保障电子商务交易安全。电子商务平台经营者应当制定网络安全事件应急预案，发生网络安全事件时，应当立即启动应急预案，采取相应的补救措施，并向有关主管部门报告。

7.4 知识产权保护

7.4.1 知识产权法概述

1. 知识产权的概念

知识产权（intellectual property）又称知识所属权，是指权利人对其智力劳动所创作的成果和经营活动中的标记、信誉所依法享有的专有权利。知识产权是一种无形财产，也是一种对于智力成果所享有的权利，具有如下特征。

（1）非物质性。知识产权的客体不是有形物，而是一种智力成果，其内容是非物质化的作品、外观设计、发明创造、商标等抽象物。权利客体是一种无形财产。

（2）专有性。专有性又称为排他性，指知识产权所有人在特定时期对智力成果的排他性占有权，未经知识产权所有人或法律允许，他人不得实施知识产权控制行为；否则，视为侵权违法行为。

（3）地域性。知识产权的地域性是指按照一国法律获得承认和保护的知识产权，只能在授予或确认其权利的国家发生法律效力，受该国家知识产权法律保护，而不具有域外法律效力。知识产权域外效力的取得依赖国际公约或者双边协定即可；专利权、商标权则必须由他国行政主管机关确认，方可产生法律效力。

（4）时间性。知识产权的时间性指权利具有一定的有效期限，无法永远存续。知识产权仅在法律规定的有效期限内受到保护。如果知识产权超过法律规定时限，相关的智力成果就不再是受保护客体，而成为社会的共同财富，可自由使用。

2. 知识产权法的概念

知识产权法是调整因创造、使用智力成果而产生的，以及在确认、保护与行使知识产权过程中，所发生的各种社会关系的法律规范的总称。

现代社会中，知识产权作为一种私有权利在世界范围内得到普遍确认和保护。知识产权制度作为一种划分知识产品私人属性与公共属性界限，并调整知识创造、利用和传播中所形成的社会关系的工具已经在世界范围内普遍确立，并随着商品经济和科学技术的发展不断地丰富、拓展和完善。在知识经济时代，技术创新成为经济发展与社会进步的新引擎和新动力，知识产权成为市场垄断和提升市场核心竞争力的重要手段，知识产权制度也因此成为国家的基础性制度。从 20 世纪末开始，许多国家站在国家战略的高度来思考、制定和实施知识产权战略，甚至将国家经贸政策与知识产权战略结合起来，知识产权战略成为国家发展总体战略的重要组成部分，对实现国家总体目标具有重大意义。

3. 电子商务对知识产权法的影响

（1）电子商务对传统知识产权观念的挑战。知识产权必须依赖一定的标准来确认是否授予某一项智力成果专有权。尽管智力成果是无形的，但智力成果通常需要以物质性载体表现出来。然而，在电子商务领域，大量的网络信息技术通常是以抽象的计算机数据表现和实现，但是这些计算机数据语言并不属于传统知识产权法律所规定和保护的表现形式范畴。

（2）电子商务对传统知识产权特点的挑战。知识产权的特点区别于有形财产，如地域性、时间性、无形性等。电子商务活动是基于互联网展开的，具有“公开”的开放性和“无国界”的全球性突出特点。互联网活动的开放性为“公知”提供了前提，为“公用”提供了便利，严重威胁到知识产权所有人的专有权；“无国界”的全球性特点又对知识产权的地域性产生了挑战。

（3）电子商务对知识产权保护程序的挑战。首先，从法院管辖权方面，传统的知识产权纠纷案件通常交由被告住所地或侵权行为地的法院处理，并以法院所在地法律作为处理知识产权纠纷的实体法律依据。然而，电子商务领域的知识产权纠纷的行为地点和受害地点难以确定。其次，从证据保留方面，传统的知识产权纠纷诉讼过程中所依据的证据必须是“原物”。然而，在电子商务活动中，电子数据流动于网络中，法院是否有权要求电子商务服务提供商保存所有数据，是否有权要求查看其所有数据内容等问题都会对案件的实质性审理产生影响。最后，计算机数据具有易伪造和易修改特性，这给以计算机数据为法律证据的权威性和可信任性带来了挑战。

7.4.2 电子商务中著作权的保护

1. 著作权和著作权法的概念

著作权是指法律赋予艺术作品的著作人对其所创作的作品享有的专有权利。著作权保障的是思想的表达形式，而不是保护思想本身。

著作权法是指调整因著作权而产生的各种社会关系的法律规范的总称。我国已制定《中华人民共和国著作权法》《中华人民共和国著作权法实施条例》等法律规范，用以保护文学、艺术和科学作品作者的著作权以及与著作权有关的权益。

2. 著作权的内容

著作权内容包括著作人身权和著作财产权。

（1）著作人身权。著作人身权是作者基于作品依法享有的以人身利益为内容的权利，是与著作财产权相对应的人身权。我国《著作权法》中规定的著作人身权包括：

1）发表权，即决定作品是否公之于众的权利。由于作品是作者人格的反映，是否向公众披露，应当由作者决断。任何人擅自发表他人作品，都属于侵权。

2）署名权，即表明作者身份，在作品上署名的权利。

3）修改权，即修改或者授权他人修改作品的权利。

4）保护作品完整权，即保护作品不受歪曲、篡改的权利。

（2）著作财产权。著作财产权是著作权人基于对作品的利用给其带来的财产收益权。理论上，所有对作品的商业性利用都应当给著作权人带来财产收益。我国《著作权法》中规定的著作财产权主要包括：

1）复制权，即以印刷、复印、拓印、录音、录像、翻录、翻拍等方式将作品制作一份或者多份的权利；

2）发行权，即以出售或者赠与方式向公众提供作品的原件或者复制件的权利；

3）出租权，即有偿许可他人临时使用电影作品和以类似摄制电影的方法创作的作品、计算机软件的权利，计算机软件不是出租的主要标的的除外；

4）展览权，即公开陈列美术作品、摄影作品的原件或者复制件的权利；

5）表演权，即公开表演作品，以及用各种手段公开播送作品的表演的权利；

6）放映权，即通过放映机、幻灯机等技术设备公开再现美术、摄影、电影和以类似摄制电影的方法创作的作品等的权利；

7）广播权，即以无线方式公开广播或者传播作品，以有线传播或者转播的方式向公众传播广播的作品，以及通过扩音器或者其他传送符号、声音、图像的类似工具向公众传播广播的作品的权利；

8）信息网络传播权，即以有线或者无线方式向公众提供作品，使公众可以在其个人选定的时间和地点获得作品的权利；

9）摄制权，即以摄制电影或者以类似摄制电影的方法将作品固定在载体上的权利；

10）改编权，即改变作品，创作出具有独创性的新作品的权利；

11）翻译权，即将作品从一种语言文字转换成另一种语言文字的权利；

12）汇编权，即将作品或者作品的片段通过选择或者编排，汇集成新作品的权利。

3. 网络著作权的保护

网络著作权是指著作权人对受著作权法保护的作品在网络环境下所享有的著作权权利。我国《著作权法》第十条第十二项明确规定了作者对其作品享有信息网络传播权，即以有线或者无线方式向公众提供作品，使公众可以在其个人选定的时间和地点获得作品的权利；承认了传统著作权在网络环境下所享有的法律保护。由国务院发布的《信息网络传播权保护条例》明确规定了信息网络传播权的具体表现形式和保护方式。在这一司法解释下，作品的数字化形式和新的数字化作品均受《著作权法》保护，任何人在未经著作权人许可情况下，擅自复制、转载、传播他人作品的，均属于侵犯著作权行为，应依法承担法律责任。

《信息网络传播权保护条例》包括合理使用、法定许可、避风港原则、版权管理技术等一系列内容，区分了著作权人、图书馆、网络服务商、读者各自可以享受的权益，网络传播和使用都有法可依，形成相互依存、相互作用、相互影响的对立统一关系，很好地体现了产业发展与权利人利益、公众利益的平衡，为产业加速发展做好了法律准备。

7.4.3 电子商务中商标权的保护

1. 商标专用权和商标法的概念

商标（trademark）是识别某商品、服务或与其相关的具体个人或企业的显著标志，商标的形式多样，包括但不限于图形、文字、声音、立体图等。

商标专用权是指商标所有人对其商标所享有的独占的、排他的权利。我国商标权的取得实行注册原则，因此商标权实际上是因商标所有人申请，并经过国家商标局确认的专有权利，即因商标注册而产生的专有权。另外，商标专用权还可以通过注册商标的转让、继承等方式取得。

商标法是指确认商标专用权，规定商标注册、使用、转让、保护和管理的法律规范总称。商标法的主要作用是加强商标管理，保护商标专用权，促使生产、经营者保证商品和服务质量，维护商标信誉，以保障消费者和生产、经营者的利益，促进社会主义市场经济的发展。目前已颁布《中华人民共和国商标法》(简称《商标法》)来规范商标专用权的使用。

2. 注册商标专用权的内容

根据《商标法》以及相关法律法规的规定，商标专用权包括：

(1) 专有使用权。商标权人对其注册商标享有排他性的独占使用权利，任何第三人不得在同类产品或服务上使用与商标权人所注册商标相同或类似的标志的权利。

(2) 收益权。收益权也称使用许可权，是指商标权人以一定的方式或条件许可他人使用其注册的商标而获得收益的权利。

(3) 处分权。处分权包括转让权、投资权、质押权和抛弃商标权。其中，转让权是指商标权人以有偿或无偿方式将商标权转让给第三人；投资权是指商标权人可以依照法定程序将其注册商标作为无形资产进行投资；质押权是指商标权人有权在经营活动中以其注册商标设立抵押；抛弃商标权是指商标权人可以向商标局表示放弃商标的权利。

3. 电子商务中的商标保护

电子商务作为一种新型商业模式，与商标密切相关。具体表现在：第一，电子商务的活动主体需要自己的商品或者服务商标，即电子商务交易的商品或者服务在进入市场时应该具有识别性标志；第二，电子商务交易主体在从事商品流通、服务提供、广告宣传等商业活动时，可能会使用他人注册的商标；第三，由于电子商务主体在从事商业活动时可能涉及他人商标权的使用，因此带来了商标侵权风险。

电子商务是建立在全球性互联网的基础上的，加之电子商务活动与商标的密切关系，导致电子商务环境中的商标权保护问题更为突出和复杂。目前，我国电子商务中商标权保护所面临的问题包括以下几个方面：

(1) 商标权的使用和保护环境更加复杂。由于互联网的全球化特性，电子商务活动使得商标使用范围扩大到全球，加之电子商务活动隐蔽性强、取证困难、流程烦琐等特征，商标权的使用和保护环境变得更为复杂。

(2) 电子商务使商标侵权出现新的特点。传统商标侵权的主要形式是在相同或相似商品上使用相同或相似的商标，主要用于商品包装和广告宣传等方面，这种现实的商标侵权表现形式容易通过证据查处。然而，电子商务环境下，商标侵权的形式更为复杂多样，甚至出现了一些新的商标侵权形式，如网页链接侵权、用商标图形作为网页装潢、将商标作为域名侵权等。

(3) 网络商标侵权行为简单易行。互联网的开放性为商标“公知”和“公用”提供了便利，网络行为人可以在任何时间、任何地点轻易地实施商标侵权。

(4) 网络商标争议的解决难度更大。一方面，互联网的虚拟性使得难以识别侵权者的真实身份；另一方面，由于网上商标使用信息不断更新且可以随时删除，因此商标权人难以对网络侵权行为及时取证。

(5) 网上商标侵权行为的损害后果更为严重。互联网的全球性使网络商标侵权行为可以超越国界和行业，而由于不同国家所奉行的文化或理念的差异，商标侵权行为难以处理，导致产生周期更长和更为严重的不良影响，极大地损害商标权人的商业信誉。

要想解决电子商务中商标权保护问题，必须做好以下几个方面的工作：一是建立健全相关的法律法规；二是加大执法力度，切实保护商标权；三是完善对电子商务中商标的行政保护措施。

7.4.4 电子商务中专利权的保护

1. 专利权与专利法的概念

专利权 (patent right) 简称专利，是发明创造人或其权利受让人对特定的发明创造在一定期限内依法享有的独占实施权。

专利法是调整因发明而产生的一定社会关系，促进技术进步和经济发展的法律规范的总和。就其性质而言，专利法既是国内法，又是涉外法；既是确立专利权人的各项权利和义务的实体法，又是规定专利申请、审查、批准一系列程序制度的程序法；既是调整在专利申请、审查、批准和专利实施管理中纵向关系的法律，又是调整专利所有、专利转让和使用许可的横向关系的法律；既是调整专利人身关系的法律，又是调整专利财产关系的法律。

2. 专利权的内容

(1) 专利权主体。专利权的主体是指依法享有专利权并承担与此相应的义务的人，通常是直接完成发明创造的人或者对发明创造的实质性特点做出创造性贡献的人。专利权人可以是个人，也可以是单位或企业。

(2) 专利权客体。专利权客体也称专利法保护的对象，是指能取得专利权，可以受专利法保护的发明创造，包括发明、实用新型、外观设计三种专利。

(3) 专利权人的权利。专利权人的权利是指在一定时间、范围内，专利权人对其发明创造依法享有的权利，包括专利人身权和专利财产权。

1) 专利人身权。专利人身权主要是指专利设计人、发明人有权在专利文件中注明自己是该专利的设计或发明人，即署名权。此外，专利人身权还包括发表权、修改权和保护作品完整权。专利人身权是专利权人所特有的，不因专利财产权的转让而消失。

2) 专利财产权。专利财产权主要是指专利作为一种财产，其专利权人所拥有的财产占有、支配、使用的权利，主要包含独占权、许可权、转让权。其中，独占权是指只有专利权人才有实施其发明创造的制造、使用、销售，对该专利获得享有独占的权利，任何自然人、法人其他组织均不得不经许可，不支付报酬使用、制造、销售专利产品；许可权是指许可他人实施其专利的权利；转让权是指专利申请权和专利权可以转让的权利，但转让必须签订书面合同并登记，经公告后转让合同方可生效。

3. 电子商务中的专利权保护

电子商务活动必须基于计算机网络技术，在电子商务活动的开展过程中，会涉及一些网络技术以及新型的商业运作方法，这都可能涉及专利权，涉及专利法对这些技术以及特殊方法的确认和保护。因此，电子商务活动与专利也存在密切的关系，主要体现在：第一，电子商务主体在从事各类经营活动和参与市场竞争的过程中，必然会涉及专利技术的开发和利用；第二，电子商务主体为节约新技术或系统开发成本，可以通过专利受让和专利许可的方式对他人的专利技术进行使用；第三，电子商务主体在使用他人的专利技术过程中，可能会侵犯他人的专利权。

我国目前发布了对电子商务技术进行专利保护的举措。我国《专利法实施细则》规定，授予专利权的发明必须是一种技术方案。因此，只要能够构成专利法意义上的"技术方案"，无论是计算机程序还是商业方法，都具备被授予专利权的可能性。《专利审查指南》第九章对计算机程序的发明专利申请做出了规定，涉及计算机程序的发明专利申请还具有与其他领域的发明专利申请相同的一般性，对于第九章未提及的一般性审查事项，应当遵循该指南的其他规定，对涉及计算机程序的发明专利申请进行审查。

□ 思考题

1. 简述与电子商务相关联的法律问题。
2. 简述电子签名和电子合同在电子商务领域的应用。
3. 举例说明电子商务领域侵犯知识产权的现象。
4. 举例说明电子商务领域侵犯消费者权益的现象。
5. 收集网络公司或网络店铺制定的不合理条款，并说明不合理之处。
6. 收集近期的网络纠纷案件，并就如何依据法律法规维护消费者权益提出自己的观点。

□ 练习题

一、单项选择题

1. 下列各项关于电子商务法的说法中，错误的是（　　）。

A. 广义的电子商务法指调整以计算机网络为基础进行的商事活动的法律规范的总称

B. 广义的电子商务法的调整对象是依托互联网在计算机网络上进行的所有商事活动所引起的法律关系及法律适用问题，是民法网络化的结果

C. 狭义的电子商务法是政府调整个人和企业通过信息网络所产生的，以数据通信为交易手段，由交易形式所引起的商事交易关系的规范体系

D. 狭义的电子商务法的调整对象是运用各种电子化手段所进行的商事活动

2. 电子商务对知识产权法的影响不包括（　　）。
A. 电子商务对传统知识产权观念的挑战
B. 电子商务对传统知识产权特点的挑战
C. 电子商务对知识产权保护程序的挑战
D. 电子商务对知识产权特征的挑战
3. 专利权的内容不包括（　　）。
A. 专利权主体　　B. 专利权客体
C. 专利权人的权利　　D. 专利权人的义务
4. 电子商务中的消费者权益保护面临的问题不包括（　　）。
A. 消费者风险和权利行使难度增大　　B. 广告欺诈和广告误导问题
C. 责任主体的界定与追究问题　　D. 直播变现问题

二、多项选择题

1. 电子商务法的特征有（　　）。
A. 全球化　　B. 程式性
C. 技术性　　D. 开放性
2. 电子商务法的原则有（　　）。
A. 自愿、公平、诚实信用原则　　B. 安全原则
C. 中立原则　　D. 交易自治原则
3.《电子签名法》的主要内容包括（　　）。
A. 明确了电子签名的法律效力
B. 明确了电子签名的法理和技术条件
C. 规定了电子商务认证机构和行为
D. 明确了电子商务交易双方和认证机构在电子签名活动中的权利、义务和行为规范
4. 对于合同成立后的法律效果，可能存在的情况有（　　）。
A. 有效合同　　B. 效力待定合同
C. 可变更、可撤销合同　　D. 无效合同
5. 消费者依法享有的权利包括（　　）。
A. 安全保障权　　B. 知悉真情权
C. 自主选择权　　D. 公平交易权
6. 著作人身权包括（　　）。
A. 发表权　　B. 署名权
C. 修改权　　D. 保护作品完整权
7. 知识产权的特征有（　　）。
A. 非物质性　　B. 专有性
C. 地域性　　D. 时间性

三、判断题

1. 电子合同在法律层面上被定义为交易当事人之间通过电子信息网络以电子的形

式达成的设立、变更、终止财产性民事权利义务关系的协议。（　　）

2. 知识产权是一种有形财产。（　　）

3. 专利法是发明创造人或其权利受让人对特定的发明创造在一定期限内依法享有的独占实施权。（　　）

4. 民事活动中的合同或者其他文件、单证等文书，当事人可以约定使用或者不使用电子签名、数据电文。（　　）

第八章

电子商务支付

案例导入

支付宝：互联网金融大鳄

支付宝（中国）网络技术有限公司由阿里巴巴集团于2004年12月8日成立，其旗下的在线支付平台支付宝是国内市场份额最大的第三方支付平台。2003年，刚刚成立的淘宝饱受质疑，通过网络购买的商品的质量未知，退货退款途径没有保证，让这个刚萌芽的网购交易模式面临严重的信任危机。为了解决这个问题，支付宝应运而生。它最初仅为阿里巴巴集团旗下网站淘宝的一个部门，面向淘宝提供担保交易的服务。所谓担保交易，是指买家下订单后，购物款被打入淘宝的对公账户，在买家收货确认无误后淘宝再将货款支付给卖家。支付宝的出现有效地降低了网上购物交易风险，是我国电子商务的发展中至关重要的一环。支付宝初步成功之后，阿里巴巴的管理层提出，支付宝或许能够作为一款独立产品，为全部电子商务网站提供基础的服务。次年12月，支付宝从淘宝独立出来，正式由淘宝第三方担保平台向独立支付平台发展。

2011年5月，支付宝获得中国人民银行发放的首批第三方支付牌照，其业务范围涵盖货币汇兑、互联网支付、移动电话支付、预付卡发行与受理（仅限于线上实名支付账户充值）、银行卡收单等。这也意味着民营第三方支付开始被纳入中央银行管理体系，合法性得到确认。在之后的几年里，支付宝深耕电子支付业务，致力于为中国电子商务提供简单、安全、快速的在线支付解决方案，不断地进行技术的改进和业务的创新，推出了快捷支付、二维码支付、VR支付等诸多全球首创的电子支付模式。2013年6月，面对高社交属性的微信支付的重压，支付宝推出余额增值服务和活期资金管理服务产品余额宝，几分钟后，用户便突破了18万。从此，支付宝正式进军个人理财业务，而余额宝推出的这一年也称为中国的互联网金融元年。2018年6月底，余额宝的总规模就已经达到18 602亿元，是历史上首次超过了“四大行”的个人活期存款。2020年7月，支付宝全球用户人数超过13亿，成为全球交易量最大的第三方支付服务公司。

如今，支付宝仍在不断进行互联网金融创新，它也早已从单一的支付工具，发展为提供支付、生活服务、政务服务、社交、理财、保险、公益等多个场景并逐步覆盖全行业的开放性平台。这个由淘宝结算部门发展而来的支付企业，用了短短十几年的时间，让中国金融服务业的面貌和逻辑发生了巨大的变化，也让当年那句“如果银行不改变，我们就改变银行”的豪言壮语最终成了现实。

思考题

1. 你认为蚂蚁金服属于金融机构还是科技公司？为什么？
2. 结合网络资料，谈谈你从支付宝的发展历程中认识到了什么。

8.1　电子支付系统

8.1.1　电子支付概述

1. 电子支付的概念

电子支付是指消费者、商家和金融机构通过电子终端，直接或间接地把支付指令发送给银行业金融机构，以实现货币支付或资金转移的行为。电子支付的出现时间要早于电子商务的出现时间，它产生于银行电子信息化过程，涉及银行与其他机构之间结算业务的电子化。早期的电子支付手段以信用卡为代表，例如刷卡记账、ATM 机存取款和 POS 机终端结账等。电子支付方式解决了传统支付方式过程复杂、耗时长、现金携带不方便等问题，更具便利性、安全性和高效性，很快便在大众中传播和发展起来。时至今日，电子支付的手段越来越多，可以按照电子支付指令发起方式的不同，将电子支付的业务类型分为网上支付、电话支付、移动支付、销售点终端交易、自动柜员机交易和其他电子支付几种。

2. 电子支付的特征

与传统支付方式相比，电子支付具有以下特征：

（1）从传输方式上看，电子支付方式采用数字化方式完成款项支付，依靠先进的信息技术通过数字流转实现资金流动的信息传输；而传统的支付方式则通过现金、票据、银行汇兑等实体的流转完成支付。

（2）从支付环境上看，电子支付在开发的系统平台（互联网）上进行；而传统支付则在较为封闭的系统中运作。

（3）从支付技术上看，电子支付使用的是最先进的通信技术手段，如互联网、企业外部网等，而传统支付使用的则是传统的通信媒介；同时，电子支付对于支付设备的软硬件要求也相对较高，首先需要联网的电子设备，其次需要特定的软件和配套设施，传统支付则无须如此高的设备要求。

（4）从支付操作上看，电子支付对于支付地点无限制，只要有一台可以上网的计算机或手机便可足不出户完成支付，方便快捷，经济高效。而传统支付则有固定的地点和外界条件限制，支付费用较高。

3. 电子支付工具

随着电子支付的发展，电子支付工具的种类也不断增加。现在的电子支付工具可以大致分为三类：一是电子货币类，如电子现金、电子钱包等；二是电子支票类，如电子支票、电子汇款（EFT）、电子划款等；三是电子信用卡类，如智能卡、借记卡、电话卡等。这些支付工具在自身特点和支付流程上都有所不同，适用场景也各不相同。

（1）电子货币。电子货币是以二进制数据形式存放在银行计算机系统中，通过互联网和电子信息技术实现流通和支付功能的货币。电子货币是随着电子商务的兴起而产生的新型支付工具，与传统的金属货币、纸币以及各种票据相比具有更高的便携性，是一种更加方便快捷的支付工具。随着电子信息技术的发展，传统经济向数字经济转变，电子货币的出现和使用便是这一转变的产物。

电子现金是电子货币的一种具体表现形式。电子现金又称数字现金，它以一组加密序列数的形式来表示现金，能够表示纸币的各种金额，在网络支付中以数据形式流通。电子现金是纸币的电子化，具有传统货币的货币价值、可交换性、可存储性、不可重复性的属性，也具有匿名性、不可跟踪性、取用灵活等优于传统货币的特征，在电子支付工具未来发展中占据无比重要的地位。

电子钱包是存放电子货币的载体，使用者通过电子钱包软件可以完成安全电子交易并存储交易记录。电子钱包具有安全、方便、快捷等特点，用户在进行网上小额购物时，可以直接在购物网站调用电子钱包服务系统的接口完成支付。目前世界上规模较大的有 Visa Cash 和 Mondex 两大电子钱包服务系统。

（2）电子支票。电子支票是将传统支票改变为带有数字签名的报文或利用数字电文代替支票的全部信息，实现传统支票支付业务及其全部处理过程电子化的支付手段。建立电子支票支付系统需要两项主要的关键技术：一是图像处理技术，将实体支票进行图像化和数字化处理，并将支票的图像信息及其存储的数字信息一起传送至电子支票系统内的电子支付机构；二是条形码技术，保证电子支付系统中的电子支付机构能够安全可靠地自动阅读支票，通过使用条形码阅读器对拒付支票进行背书并识别，加快支付处理、退票处理和拒付处理速度。电子支票主要用于企业之间的大额支付，由于数字签名具有很高的安全性，同时电子支票的支付要通过专用的网络、设备、软件及一整套数据传输的规范化协议，电子支票的支付相比传统支票具有更高的安全性。

（3）电子信用卡。电子信用卡是指使用信用卡通过网络直接支付的方式参与网上支付交易。电子信用卡的申请和使用都与持卡人的征信情况息息相关，交易双方可以通过发卡机构了解持卡人的信用度，降低欺诈行为的风险。电子信用卡同时具备支付和信贷两种功能，持卡人既可以用其购买商品或服务，也可以通过信用卡向发卡机构申请一定金额的贷款。

8.1.2 电子支付系统

1. 电子支付系统及其发展

电子支付系统是指消费者、商家和金融机构之间的支付交易处理系统，由提供支付服务的中介机构、管理货币转移的法规以及实现支付的电子信息技术手段共同组成，用来清偿经济活动参加者在获取实物资产或金融资产时所承担的债务。

电子支付系统通常要实现以下功能：

（1）对参与交易各方进行认证。为保证交易的安全性，电子支付系统要对参与交易的各方进行资信认证并且发放数字证书，证实交易各方身份的合法性。

（2）对交易信息进行加密。交易信息涉及交易双方的个人隐私，为保证其资金的安全性与交易信息的真实性，采用对称密钥或公开密钥技术对传输的数字信息进行加密，同时采用数字信封技术加强安全保密性。

（3）保证支付信息的完整性。电子支付系统一般采用数字摘要技术将原文加密后传送给接收者，以实现传输数据的完整性。接收者便可通过摘要来判断接收的信息是否完整正确。

（4）保证业务的不可否认性。电子支付系统需要对每笔交易生成并保留足够的证据，防止交易双方出现纠纷时否认原本发生的业务。通常使用数字签名技术确保发送方不能否认其所发送的信息，使用数字信封技术使接收方不能否认其所接收的信息。

2. 电子支付系统的组成

基于互联网的电子支付系统主要包括客户、商家、认证中心、支付网关、客户银行、商家银行和金融专网七个组成部分。

（1）客户。客户是指与商家有交易关系并生成未清偿债务的单位或个人。客户使用电子交易平台与商家交流交易信息，签订交易合同，用自己已拥有的支付工具（如信用卡、电子钱包等）进行支付。

（2）商家。商家是与客户进行商品交易的另一方，是为客户提供商品或服务的单位或个人。商家一般需要准备一台专门的服务器，根据客户发出的支付指令向金融机构请求获取货币清算，包括认证以及不同支付工具的处理等步骤。

（3）认证中心。认证中心是交易双方都信任的第三方中介机构，它需要确认参与交易的各方（包括客户、商家和支付网关）的资信状况，发放并维护数字证书，以确认各方身份的真实性，保证整个网上交易过程的安全性。

（4）支付网关。支付网关是互联网公用网络平台和银行内部金融专网之间的安全接口，即一组完成这两者间通信、协议转换和数据的加密解密工作的服务器，用来保护银行的内部网络安全。电子支付的信息必须通过支付网关处理后才能进入银行支付系统，继续后续的支付授权与获取。

（5）客户银行。客户银行指客户在其中拥有账户的银行。客户银行在电子交易中为客户提供资金账户和支付工具，保证支付工具兑付的真实性，确保对每笔认证交易进行付款。在信用卡支付体系中，客户银行又称为发卡行。

（6）商家银行。商家银行是商家在其中拥有账户的银行。商家将客户的支付指令提交给商家银行，由商家银行向客户银行发出支付授权的请求并进行银行间的清算工作。商家银行要依据商家提供的合法账单（客户的支付指令）来工作，所以也称为收单行。

（7）金融专网。金融专网是指银行内部及各银行之间进行信息交流的专用网络，通常具有较高的安全性。包括中国现代化支付系统（CNAPS）、全国电子联行系统、商行电子汇兑系统等。

3. SSL 和 SET 协议

电子支付系统需要实现机密性、认证性、数据完整性、交互操作性等安全要求，这就要求其使用一定的安全协议。目前，国内外使用的保障电子支付系统安全的协议主要有 SSL，SET 等协议标准。

（1）SSL 协议。安全套接层（secure socket layer，SSL）协议是由 Netscape 公司于 1995 年推出的浏览器与 Web 服务器之间的安全连接技术。它在互联网服务器产品和客户端中广泛使用，保证了通信双方通信时数据的认证性、完整性和机密性。

其包括：

1）握手协议。使用 SSL 协议的电子支付系统先通过发送握手信息相互确认对方的身份再进行信息传送，完成身份确认后的双方共同持有一个共享密钥。

2）消息加密协议。双方“握手”后，用对方证书（RSA 公钥）加密一随机密钥，再用随机密钥加密双方交易的信息流，以确保交易机密性。

常见的 IE，Netscape 等浏览器都内置有 SSL 协议，实现起来非常方便，广泛用于目前的 B2C 网上支付。但它在安全性上还存在明显缺点：使用 SSL 协议进行支付交易时，客户的账户资料信息先送到商家服务器并可以在服务器上阅读，安全性无法得到很好的保证，并且 SSL 协议在安全方面，存在缺少数字签名功能、没有授权和存取控制、多方互相认证困难、用户身份可能被冒充等缺点，所以 SSL 协议更多地在安全要求不太高时使用。

（2）SET 协议。SET 协议（secure electronic transaction）是实现在开放的网络（互联网或公众多媒体网）上使用付款卡（信用卡、借记卡和取款卡等）进行支付交易的安全事务处理协议。相比 SSL 协议，SET 协议具有更高的安全性。它使用加密、数字信封、数字签名、双重数字签名、认证等多种安全技术来确保交易过程的安全性和数据可靠性，例如通过加密保证数据的安全性，通过数字签名保证交易参与方身份认证的可信性及数据的完整性，通过明确的交互协议和消息格式保证互操作性等。

由于 SET 协议较为复杂，每次交易都需要经过多次加密、哈希及数字签名，并且要求交易方在客户端安装专门的交易软件才能实现支付，因此现在使用该协议的电子支付系统还较少。目前 SET 协议主要用于商业银行如中国银行的网上银行支付。

8.1.3 中国现代化支付系统

中国现代化支付系统（China National Advanced Payment System，CNAPS）是由中国人民银行自主开发建设、管理和运行维护，能够安全高效地处理跨行异地及同城等各种支付业务及资金清算的应用系统。目前已建成包括大额实时支付系统、小额批量支付系统、网上支付跨行清算系统、全国支票影像交换系统、电子商业汇票系统、境内外币支付系统以及人民币跨境支付系统七个子业务系统，形成了比较完整的跨行支付清算服务体系，为我国金融机构之间以及金融机构与中国人民银行之间的支付业务提供了安全高效的支付清算平台。中国现代化支付系统是连接国内银行业金融机构和外资银行的重要枢纽和桥梁，是连接商品交易和社会经济活动的“大动脉”，对我国经济金融和社会发展的促进有着重要作用。

（1）大额实时支付系统。大额实时支付系统（High-Value Payment System，HVPS）是我国现代金融市场建设中最关键的组成部分，用来实现大额支付的处理和清算工作。大额实时支付系统采取逐笔实时方式处理支付业务，全额清算资金，主要处理大额跨行贷记支付业务、小额紧急跨行贷记支付业务、商业银行行内需要通过大额实时支付系统处理的贷记支付业务、特许参与者发起的即时转账业务、城市商业银行银行汇票资金的移存和兑付资金的汇划业务等。

（2）小额批量支付系统。小额批量支付系统（Bulk Electronic Payment System，BEPS）的建设为我国社会提供成本低廉且业务量大的支付清算服务提供了解决方案，支撑各种支付工具的应用，满足各种经济活动的需要。该系统实行支付指令批量发送，轧差净额清算资金，主要处理跨行同城、异地纸质凭证截留的借记支付以及规定金额（5 万元）以下的小额贷记支付业务。

（3）网上支付跨行清算系统。网上支付跨行清算系统（Internet Banking Payment System，IBPS）以逐笔实时处理的方式，对规定金额（5 万元）以下的网上支付、移动支付等新兴电子支付业务进行处理，包括网银贷记业务、网银借记业务、第三方贷记业务、网络购物、商旅服务、网银缴费、贷款还款、实时代收、实时代付、投资理财、交易退款、慈善捐款等。另外，通过网上支付跨行清算系统，可以实现跨行账户信息的查询以及资金转移和归并，方便个人财富在多个不同银行账户中的管理。

（4）全国支票影像交换系统。全国支票影像交换系统（Cheque Image System，CIS）是指运用影像技术、支付密码、数字签名等技术，将纸质支票转化为影像和电子信息，通过计算机网络将支票影像信息和电子清算信息传递至出票人开户银行提示付款，以实现支票全国通用的业务处理系统。全国支票影像交换系统主要用于处理银行机构跨行和行内的支票影像信息交换，资金清算通过小额批量支付系统进行处理。

（5）电子商业汇票系统。电子商业汇票系统（Electronic Commercial Draft System，ECDS）是由中国人民银行批准建立并统一管理的，利用互联网和计算机技术接收、登记并转发电子商业汇票数据电文，提供电子商业汇票货币给付与资金清算行为相关服务、纸质商业汇票登记与查询、商业汇票（含纸质、电子商业汇票）公开报价服务的综合性业务处理平台。

（6）境内外币支付系统。境内外币支付系统（Foreign Currency Payment System，FCPS）主要为我国境内的商业银行和外币清算机构提供外币清算和支付服务，是我国第一个支持多币种运行的全国性银行间外币实时全额结算系统，目前开通了港元、英镑、欧元、日元、加拿大元、澳大利亚元、瑞士法郎和美元 8 种货币支付业务。

（7）人民币跨境支付系统。人民币跨境支付系统（Cross-border Interbank Payment System，CIPS）专门负责境内外的人民币跨境和离岸的资金清算业务，主要包括清算行模式和代理行模式。清算行模式下所有清算行以大额实时支付系统为依托完成跨境及离岸人民币清算服务。代理行模式下境内代理行直接接入大额实时支付系统实现清算服务，境外参加行通过在境内代理行开立人民币同业往来账户进行人民币跨境和离岸资金清算业务。

8.2 第三方支付

8.2.1 第三方支付概述

1. 第三方支付的定义

第三方支付是指一些和各大银行签约，并具备一定实力和信誉保障的独立机构，作为收款方与付款方的支付中介，提供的在与银行支付结算系统接口的交易支持平台上完成支付的网络支付模式。之所以称为第三方，是因为这些平台在交易中仅仅充当了资金流动转移的中介，而不涉及资金的所有。在第三方支付模式中，买方购买商品的货款支付给第三方账户而不是直接支付给卖方；第三方在收到购买信息后通知卖方货款到账并请其发货；买方收到货并检查无误后，再通知第三方付款给卖家，由第三方将款项转至卖家账户。由此可见，第三方支付在网络交易中起到了重要的“信任中介”的作用，使网上商家和银行之间建立起连接，为电子商务支付提供了第三方监管和技术保障。

2. 第三方支付的特点

第三方支付依托银行和各大应用网站，借助现代互联网技术和网络通信技术，其运行和使用有以下三个特点：

第一，界面简单，成本低廉。第三方支付平台通过提供一系列的应用接口，将多种银行卡支付方式整合在一个界面上，让用户很方便地就可以进行购物支付。无须消费者和商家在多个不同银行开设不同账户便可进行多种支付交易，使消费者和商家双方各自的成本都有所降低。同时，对于银行来说，也减少了网关开发所需要的费用，降低业务成本。

第二，操作简单，易于接受。相比通过 SSL，SET 等支付协议，利用第三方支付平台进行支付操作更加简单，更容易让使用者接受。由上节我们知道，通过 SSL 和 SET 支付协议，需要对商家和消费者的身份进行程序复杂的验证，手续繁多，速度缓慢且成本较高。第三方支付平台可以使商家和消费者之间的交涉交由第三方完成，极大地便利了网上交易的过程。

第三，信用透明，可信度高。第三方支付平台依附于大型门户网站，并且与多家银行合作，因此具有较高的信任度；在电子商务发展中，第三方支付平台很好地解决了网上交易的信用问题，使我国电子商务有了今日的繁荣。

3. 第三方支付的分类

第三方支付业务按照支付渠道的不同，主要分为网络支付、预付卡发行与受理、银行卡收单三种。

(1) 网络支付。网络支付是依托公共网络或专用网络在收付款人之间转移货币资金的行为，包括互联网支付、移动电话支付、固定电话支付、数字电视支付等。网络支付是电子支付的最新发展阶段，它以金融电子化网络为基础，采用现代计算机技术和通信技术手段，通过第三方支付机构与各银行之间的支付接口，为商家、消费者与银行之间的支付交易提供完整的支付服务流程。其盈利主要来源于在线支付服务商所收取的交易佣金。

（2）预付卡发行与受理。预付卡是一种由第三方支付机构发行的可在商业服务业购买商品或服务的债权凭证，例如购物卡等。预付卡根据协议商家的数量分为单用途预付卡和多用途预付卡。单用途预付卡只能在某一企业或同一连锁商业品牌使用，例如沃尔玛、家乐福卡；多用途预付卡则是与多个商家签订协议，通过在各商家布放POS系统，使消费者可以在多个联盟商家处使用此预付卡刷卡消费，典型的多用途预付卡有资和信卡、斯玛特卡等。其盈利来源有支付手续费、沉淀资金收益和过期预付卡里的剩余资金收入。但是由于所签约商户数量和硬件要求等因素制约，预付卡发行与受理这种第三方支付类型始终未得到很好的发展。

（3）银行卡收单。银行卡收单是指第三方支付机构通过银行卡受理终端为银行卡特约商务代收货币资金的行为。其中，银行卡受理终端是指能够通过银行卡信息读入装置生成交易指令要素的银行卡信息终端，包括POS、多用途金融IC卡支付终端、有线电视刷卡终端、自助终端等。收单机构与一家或几家收单银行合作，本行持卡人交易由收单银行自己处理，其他银行交易则由收单银行转至银联，再由银联转给相应发卡行处理。

8.2.2 第三方支付平台

1. 第三方支付平台的定义

第三方支付平台是指由非银行的第三方民营机构投资建设并运营管理的网上支付平台。它通过通信、计算机和信息安全技术在商家和银行之间建立连接，提供货币支付、现金流转、资金清算等主要服务。

第三方支付平台与第三方支付是两个不同的概念，但二者间又存在紧密的联系。首先，第三方支付是一种支付方式，而第三方支付平台是一种由网络、技术、软件、服务等构成的平台；其次，第三方支付平台为第三方支付这种支付方式的实现提供了必要媒介，第三方支付必须依靠第三方支付平台才能进行。

2. 第三方支付平台盈利模式

作为资金流动的中转站，第三方支付平台既然只是暂时存放这些资金，那它又应该如何实现利润呢？第三方支付平台的利润来源主要有服务手续费收入、沉淀资金投资收入和增值服务收入。

（1）服务手续费收入。客户在第三方支付平台上进行提现、转账、信用卡还款等都需要缴纳一定的服务费，如微信支付自2018年8月1日起，对每笔信用卡还款按还款金额的0.1%进行收费（手续费的金额计算到小数点后2位，最低0.1元）等；对商家提供的收付款服务、POS机布放、款项查询、转移支付、退款等交易也要收取一定的手续费。这种交易过程中，第三方支付平台从商家处收取的手续费减去其向银行支付的手续费的差额，就成了第三方支付平台的利润。

(2) 沉淀资金投资收入。客户在使用第三方支付平台进行消费支付的过程中，由于结算周期存在时间差，会在备付金账户内沉淀出一定数量的资金。许多第三方支付平台会选择将这部分沉淀金进行银行存款、基金购买等投资，产生的利息归第三方支付平台所有，成为其收入的一部分。但是，沉淀资金投资容易带来金融风险和法律风险，我国也在逐渐完善这方面的监管。随着中国人民银行逐步推进支付机构客户备付金集中存管制度，第三方支付平台未来将难以依靠沉淀资金获取利息收入。

(3) 增值服务收入。第三方支付平台通过对客户信息和交易信息进行聚合累积、制造支付场景，衍生出诸如互联网营销、征信、金融等多种增值服务，向企业或个人客户提供金融服务或产品销售。例如，蚂蚁金服从支付宝平台开始，拓展至小额贷款、网络银行、在线融资、在线理财、保险等多个衍生领域。这部分增值服务的收入通常以交易分成的形式计算和实现。

8.2.3 网联平台

1. 网联平台概述

网联平台即网络版银联，全称为非银行支付机构网络支付清算平台，是在中国人民银行的指导下，由中国支付清算协会组织支付机构共同发起筹建的线上支付统一清算平台。网联平台主要用来处理非银行支付机构发起的涉及银行账户的网络支付业务，为支付机构提供统一、公共、安全、高效的资金清算服务。这里的非银行支付机构就是本章介绍的第三方支付平台。网联的建立将切断大量原有的第三方支付机构直连银行的支付模式，转为接入网联进行转接，同时支持支付机构与商业银行一点接入，降低连接成本，提高清算效率，保障账户资金安全，方便监管部门对社会资金流向情况进行实时监测。

2. 网联模式下的第三方支付

在网联平台出现之前，第三方支付平台通过直接与各大银行连接实现支付交易。第三方支付平台与多家银行建立合作并开设账户，当付款方使用某银行的银行卡进行支付时，实际上是将资金转移到第三方支付平台在该银行的账户内；同理，收款方使用某家银行的银行卡进行收款时，实际上是第三方支付平台通过在该银行开设的账户向其付款。这种第三方支付平台与商业银行直接连接的支付模式称为银行直连模式。图 8－1 展示了这一模式下第三方支付的流程。

在银行直连模式下，交易双方的详细信息由第三方支付平台所有，而银行不能掌握这些数据，这就导致交易过程的不透明和监管缺失，由此可能产生洗钱等一系列非法活动。为了清楚地了解并记录每一笔网上交易信息，健全金融监管，中国人民银行推出筹建了网联平台，规定所有的网上支付交易都要经过网联平台，这样就获取了所有的用户交易数据，大大提高了网上支付清算的透明度。图 8－2 展示了网联模式下第三方支付的流程。

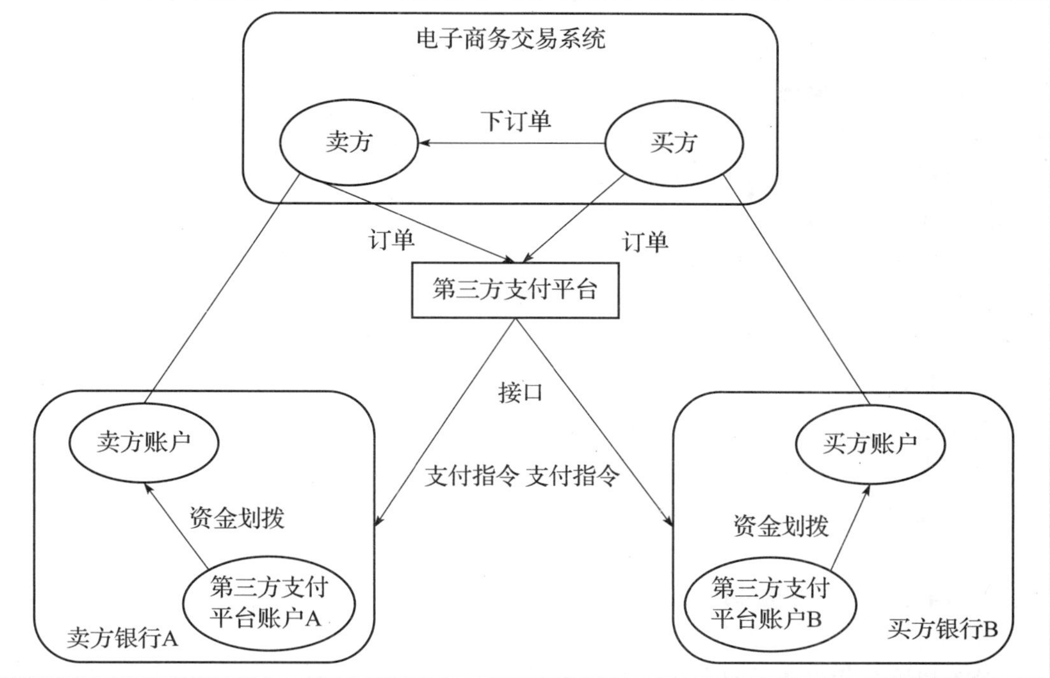

图 8-1　银行直连模式下第三方支付流程

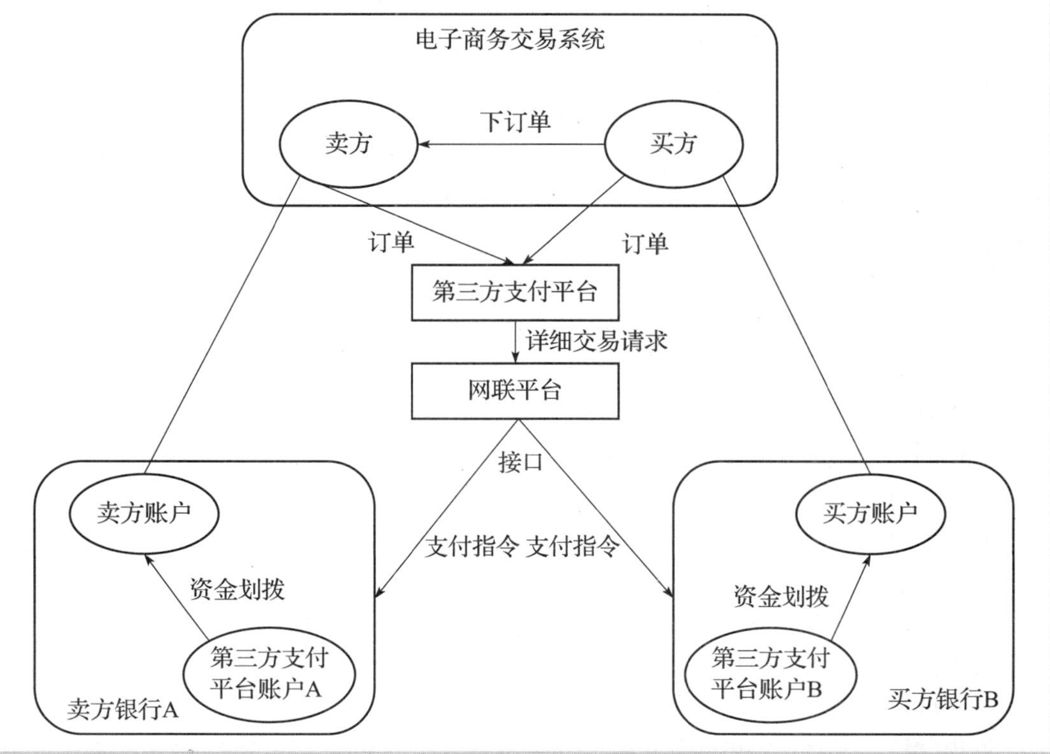

图 8-2　网联模式下第三方支付流程

3. 网联平台的影响

对于第三方支付平台来说，网联模式出现之后，每笔支付交易都在网联平台的监管下进行，账户中的沉淀资金也得到了更加透明的统一管理，会减少银行直连模式下缺乏有效监管所产生的一些隐形收入，迫使第三方支付平台进行自身的整改和行业自律，通过创新支付产品和优化支付体验生存、竞争和发展。这有利于第三方支付行业整体良好风气的形成。

对于银行来说，网联模式规定了支付的统一费率，避免了直连模式下议价能力高的大型第三方支付平台压低费率的情况；网联平台可以获取所有的用户交易信息，而网联平台又由中国人民银行主管，未来银行有可能与网联平台合作得到用户交易数据来优化自身业务。

对于银联来说，两者既是孪生兄弟，也是竞争对手。中国银联在 2018 年宣布新一代银联无卡业务转接清算平台正式全面开展大规模的各类业务承载服务，也意味着银联和网联在第三方支付清算领域开始了竞争。

8.2.4 第三方支付的风险

1. 技术风险

技术风险是指电子信息系统（如计算机硬件系统、通信网络、设备供电等）在第三方支付交易过程中发生故障导致支付业务不能正常高效地进行，从而带来的损失。技术风险涉及银行的电子支付系统、第三方支付平台以及商家业务处理平台的稳定性、可靠性与安全性，其主要来源可以分为硬件设备和软件两方面。硬件设备方面的风险主要有因设备的机型、容量、数量等硬件配置在支付业务高峰时处理能力不能满足支付需要而造成的经济损失；软件方面的风险主要指软件的运行效率、业务处理速度与可靠性等无法达到业务要求而给第三方支付公司带来的经济损失。另外，第三方支付平台的安全性也一直是第三方支付领域的重要问题。第三方支付平台依托互联网提供支付服务，资金的数据传输都通过网络进行，容易受到系统外部的病毒和黑客等恶意攻击；同时，第三方支付平台留存有大量的用户账户信息，并且提供多家银行的网络银行接口，这些一旦被不法分子盗取，将会带来非常严重的经济和社会损失。

2. 信用风险

信用风险是指参与第三方网上支付交易的买方、卖方、第三方支付平台、银行等交易方在到期日无法或未能履约而造成经济损失的风险。第三方支付交易在虚拟网络上进行，支付的安全和诚信问题对于交易方来说至关重要，虽然第三方支付平台的信用中介作用对于网上支付信用体系的不足有所弥补，但是同时也增加了额外的信用风险。

从交易的主体看，第三方支付的信用风险主要有买方失信、卖方失信和第三方支付平台失信三种。买方失信主要包括买方在收到商品或服务后拒绝付款、资金来源不合法、否认自己操作或授权他人操作的交易、利用虚假身份进行交易、洗钱、骗取积分、返现、信用卡套现、虚假开户骗取佣金等风险。卖方失信主要指卖方无法在规定时间内提供买方需要的商品，从而给买方和第三方支付平台带来一定的额外费用和成本损失。第三方支付平台失信主要指第三方支付公司经营不善、管理不当或违规操作等造成未能履行中介支付和担保的风险。第三方支付平台中有大量的用户基本信息与交易数据，如果出现数据泄露、违规利用或交易的现象，则会给交易双方带来潜在的风险，甚至导致严重的经济损失。

3. 法律风险

法律风险是指没有任何的法律或政策调整，或者现有的法律或政策不明确造成的风险。第三方支付作为金融创新产物，监管体系尚未完善，很多权利及义务缺乏法律法规的约束，这给第三方支付带来了不可避免的法律风险。

首先，第三方支付平台担保交易的服务使其账户产生了大量的沉淀资金，沉淀资金的利息收入是众多第三方支付公司的一大收入来源，而目前对于沉淀资金的法律性质及其所有权尚未明确规定，对于这部分沉淀资金及其利息的归属和处分权限都存在合法性的质疑。

其次，第三方支付参与方间的法律关系不明确，对于参与主体的权利义务规定不明。目前尚无法律明确规定第三方支付平台与买卖双方及网上银行之间的法律关系，仅仅靠第三方支付平台制定的服务协议中的简单阐述，会使发生纠纷时容易出现第三方支付公司承担责任过轻从而对用户权益保护不力，或是没有承担其应该承担的法律责任的情况。

最后，第三方支付公司同金融机构一样提供众多的金融服务，却缺少对于客户账户资金使用合法性的监管，很容易被利用进行洗钱、套现等非法交易活动。由于利用第三方支付平台进行资金的自由转移没有相关监管部门的监管，用户可以通过制造虚假交易进行非法套现或将非法活动资金变为合法财产。

4. 流动性风险

流动性风险是指企业或机构因无法应对负债下降或资产增加导致的资金流动性困难而影响其对外支付的风险。目前第三方支付市场竞争激烈，大批支付服务商进入市场，利润空间有限加上良性盈利点缺乏，很容易造成资金周转问题和流动性不足问题。另外，第三方支付平台提供担保交易时要求支付资金要先储存在支付平台账户一段时间，这就很可能给卖方带来资金流动性问题。如果在大量收款未达商家企业账户时，企业遇到业务量加大、生产经营成本提高、市场萎缩等情况，则很可能给企业带来流动性支付风险。

8.2.5 第三方支付的监管

第三方支付的出现虽然很好地改善了网上交易的信用问题，成为电子商务支付中的重要组成部分，但是在其发展初期，行业规模的快速扩大和监管制度的配套尚未完善等原因使第三方支付行业存在很长时间的监管空白。目前，我国对第三方支付的监管是由中国人民银行及其分支机构按照属地原则来进行，初步形成了以《非金融机构支付服务管理办法》为政策核心，中国人民银行为主导，行业自律管理、商业银行监督为辅的第三方支付监管体系。

我国对于第三方支付的监管措施主要集中在五个方面。

一是市场准入和退出。2005 年 6 月，中国人民银行首次发布涉及第三方支付规范的《支付清算组织管理办法（征求意见稿）》，对第三方支付企业的准入门槛进行了明确的规定。2010 年，中国人民银行出台《非金融机构支付服务管理办法》，提出对第三方支付机构审核发放第三方支付牌照，规定第三方支付机构必须在拥有支付牌照后才能从事支付相关业务。2011 年 5 月 26 日，中国人民银行正式发放首批第三方支付业务许可证，全国 27 家民营第三方支付机构获得支付业务牌照。第三方支付业务许可证根据业务范围和业务类型的不同有所区别。按业务范围分类，有全国通用型和仅在本省内开展业务两种；按业务类型分类，包括线上支付、银行卡收单、预付卡发行与受理、电话支付等。

二是备付金管理。我国监管制度对于备付金管理有如下规定：第三方支付机构只能在一家银行开设备付金专用存款账户，并且不能在其分支机构另外开设备付金账户；第三方支付不得以任何形式挪用客户备付金；第三方支付机构应该按照备付金专用账户的利息总额计提风险准备金。2017 年 1 月 13 日，中国人民银行发布《关于实施支付机构客户备付金集中存管有关事项的通知》，完善客户备付金集中存管，规定第三方支付机构必须将一定比例（平均为 20%）的客户备付金转存至指定金融机构专户。

三是消费者权益保护。我国监管制度要求第三方支付机构建立交易监测系统、应急预案和风险准备金制度，强化风险管理体系；第三方支付平台应向用户披露收费标准、支付服务协议、潜在风险等信息，保障用户的知情权；第三方支付机构应该尽可能少地采集和使用用户信息，且必须在客户授权的前提下进行。

四是反洗钱监管。我国颁布了《支付机构反洗钱和反恐怖融资管理办法》，从客户身份识别、可疑交易报告、信息保存与管理三个方面对第三方支付发展所带来的洗钱风险进行有效的防范。

五是行业自律。中国支付清算协会于 2016 年发布《非银行支付机构自律管理评价实施办法（试行）》，建立了较为全面的第三方支付机构自律管理评价体系。2016 年 3 月，中国互联网金融协会成立，颁布《中国互联网金融协会自律惩戒管理办法》，明确协会会员出现行业违规行为时的具体惩戒措施，对行业健康良好的发展起到了积极作用。

8.3 移动支付

8.3.1 移动支付概述

1. 移动支付的定义

关于移动支付的定义，国内外众多移动支付相关组织都提出了自己的观点。其中行业内认可较多的是一个名为“移动支付论坛”的移动支付研究全球性组织提出的定义，即移动支付是指交易双方为了某种商品或服务而通过移动设备交换金融价值的过程。根据用于支付的移动设备的范围不同，可以将移动支付的定义分为广义和狭义两种，狭义的移动支付指使用手机作为支付工具进行的支付；广义的移动支付除手机支付外，还包括使用 Pad、笔记本电脑等其他移动通信设备进行的支付。本书采用广义的移动支付定义。

综上，现给出本书对移动支付的定义：移动支付也称手机支付，是一种通过移动通信网络实现的商业交易手段，指使用移动终端设备进行商品或者服务交易中的货币价值转移以清偿债权债务关系的支付方式。移动支付所使用的移动终端设备可以是手机、Pad、笔记本电脑等。

2. 移动支付的特点

移动支付属于电子支付方式的一种，它在具有电子支付的基本特点的同时，它借助的先进的无线通信技术和多样化的使用场景，使它具有自己独有的特点。

（1）移动性。用于进行支付操作的移动终端设备可以随身携带，无地域和距离限制，移动支付在依托先进的移动通信技术的基础上，具备移动性，随时随地可以进行商品或服务的支付。

（2）及时性。移动支付的实现不受时间和地点的限制，支付信息获取更为及时；同时，借助移动网络可以随时进行账户情况的查询、转账和消费等。

（3）未来性。随着移动网络通信设备的普及化与大众化，移动支付是电子支付未来的主要发展方向，正在逐渐成为最重要的电子支付手段之一。

（4）集成性。移动支付运营商将电话卡、银行卡、公交卡、地铁卡等各类信息整合到以手机等移动终端为平台的载体中进行集成管理，建成配备配套的网络体系，为用户提供了支付和身份认证的便利渠道。

（5）价值性。移动支付的交易支付方式既为移动运营商带来了增值收益，也增加了金融系统的中间业务收入，具有优化产业资源布局的独特价值。

3. 移动支付的分类

根据不同的分类方式，移动支付可以分为不同的种类，各个种类的移动支付在安全性、支付成本、使用场景、实现模式等领域都会呈现出一定差异。下面介绍一些常见的移动支付的分类。

（1）根据移动支付的使用方法，可以将移动支付分为短信支付、扫码支付、指纹支付、声波支付等。短信支付是最早出现的手机支付方法，用户通过发送短信的方式在系统短信指令的引导下完成交易支付请求，一般包括移动缴费和消费服务；扫码支付是基于账户体系搭建的新型无线支付手段，商家把账号、商品价格等交易信息上传，形成专门的二维码，用户通过手机客户端扫描该二维码便可与商家账户进行支付结算；指纹支付要借助成熟的指纹系统，顾客通过自己在系统上已经录入的指纹识别进行支付操作；声波支付利用声波传输的方式完成支付设备和受付设备的近场识别，从而完成支付。

（2）根据受付方是否事先指定，可以将移动支付分为定向支付和非定向支付。例如，手机充值话费属于定向支付，手机购物则属于非定向支付。

（3）根据使用的传输方式和技术，可以将移动支付分为近场支付和远程支付。近场支付是指通过具有近距离无线通信技术（如红外线、射频识别、蓝牙等）的移动终端进行货币资金转移的支付方式。远程支付是指通过接入无线移动网络，利用短信、GPRS 等空中接口与后台支付系统建立信息传输连接，实现各种转账、消费等支付功能。例如，刷卡或刷手机在便利店买东西、乘公交车等都属于近场支付；而通过手机购买软件会员、话费充值等则属于远程支付。

（4）根据支付交易金额的大小，可以将移动支付分为大额支付、小额支付和微支付。具体的金额划分标准各国各时期都有所不同，目前我国移动支付以小额支付和微支付为主。

（5）根据支付账户的性质，可以将移动支付分为银行卡账户支付、移动运营商账户支付和第三方账户支付。银行卡账户支付是用户通过绑定银行卡实现支付的支付方式；移动运营商账户支付是直接通过用户手机账户扣费完成支付的支付方式，仅开放小额支付；第三方账户支付是用户通过第三方支付平台完成支付的支付方式。

（6）根据依托的移动支付技术，可以将移动支付分为 SMS 支付方式、USSD 支付方式、STK 支付方式、WAP 支付方式、WWAN 支付方式等。

8.3.2 移动支付体系架构及基本流程

移动支付有众多不同的分类，自然也有各种不同的实现方式。但从根本上讲，移动支付的基本体系架构是相同的。移动支付涉及消费者、移动运营商、移动支付处理中心、商家和银行系统五个主体，其支付处理系统的简单架构如图 8－3 所示。

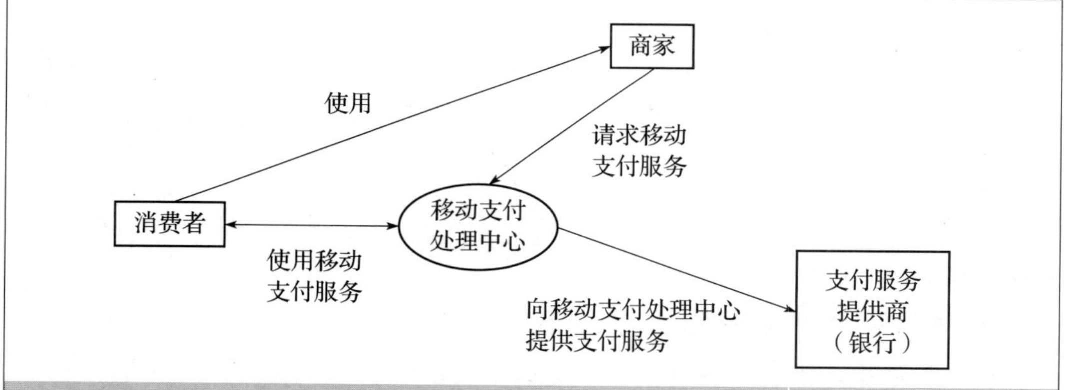

图 8－3 移动支付处理系统的简单架构

从图 8－3 中可以看出，移动支付处理中心是整个架构的核心，它能与系统中的其他实体相互联系，实现了与消费者、商家和支付服务提供商之间的交互。其主要功能是为其他实体提供支付处理服务，并且对用于认证的用户信息及认证服务进行维护。移动支付处理中心这一角色通常由移动运营商来承担。由银行向移动支付处理中心提供支付服务。

移动支付的基本流程如下：

（1）消费者在网络上浏览并选择心仪的商品；

（2）消费者将购买指令发送给商家；

（3）商家收到购买指令后，将购买指令及相关信息发送至移动支付处理中心；

（4）移动支付处理中心将确认购买指令发送给消费者请求确认，如果没有收到确认信息，则拒绝交易，购买过程到此终止；

（5）消费者将确认的购买指令发送给商家；

（6）商家将消费者确认的购买指令转交给移动支付处理中心，请求缴费操作；

（7）在移动支付处理中心支付完成后，移动支付处理中心通知商家可以交付商品，并生成交易记录；

（8）商家交付产品或服务，并保留交易记录；

（9）将交易明细录入前台消费系统，供消费者查询。

8.3.3 移动支付的现状及发展趋势

1. 我国移动支付的发展现状

我国的移动支付从 20 世纪末 21 世纪初开始出现，如今已有 20 多年的发展历史。在这 20 多年里，以应用信息技术的发展为导向，移动运营商和金融机构在移动支付这一领域不断发展创新、合作竞争，为我国的移动支付服务的成长成熟做出了重要贡献。

（1）商业银行移动支付发展现状。各大商业银行以及中国银联纷纷开通了手机银行等移动支付业务，用户通过手机便可实现诸如查询账户余额及明细、转账、信用卡还款、股票交易、手机缴费等诸多传统银行的业务功能。以中国银联为例，其移动支付业务已经涵盖公交买票、商超购物、充值缴费、转账还款、电商消费等众多服务，通过一部手机便可以满足各种场景的支付需要，极大地方便了人们的生活。另外，网络安全技术的不断发展也为手机银行的账户及交易安全性提供了技术保障，增加了密码认证、图形验证、人脸认证、短信验证等多重登录认证方式，对于密码输入错误次数过多的账号采取服务冻结等保护措施。

（2）移动运营商移动支付发展现状。目前我国三大移动运营商（中国移动、中国联通、中国电信）的移动支付业务都限于手机支付。其中，中国移动手机支付业务包括手机支付和手机钱包两部分。手机支付可以用来缴费和网上支付；手机钱包在对其进行充值后，可以直接使用余额刷卡消费。中国联通则选择与中国银联、各大商业银行等多方合作，推出了中国联通手机钱包业务。中国电信天翼移动支付的业务范围也越来越大，联合了银行、中国银联、设备提供商、系统集成商、公用事业集团或单位、各商家以及终端用户。未来，中国联通和中国电信还将在技术上与中国银联合作，推进移动支付业务的进一步发展。

（3）第三方支付机构移动支付发展现状。第三方支付机构同样在不断拓展移动支付业务，已经成为移动支付中交易规模最大的部分。艾瑞咨询数据显示，2020 年，我国第三方支付行业移动支付交易规模达到 249.3 万亿元，较上年同期增加 23.1 万亿元，同比增长 10.2%。我国第三方支付行业移动支付市场目前呈头部企业大幅领先，后续企业实力相当、稳步发力的基本局面。第一梯队的支付宝和财付通占据了超过 90%的市场份额，第二梯队的支付企业如壹钱包、联动优势、快钱等则在各自的细分领域发力。随着用户移动支付习惯的建立和移动支付场景覆盖率的提高，我国第三方支付的移动支付市场交易规模已经从快速增长阶段进入稳步增长阶段。

2. 我国移动支付面临的主要问题

现阶段我国移动支付的发展尚未成熟，要实现未来更大规模的普及，很多现有的和潜在的问题亟待解决。

(1) 技术问题。我国移动支付产业尚未形成统一的技术标准，不同技术之间有不同的优缺点与适用的支付场景及硬件要求，使整体移动支付技术稳定性不足。以近距离移动支付为例，其主流的技术形式有 NFC，SIM-pass，RF-SIM 和智能 SD 卡四种。NFC 技术成熟，芯片与手机互为一体，工作稳定，但是仅有部分型号手机带有 NFC 功能，未能普及所有大众，若要普及，只有一个办法——更换手机，使用成本较高，较难推广。SIM-pass 技术则无须更换手机，降低了推广门槛，但是由于目前合适的解决方案是将卡片置于手机电池后面，这就会带来由于信号微弱，穿越锂电池和金属板较为困难的问题，稳定性差。RF-SIM 技术则在拥有 SIM-pass 的所有优点的基础上，使用可以轻易穿过手机锂电池和金属板的超高频微波，且内置独立安全模块保证其较高的安全性，但是也会带来不菲的成本。

(2) 成本问题。移动支付的发展仍在初级阶段，需要投入大量的成本开展支付业务，例如研发成本、终端成本、运营成本等。对于移动运营商和银联来说，POS 机、读卡器以及 SIM 等移动支付所必需的终端设备的铺设费用高昂，造成了不小的经济压力。另外，三大移动运营商和金融机构为了占领更多的市场份额激烈竞争，依靠不断的低价和优惠吸引客户，造成了高昂的运营成本。

(3) 监管问题。我国移动支付行业的相关法律法规尚未完善，缺少可靠的行业操作规范。无论是在移动支付参与方的责任分工方面，还是在行业的运营方面，都没有法律制度与行业规范的明确约束，目前依旧靠用户体验与测试来逐步制定并完善规范标准，监管的欠缺给我国目前的移动支付业务带来了一定的法律风险与隐患。电子支付涉及资金的流动和沉淀资金等金融管理问题，目前我国相关的监管还不到位，大量的沉淀资金如果出现管理和运用上的问题，将会带来严重的支付危机，扰乱金融市场秩序。

(4) 安全问题。移动支付中，由于用户的信息都是以数据的形式存储在网络上，在用户的资金安全和信息保密性方面，存在来自移动通信系统和互联网的安全风险。常见的安全问题有窃听、截取并多次重传交易信息、终端窃取与假冒、交易欺诈等。若这些安全问题没有得到有效的处理，不仅会给用户带来信息泄露的安全隐患，造成经济损失，还可能给不法分子以可乘之机，扰乱移动支付的市场秩序。

3. 我国移动支付发展趋势

我国移动支付使用人数不断增长，业务规模逐年扩大，其中第三方移动支付占据主要地位，已经成为我国未来支付方式的主力方向。

(1) 新型支付方式不断兴起。移动支付向线下发展的几年以来，常用支付方式以二维码支付为主，即使用线下扫码方式完成支付。2020 年，我国二维码支付交易规模为 35.2 万亿元。二维码支付接受度高，但还存在对于支付设备和网络的依赖性高、操作不够简单迅速等缺点，因此，我国近年来大力推进生物识别支付技术，如刷脸支付等，以有效解决扫码支付的不足。2020 年 7 月以来，各地政府部门相继出台关于刷脸支付的相关政策与市场规则。在市场需求和政策支持的多重引导下，各大支付机构刷脸市场开始发力，支付宝推出蜻蜓刷脸设备、支付宝盒等；微信支付推出青蛙刷脸支付设备等。2020 年，刷脸支付用户已达到 2.43 亿人次，呈现出惊人的增长速度。未来刷脸支付或将代替目前的扫码支付，成为主流的支付模式。

（2）细分场景和商户市场大有可为。目前的移动支付市场仍是两大头部企业大幅领先的情况，但是我国支付场景细分多元的特点依然为其他支付企业提供了发展机会，第二梯队的支付企业纷纷选择在各自的细分领域发力。例如壹钱包致力于为零售、金融、商旅等行业客户提供数字化升级服务；快钱在万达场景如购物中心、院线、文化旅游等迅速发展；苏宁支付侧重 O2O 化发展，为消费者和商户提供便捷可靠、覆盖线上线下的全场景支付服务。另外，在经济下行的压力下，如何提升经营效率成为商家关注的重点。移动支付机构可以从商户端入手，依托技术和服务帮助商家提升支付效率、降低支付成本，也不失为一个颇具前景的赛道。

（3）跨境支付需求加速移动支付全球化布局。如今世界经济全球化以及数字化在不断深入发展，跨境支付需求也随之显著攀升。但是目前的跨境支付交易中，无论是商家进行进出口贸易，还是消费者进行跨境消费，都不可避免地存在诸多支付环节中的痛点，支付效率和体验感有很大的提升空间。这一现状将吸引不少支付企业加速全球化布局。不过，跨境市场对资源、技术、品牌、规模等要求相对较高，国际知名度高的品牌可能更具优势。

（4）打造移动支付闭环产业链。随着用户需求的不断升级，支付市场的产业数字化升级进程也在火热展开。众多玩家加入移动支付市场，如综合电商平台、移动社交平台、手机厂商、科技企业等，它们在用户、场景、终端、技术等各个方面各具优势。而支付服务机构可以做到在巨头与商户之间进行连接，进而形成完整的支付结构产业链。将支付作为开端，通过支付这个场景积累交易数据，既可以为企业未来的营销发展提供重要的支持和参考意见，也可以为用户提供一站式闭环支付服务，从而拓展更多盈利途径。

8.4　互联网金融

8.4.1　互联网金融概述

随着互联网和电子信息技术的不断发展，传统金融业也开始向互联网化转型，互联网金融便是这一时代背景下金融创新的产物。我国的互联网金融发展大致可分为三个阶段：第一个阶段是 20 世纪 90 年代到 2005 年左右的传统金融行业互联网化阶段；第二个阶段是 2005—2011 年前后的第三方支付兴盛发展阶段；第三个阶段是 2011 年至今的多样化互联网金融业务发展阶段。在不同的发展阶段，我国互联网金融表现出不同的业务模式和运行机制。

什么是互联网金融？“互联网金融”一词由两个基础词汇组成：互联网和金融。互联网是用来辅助信息沟通、交流和传递的全球网络，它由无数使用公用语言互相通信的计算机连接而成；金融通过有效配置货币资源让资金获得更高的收益。不难发现，在互联网金融中，互联网是方法、手段，金融是主要活动。互联网金融的本质还是金融，它是在信息时代受互联网影响而产生改造和创新的部分金融活动。

从狭义角度讲，互联网金融是传统金融机构和互联网企业依托互联网技术和通信技术来实现资金融通和其他金融服务的新型金融业务模式；从广义角度讲，互联网金融是具备互联网精神的各种金融业态的统称。所谓互联网精神，是指互联网开放、平等、协作、共享的精神，广义的互联网金融不局限于对互联网技术和媒介的应用，任何涉及金融的互联网应用都可以称作互联网金融。

互联网金融的产生为传统金融带来了翻天覆地的改变，使以商业银行为中介的金融模式向普惠金融转变。在传统金融领域，商业银行作为金融中介，除股票、债券等直接投资方式外的其他投融资活动都是以商业银行为中心展开的。这样的弊端就是形成了银行在金融界的霸主地位，以银行为代表的金融“贵族”赚取了其他行业难以企及的利润。而互联网金融的发展推动了金融脱媒的脚步，从以间接融资为主到以直接融资为主，从银行主导融资到市场主导融资，互联网金融模式实现了参与者与投融资方的直接资金对接。这让投融资成本大大降低，投融资效率大大提高，扩大了金融边界，金融下沉到个人投资者，每个人都能成为金融的受益者。这便是互联网金融背景下金融业的发展方向——普惠金融。

8.4.2 互联网金融发展的理论基础

1. 长尾理论

长尾理论是由克里斯·安德森提出的，用来解释互联网时代小众市场和小众产品的发展机遇。长尾理论认为，随着社会经济和文化的发展，供需瓶颈开始消失，边际投入成本趋近于零，需求曲线开始由市场流行的头部向尾部个性化需求的利基市场转移。而这部分需求不高的产品所共同占有的市场份额可能和那些少数热销商品所占据的市场份额相匹敌甚至更大。长尾理论最重要的实现条件便是增加一种商品的边际投入趋近于零，这是互联网时代电子商务的特点，由于没有空间和地域的限制，网上店铺的管理和运维成本相比实体店铺来说要低很多，给个性化、定制化的产品提供了生产和出售的沃土，这就让长尾经济的尾巴可以足够长。这样的长尾让更多人的小众需求都可以得到满足，长尾商品的市场份额便会越来越大。

要使长尾理论更加有效，应该尽量增长尾巴，即增加小众商品种类，满足更多的小众需求，带来更多的小额消费者。从电商购物到金融理财、医疗保险、教育提升，互联网金融领域在不断推出定制化服务，利用互联网这一平台打造市场的长尾，推动互联网金融产品的发展和用户体验的提高。

2. 信息不对称理论

信息不对称是互联网金融和传统金融有很大不同的一点，互联网金融通过信息处理优势企图解决传统金融中的信息不对称问题。例如，P2P 信贷中对借款人信用的评定和公开，社交媒体的广泛使用使所有人的社交网络和个人画像变得公开透明，P2P 平台及业内第三方组织公示的失信贷款人的“黑名单”等，都可以很大程度上降低传统信贷中的道德风险和逆向选择问题。互联网对于海量信息的留存和处理能力、网络的开放性和公开性，都让互联网金融能够直面传统金融中长久存在的信息不对称问题，减少信息不对称带来的信用风险。

3. 交换理论

人类经济社会中商品的交换活动无处不在，早在亚当·斯密的《国富论》中便提及了交换理论，通过交换、共享的方式能够满足交易双方各自的需求，使社会资源得到更好的配置。通过互联网，可以跨越时间和空间的限制，将每个人的闲置物品和资金交换到需要的人手中，很多原来不可能进行交易的东西都可以通过这种方式进行使用权的交换，这便是互联网金融下出现的共享经济。

交换经济学点明了互联网金融的核心，金融交易无须像传统金融那样经过金融中介进行，而是可以通过互联网直接展开。互联网金融这种去中介化的属性让交易活动变得简单，资金使用效率大大提高，资金的闲置大幅减少。

4. 一般均衡理论

一般均衡理论是指在所有商品供求刚好相等时，资源配置达到帕累托最优，这时金融中介和市场都不存在，货币的存在也显得无关紧要。但是由于存在信息不对称和交易成本等因素，现实中才产生了金融中介和市场，同时需要货币作为媒介来减少交易成本。金融机构可以帮助消费者进行期限匹配、数量匹配，减少消费者的搜寻时间。互联网金融产生后，这些事情都可以通过互联网进行，即趋近于一般均衡理论的可能性。于是金融中介和市场被互联网取代，众多的资金供给者和资金需求者直接通过互联网进行匹配和交换的可能性大大增加，这便是互联网金融理论的一般均衡状态。

5. 其他理论

除了前面提到的长尾理论、信息不对称理论、交换理论和一般均衡理论外，互联网金融还有如信息经济学理论、金融中介风险理论、声誉理论、优势理论、交易费用理论等其他的理论基础。信息经济学理论研究什么是对称信息情况下的最优交易契约问题；金融中介风险理论解释了以互联网作为新型金融中介的互联网金融内在的合理性和演变的趋势；声誉理论表明，互联网金融依托大数据能够快速得出个体声誉水平和状况，基于此的互联网金融领域（如 P2P、众筹）平台声誉至关重要；优势理论为互联网与传统金融融合并实现双赢提供了理论依据；由交易费用理论可以思考互联网金融对于传统金融交易费用理论的冲击，主要体现在降低交易成本、降低不对称性和加速金融脱媒三个方面。

8.4.3　互联网金融类型

1. 第三方支付

第三方支付是指一些和各大银行签约，并具备一定实力和信誉保障的独立机构，作为收款方与付款方的支付中介，提供的在与银行支付结算系统接口的交易支持平台上完成支付的网络支付模式。目前第三方支付公司的运营模式主要分为两大类：一类是以快钱、易宝支付、拉卡拉等为代表的独立第三方支付模式，即第三方支付平台完全独立于电子商务网站，仅仅作为给用户提供支付服务的在线支付平台；另一类则是以支付宝、财付通为首的为同公司电子商务网站提供担保功能的第三方支付模式。第三方支付公司的主要收入来源为交易手续费及服务费、沉淀资金利息、其他增值服务收入等。

2. P2P

P2P 即点对点网络借贷，是指通过第三方互联网平台将小额资金聚集起来借贷给有贷款需求的部分人群的贷款方式。P2P 以网络信贷公司为中介平台，进行资金借贷双方的匹配，需要借款的用户可以在平台上找到有出借能力并愿意以一定条件出借资金的人群，完成借贷交易。通过 P2P 网贷，众多贷款人一起分担一笔借款额度，使单个贷款人的风险降低；也能使借款人在充分比较的信息中进行筛选，选择更有吸引力的利率条件达成贷款需求。

3. 众筹

众筹是指项目发起人通过互联网平台展示自己的项目，吸引感兴趣的大众投资者对项目进行少量投资，以筹集项目运行资金的新型投融资方式。众筹采用“团购＋预购”的形式，向网友募集项目资金，可以使广大网民的小额资金得到聚集，对于融资企业来说具有巨大价值。从目前国内的众筹平台来看，众筹用于企业融资的相对较少，更多的是一些创新产品和项目的梦想实现型众筹和公益性质的众筹。由于我国对公开募资有严格规定，众筹业务很容易踩到非法集资的红线，这使得众筹的股权制在我国发展缓慢。

4. 大数据金融

大数据金融是指集合海量非结构化数据，通过互联网、云计算等信息化方式对其进行挖掘和分析，帮助传统金融服务创新性地开展相关资金融通工作。例如，通过对客户的交易和消费有关信息进行挖掘，分析出客户的消费习惯，进一步预测客户行为，不仅能够让金融机构和金融服务平台的营销更加精准和个性化，而且可以通过实时数据监测快速察觉到异常行为，识别账户风险。大数据金融可划分为两种模式，一种是以阿里小额信贷为代表的平台模式，另一种是以京东、苏宁为代表的供应链金融模式。

5. 信息化金融机构

信息化金融机构是指通过采用以互联网为代表的信息技术，对传统运营流程进行改造或重构，实现经营、管理全面电子化的银行、证券和保险等金融机构。信息化金融机构目前的运营模式主要有三种，分别是传统金融业务的电子化模式、基于互联网的金融创新模式和金融电商模式。

6. 互联网金融门户

互联网金融门户是指利用互联网进行金融产品和服务的销售，并为金融产品销售提供第三方服务的平台。根据服务内容与服务方式的不同，可以将互联网金融平台分为垂直搜索平台、第三方资讯平台和在线金融超市三大类。

8.4.4 互联网金融风险

近年来互联网金融高速发展，已经成为国家战略的重要组成部分。党的二十大报告明确指出，完善现代金融监管，强化金融稳定保障体系，依法将各类金融活动全部纳入监管。然而，这种新型金融模式潜在的风险比传统金融行业更加隐蔽与复杂，对于互联网金融的监管是不可忽视又极具挑战的重要任务。

互联网金融存在的风险主要包括技术风险、法律风险、期限错配和流动性风险、最后贷款人风险和长尾风险五种。

1. 技术风险

相比传统商业银行，互联网金融企业的通信系统更为开放，更易受到网络黑客的攻击。由于网络平台信息系统的开发存在大量的外包现象，这种外部购买使其安全性和稳定性难以保证。在使用系统进行业务操作的过程中，计算机硬件系统和网络运行等环节也都有可能出现问题，影响数据的完整性、安全性以及保密性。

2. 法律风险

目前我国互联网金融还没有形成一套统一的行业标准，准入门槛相对较低。这给一些不正当的互联网金融产品以可乘之机，不仅有违约的风险，更有可能触碰法律的底线。

3. 期限错配和流动性风险

互联网金融理财产品范围很广，其投资资产和负债在到期期限方面也有很大的区别。一般来说，互联网金融资产偏向长期，而其负债多为短期。互联网金融企业资产与负债期限不匹配，很可能给互联网金融企业造成期限错配和流动性风险。

4. 最后贷款人风险

虽然商业银行等传统金融机构也一直存在期限错配和流动性风险，但是中央银行作为最后贷款人的制度让它们即使面临无法兑付等经营危机也在很大程度上可以平稳渡过。然而，互联网金融市场上并没有这一制度，缺乏最后贷款人的保证，如果市场上大规模爆发产品服务违约等现象，投资者的权益无法得到保护，则会给金融市场的稳定性带来严重威胁。

5. 长尾风险

互联网金融扩大了交易可能性边界，带来了普惠金融，但也让大量缺乏金融知识储备、风险识别和承受能力不足、信息辨别能力弱的人进入互联网金融的服务范围，这部分长尾人群投资额度相对较小且分散，由于金融知识的不足和资源的匮乏，他们对于自己所参与的互联网金融缺少高效的监督，并承受着很高的成本。他们容易出现个体非理性和集体非理性行为并传染给整个互联网金融市场，造成金融市场的动荡不安。这部分人群的数量庞大，稍有不慎就会给社会带来严重的负外部性。

8.5　跨境支付

8.5.1　跨境支付概述

1. 跨境支付的概念

跨境支付（cross-border payment）是指两个或两个以上的国家或地区之间因国际贸易、国际投资以及其他方面所发生的国际债权债务，借助一定的结算工具和支付系统实现的资金跨国和跨地区转移的行为。

2. 跨境支付的分类

跨境支付分为两大类，一类是网上支付，例如电子账户支付和国际信用卡支付，多在小额支付上使用；另一类是银行汇款模式，适用于大额支付。

3. 跨境支付的特点

随着经济全球化的不断发展和重要性的不断提高，跨境支付对于各国之间的贸易往来和金融投资有着愈发关键的作用。

跨境支付具有如下特点：

（1）在交易方式上，支持多种支付方式，多采用网上支付的方式，方便快捷。

（2）在交易范围上，覆盖全球范围，可以实现无国界贸易，以及不同国别或关境地区间买卖双方的交易。

（3）在支付安全性上，跨境支付简单透明，安全性高。通过网络协议和应用系统功能保证交易的正确性与可靠性，在保证安全性的同时降低了交易成本。

8.5.2 常见的跨境支付方式

1. 线下支付方式

（1）电汇。在实际外贸中，电汇方式常被用作大额交易的支付。电汇是指付款人将支付款项交存汇款银行，汇款银行通过电报或电话将汇款信息传给收款人所在地的分行或代理行（汇入行），由汇入行向收款人支付相应金额的一种交款方式。电汇的到账时间相对较长，一般从3个工作日到一周不等，随各个银行的不同会有一定的区别。卖家在收到货款后再进行发货等后续操作。

（2）西联汇款。西联汇款（Western Union）成立于1851年，是一家全球领先的特快汇款公司。作为一家金融服务公司，它有着全球最大的电子汇兑金融网络，遍布190多个国家和地区，在全世界拥有超过480万个合作网点。目前在我国有中国农业银行、中国建设银行、中国邮政储蓄银行、中国光大银行、哈尔滨银行、浦发银行等众多合作伙伴。西联汇款相比电汇来说交易速度大大提升，汇款仅需10分钟就可以到账，简便快捷。

（3）速汇金。速汇金同样是一家国际汇款公司，目前在全球同类业务中排名第二位。它与西联汇款的业务模式非常类似，手续费比西联汇款相对便宜一些。在我国，中国工商银行、交通银行、中信银行等都设有速汇金业务。

2. 线上支付方式

（1）贝宝。贝宝是易贝旗下的国际第三方在线支付平台，是目前世界上规模最大的跨境支付平台。它允许用户用标识自己身份的电子邮件来进行资产转移，相比传统的汇款或邮寄支票的方式大大提高了支付的安全性与便捷性。

贝宝的主要优势有：

1）服务范围广，用户遍布全球。贝宝有超过3亿的活跃用户，遍布全球近200个国家和地区，可以实现在24种外币间进行交易。

2）历史悠久，品牌影响力大。贝宝于1998年12月建立，是元老级的第三方支付平台，在全球特别是欧美地区的普及率非常高，一度被认为是全球在线支付的代名词，强大的品牌影响力为开拓更广泛的海外业务奠定了良好的基础。

3）交易安全性高，拥有完善的安全体系和加密技术。贝宝拥有业界最低的风险损失率，据统计仅为0.27%，不到传统交易方式的1/6。其多年经营积累了丰富的防欺诈经验，形成了完善的安全保障体系，同时在用户注册、登录和信息传送过程中始终运行高级别的SSL保护信息安全。

4）成本低廉，无额外费用。使用贝宝进行跨境收付款不用支付注册费用和年费等，手续费仅为传统支付方式的1/2。

5）交易高效，即时支付、即时到账。即时支付、即时到账是贝宝独有的一大优点，卖方实时就能够收到海外买方的交易账款，并且最快仅需三天的时间就可以将账户内的款项转至国内银行账户，整个资金支付转移的速度很快，有助于卖方开拓海外市场。

（2）信用卡收款。信用卡方式收付款是欧美地区最主流的支付方式之一，现在很多跨境电子商务平台通过与威士和万事达卡等信用卡公司合作，提供相应接口，让用户可以直接在平台上使用自己的信用卡进行支付。信用卡收款支付方式的优势主要是使用户的信用情况得到保证，降低交易欺诈的风险，具有较高的安全性。

（3）支付宝国际版。支付宝国际版是阿里巴巴国际站和支付宝联合开发，为国际在线交易中买卖双方建立的全新在线支付解决方案。相比前两种跨境支付方式，支付宝国际版出现时间较短，在国际市场交易中的使用还不普遍。但是随着阿里巴巴旗下的全球速卖通平台的国际市场份额不断扩大，支付宝国际版的市场接受度和国际影响力都在逐渐提升。

支付宝国际版的主要优势有：

1）支持多种支付方式。目前支付宝国际版支持的支付方式有信用卡、T/T银行汇款、西联汇款、Moneybookers、借记卡等。

2）完整的风控体系保障交易安全。支付宝国际版属于第三方支付服务，而并非一种支付工具。支付宝国际版在收到买方的货款后，才会通知卖方进行发货，同时只有在买方确认收到商品时才会将货款汇至卖方账户，大大降低交易中的交易欺诈风险。

3）方便快捷，简单易用。支付宝国际版通过互联网进行支付操作，足不出户便可完成交易，随时随用，即时到账，交易周期短。无须预存款项等操作便可直接使用支付宝国际版进行收款，速卖通会员只需完成国内支付宝账号和银行美元账户的绑定就可以进行人民币和美元的收款。

4）品牌保证，发展潜力巨大。支付宝国际版背靠阿里巴巴和支付宝两大品牌，是它们及其旗下互联网金融海外业务的重要组成部分，具有极大的发展潜力。

8.5.3 区块链与跨境支付

1. 区块链与加密资产

区块链是一种去中心化的分布式共享记账技术，区块代表了交易活动，链则是记录交易活动的账本。区块链的泛中心化、信任共识、信息不可篡改、开放性等特征使其非常适合应用于交易双方需要高度互信的业务情形中，可以有效克服传统跨境支付业务模式下的安全性低、持续性弱、时效性差、费用高等问题。

进入21世纪以来，区块链和分布式账簿技术的进步促进了加密资产的出现，它的运用为跨境支付的跳跃式发展带来新机遇。

加密资产（crypto-assets）是与区块链技术相关的一种新型资产类别。它指的是无须第三方中介，可以在网络用户之间自由转移价值的东西，一般多指在区块链网络上发行的数字资产，如比特币等。加密资产出现以前，实行中心化的货币发行方式，各国信用货币均由各国中央银行发行，但加密资产没有这样的发行中心，其价值完全由需求（交易双方的买卖意愿）和供给（“挖矿机”）决定。

理论上，加密资产可非常方便地用于跨境交易和支付，而且不需要任何传统的结算系统，由此形成了在线点对点的支付模式。传统的点对点支付模式通常采用纸质传送工具，如通过快递系统寄送现金。在线点对点模式使交易效率大大提高，但是其交易透明度和价值稳定性远低于传统支付方式。

2. 区块链在跨境支付上的应用

将区块链技术运用于传统跨境支付的各个阶段，不仅可以极大地提高交易安全性和监管透明性，而且对于提高支付清算的效率、降低交易成本、保存交易信息都有重要帮助。

（1）在支付发起阶段，区块链技术简化交易过程，确保交易安全性。区块链的智能合约技术可以用来规定跨境支付各参与者的权利义务关系；区块链分布式账本中的个人数字信息可以帮助检查核验汇款人的身份；利用区块链上的流动性，提供者可以实现本外币的兑换。

（2）在资金转移阶段，区块链技术降低交易成本，缩短交易周期，方便监管。运用区块链技术可以去除中转银行，改善成本结构，降低中间费用；通过区块链技术实现资金的实时转移，有效缩短了跨境支付与清算的周期；在本阶段使用区块链技术辅助支付，监管部门可以实时获得交易数据，全面监控交易情况，也可以借助智能合约中的预设条件，接收反洗钱预警与提醒，使监管更加及时高效。

（3）在资金交付阶段，区块链技术可以优化存取流程，安全高效。资金收取时，可以通过区块链技术自动将资金存入收款人账户；另外，也可以利用分布式账本中的个人数字信息核验收款人的身份后，再由收款人支取。

（4）在支付完成阶段，区块链技术可以自动记录交易信息，方便后续使用。区块链技术把全部交易的历史信息记录在分布式账本中，可以供监管部门随时查询和开展审查，实现自动化合规处理。

3. Ripple 网络

Ripple 网络是世界上第一个开放的支付网络，它是 Ripple 公司基于区块链分布式账本技术提出并搭建的价值网络，可以通过 Ripple 分布式金融技术实现全球范围内多币种的实时交易与结算。

Ripple 网络完成多币种的跨境支付主要通过两种途径：做市商机制和 XPR。做市商机制下，由做市商通过在收付款行开设的账户提供跨境支付时的货币兑换服务，Ripple 自动选择众多做市商中报价最低者进行交易，实现资金转换成本的最小化；XPR 是 Ripple 网络中跨境支付的媒介货币，如果收付款双方无法找到合适的做市商完成交易，可以将货币先兑换为 XPR 再进行交易，确保即时转账。

目前 Ripple 的市场运作模式主要是由金融机构作为 Ripple 网关接入 Ripple 网络为

客户提供跨境支付服务。接入 Ripple 网络的金融机构数量呈逐年增加的态势，截至 2020 年 6 月，Ripple 区块链网络成员数量已经达到约 350 个。

4. 区块链技术在跨境支付行业的发展现状

跨境支付与区块链技术的结合已经成为全球支付行业的发展趋势。各大支付公司不断引入先进技术，开展业务创新，深化区块链技术在跨境支付上的应用。信用卡公司威士与区块链技术初创公司 Chain 公司合作推出 Visa B2B Connect 平台，为金融机构提供简单、快捷、安全、接近实时的大额跨境支付服务；SWIFT 尝试使用超级账本技术进行跨界区块链测试，以实现更低的跨境支付对账成本；招商银行则开发了一个基于区块链技术的跨境直联支付系统，成为国内首家完成区块链跨境支付业务的公司。

□ 思考题

1. 简述电子支付系统的组成。
2. 简述网联平台出现前后第三方支付模式的异同。
3. 第三方支付常见的风险有哪些？如何解决？
4. 举例说明近场支付与远程支付的区别。
5. 请从微观层面简要分析移动支付的发展趋势。
6. 互联网金融包括哪几类？举例说明其特点和应用。
7. 结合生活经历，简述你对互联网金融的认识。
8. 常见的跨境支付方式有哪些？它们各自有何优劣？
9. 你怎么看待区块链技术与跨境支付的结合？为什么？

□ 练习题

一、单项选择题

1. 下列各项中，不属于电子信用卡类的电子支付工具的是（　　）。

A. 借记卡　　B. 电话卡

C. 智能卡　　D. 电子划款

2. 支付网关是第三方支付平台与（　　）之间的接口。

A. 银行专用网络系统　　B. 商家

C. 认证中心　　D. 用户

3. 下列各项中，不属于中国现代化支付系统组成要素的是（　　）。

A. 网上支付服务系统　　B. 大额实时支付系统

C. 小额批量支付系统　　D. 网上支付跨行清算系统

4. SET 协议运行的目标不包括（　　）。

A. 保证信息在互联网上安全传输

B. 保证电子商务参与者信息的相互沟通

C. 保证网上交易的实时性

D. 效仿 EDI 贸易的形式，规范协议和消息格式

5. 利用支付宝支付属于（　　）方式。

A. 网上银行支付　　B. 电话支付

C. 银联电子支付　　D. 第三方支付

6. 如果第三方支付系统服务器出现故障，或被黑客攻击导致瘫痪，则这时存在（　　）。

A. 声誉风险　　B. 信用风险

C. 技术风险　　D. 流动性风险

7. 以下各项中，属于移动支付近场支付技术的是（　　）。

A. 基于短消息（SMS）方式的支付　　B. 基于 WAP 方式的支付

C. 基于 K-JAVA 方式的支付　　D. 蓝牙

8. 网上支付一般分为四个阶段：准备阶段、买方购物阶段、买方支付阶段以及（　　）阶段。

A. 卖方发布信息　　B. 银行后台清算兑付

C. 卖方确认收款　　D. 买方确认收货

9. 互联网金融扩大了交易可能性边界，带来了普惠金融，但大量的散客投资者出现的个体非理性和集体非理性行为可能给互联网金融市场带来（　　）风险。

A. 信用　　B. 长尾

C. 期限错配　　D. 最后贷款人

二、多项选择题

1. 常用的电子支付工具包括（　　）。

A. 电子现金　　B. 电子钱包

C. 电子信用卡　　D. 电子支票

2. 电子现金的特点是（　　）。

A. 可存储性　　B. 匿名性

C. 可迁移性　　D. 安全性

3. 下列各项中，属于互联网金融类型的有（　　）。

A. P2P　　B. 第三方支付

C. 大数据金融　　D. 信息化金融机构

三、判断题

1. 跨境支付是指不同的国家或地区间借助一定的结算工具和支付系统实现的消除国际债权债务关系的行为。（　　）

2. 电子钱包必须经持卡人在线申请电子证书并获得批准后才可使用。（　　）

3. SSL 协议能确保两个应用程序之间通信内容的保密性和数据的完整性。（　　）

4. 数字证书就是网络通信中标志通信各方身份信息的一系列数据。（　　）

5. 将区块链技术应用于跨境支付，对于提高支付清算的效率、降低交易成本、保存交易信息都有重要帮助。（　　）

第九章

电子商务物流

案例导入

菜鸟裹裹：放心寄，丢必赔

菜鸟裹裹于2013年5月28日成立，是阿里巴巴旗下一款专门提供快递服务的应用软件。在菜鸟裹裹横空出世时，国内的绝大部分物流已被“四通一达”、顺丰和京东这几大巨头承包，如何在它们的重重包夹之下形成独特的优势成了菜鸟裹裹亟须思考的问题。随着“放心寄、丢必赔”口号的出现，菜鸟裹裹向广大消费者给出了答案。这句别出心裁的广告语使得菜鸟裹裹成了业内第一次承诺100%赔付的快递平台。这句口号既是菜鸟裹裹对外宣传的有力武器，也是对用户最真诚的承诺。经过多年的发展，现在的菜鸟裹裹业务布局全面，能够为用户提供线上预约寄快递、线下寄件机自助寄快递、代寄点寄快递、国内外快递运单查询、快递自动跟踪、菜鸟驿站代收、快递进度实时提醒等多种服务。2020年6月，菜鸟裹裹发布的年中报告显示，目前已有2亿人在使用菜鸟裹裹寄快递。由此可见，菜鸟裹裹已在当今的电子商务物流中占有一席之地。

阿里巴巴作为国内较早起步的电子商务平台，在电子商务领域有着举足轻重的地位。菜鸟裹裹就是阿里巴巴对于电子商务物流领域的重要布局。物流的最终对接者是消费者，物流服务的好坏直接影响到消费者对电子商务平台的评价，因此物流在电子商务中是至关重要的一环。而安全性又是影响物流质量的最重要的因素，只有确保货物运输过程中的安全，才能获取消费者的信任。“信任难建、管控困难”一直是菜鸟裹裹甚至整个物流行业面临的一大难题，为解决此问题，菜鸟裹裹建立了一套切实可行的合作伙伴信任机制。一是充分发挥菜鸟裹裹的技术优势，加强仓储建设，最大限度地整合优化资源，切实降低配送成本，提高合作信心。二是明确合作方式，细化物流信息共享要求，共同组建信息安全防护中心，相互协作，相互监督，确保信息共享安全，杜绝共享信息被违规利用而对某一合作方产生不利影响。通过严格实行此机制，菜鸟裹裹在物流行业中逐渐树立起了高品质、值得信赖的物流形象。

菜鸟裹裹的出现成功解决了阿里巴巴的物流短板问题。其实，隶属于菜鸟网络的菜鸟裹裹并不是阿里巴巴的自营物流平台或第三方物流公司，而是基于数据开放的全社会物流基础设施平台，支持物流行业向高附加值领域发展和升级。菜鸟裹裹使我国物流行业迈上了新的台阶，但是由于我国物流行业起步较晚，各种物流设施还不完善，菜鸟裹裹对于物流世界的畅想仍需要很长一段时间的发展。目前，菜鸟裹裹的战略已转向致力于打造一个数据驱动、来访、协同、共享的社会化物流平台。未来它将如何带领物流行业继续向前发展，我们拭目以待。

思考题

1. 菜鸟裹裹获得成功的关键是什么?
2. 查找资料，思考菜鸟裹裹的物流模式。

9.1 电子商务物流管理信息系统

9.1.1 物流管理信息系统概述

1. 物流管理信息系统的概念

物流管理信息系统是专门用于处理物流信息的系统，通过对物流信息进行收集、传递、存储、处理和分析来获得有用的信息，并将结果用文字、表格、图像等形式进行输出，为管理者提供决策的依据。因此，物流管理信息系统的本质是收集物流信息、处理物流信息、传递物流信息以及为物流决策者提供依据的系统。

2. 物流管理信息系统的特点

(1) 人机系统。物流管理信息系统通过计算机技术、网络技术、通信技术和软件技术等进行信息的收集、处理和传递，并为管理者决策提供依据。虽然系统的操作在计算机中完成，但整个流程离不开人的参与。各级管理者不仅仅是物流管理信息系统的使用者，也是系统的组成部分。

(2) 适应性。物流活动不是一成不变的，这要求物流管理信息系统具有很强的适应性，能够随着物流活动的变化进行相应的修改并将物流活动的动态变化体现在系统中，方便各级管理者了解物流活动的发展情况。

(3) 集成性。物流管理信息系统的各个子模块应按照统一的标准和规范进行开发，各个子模块间要设置接口，最后能够通过物流活动将各个子系统集成，成为一个综合的系统。

(4) 模块化。按业务功能将系统分解成几个独立的子模块，每个子模块可以完成独立的子任务，同时可以组合起来形成综合的系统。模块化有利于系统的维护。

9.1.2 ERP 系统

1. ERP 的概念

企业资源计划 (enterprise resource planning，ERP) 系统由美国的高德纳公司 (Gartner) 于 1990 年提出，是指建立在新型信息技术基础上，能够集合企业在采购、生产、销售、物流等方面的信息，并对企业内部的人力资源、生产设备、资金等进行有效控制和系统管理，实现企业内部资源的优化配置，以改善业务流程和提高市场响应度的管理平台。

2. ERP 的主要功能模块

ERP 系统主要有四大模块，分别是生产控制管理模块、物流管理模块、财务模块和人力资源管理模块。

（1）生产控制管理模块。生产控制管理模块的任务是对生产进行有效的计划和管理。首先要制定一个总计划，然后通过系统层层细分，最后计划会精确到每个部门，即生产部门有生产计划，采购部门有采购计划，各部门按照计划执行。

（2）物流管理模块。物流管理模块的主要功能包括销售管理、库存管理和采购管理。销售管理是对有关销售的各个方面，如销售商品、销售价格、销售数量、销售客户、利润、客户服务等进行全面的管理，以支持销售部门的正常运行。库存管理既要保证企业拥有适当的库存，以备不时之需，又要保证库存不过量，使资金的占用最小。采购管理用来确定订货数量。

（3）财务模块。财务管理确保企业的经济基础稳固。ERP 系统中的财务模块和其他模块不是割裂的，而是和每个模块都有相应的接口。比如企业进行采购活动时，财务模块会自动对采购的物品进行记账。财务模块的使用减轻了会计人员的负担，同时降低了财务出错的概率，提升了企业的运行效率。一般的 ERP 软件的财务部分分为会计核算与财务管理两大块。

（4）人力资源管理模块。员工是企业发展的重要支撑。近年来，人力资源越来越受到企业的重视并作为单独的模块加入 ERP 系统。人力资源管理模块的主要功能包括：人力资源规划、员工的招聘与配置、员工培训、绩效管理、薪酬计划、劳动关系管理等。

典型的 ERP 系统结构如图 9-1 所示。

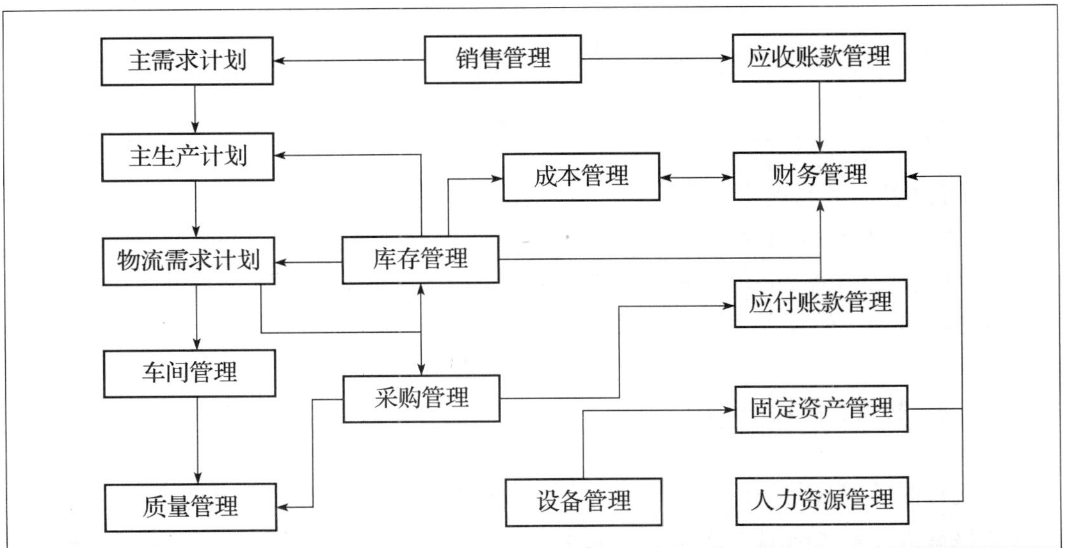

图 9-1 典型的 ERP 系统结构

9.1.3 分销资源计划系统

1. 分销资源计划系统的概念

分销资源计划（distribution resource planning，DRP）系统是管理企业分销网络的系统。分销资源计划是流通领域中的一种物流技术，主要用来解决分销物资的供应计划和调度问题，使企业对订单具有快速的反应能力和持续补充库存的能力。

DRP 包括 DRP Ⅰ和 DRP Ⅱ。DRP Ⅰ是基础的库存控制技术，DRP Ⅱ在 DRP Ⅰ的框架上发展而来，除了保留 DRP Ⅰ中的功能，还增加了能力计划、运输计划和仓储计划的功能，在企业实际的物流运作中更为实用。

2. DRP Ⅰ系统构成

实施 DRP 时，需要输入三个文件，即社会需求文件、库存文件和供应商资源文件。社会需求文件由订货单、市场需求预测等数据整理而成；库存文件主要包含企业仓库内各种商品的库存数量等信息；供应商资源文件提供供应商及其产品的有关信息。DRP Ⅰ系统最终会输出两个计划：订货进货计划和送货计划。

DRP Ⅰ的系统原理如图 9-2 所示。

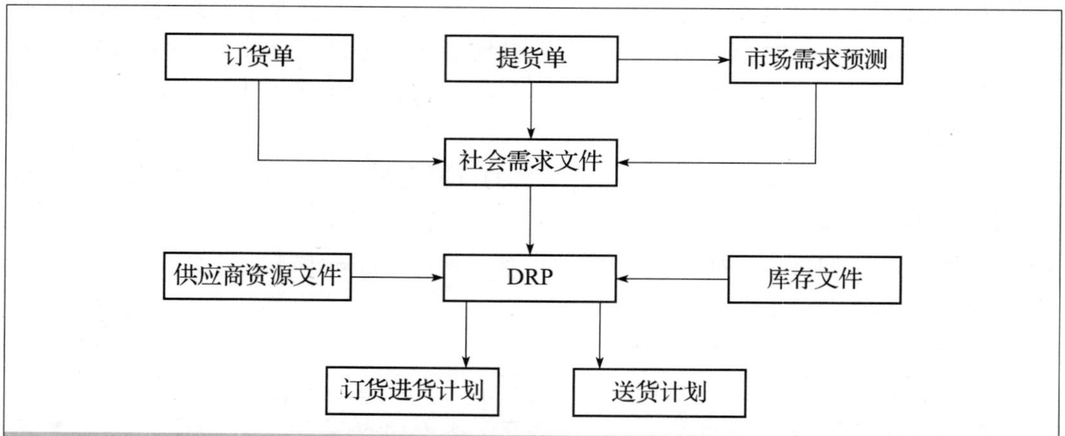

图 9-2 DRP Ⅰ的系统原理

3. DRP Ⅱ系统构成

DRP Ⅱ是由 DRP Ⅰ发展而来的，比 DRP Ⅰ的功能更加完善。DRP Ⅱ的系统原理如图 9-3 所示。上半部分和 DRP Ⅰ的系统原理相同，下半部分则对 DRP Ⅰ输出的两个计划进行进一步的管理。增加的部分为能力平衡、运输仓储计划和成本核算。

9.1.4 物流资源计划系统

1. 概念

物流资源计划（LRP）是以物流手段为基础进行物资资源配置与优化的方法，它是在物料资源计划（MRP）和分销资源计划（DRP）的基础上发展而来的，能够打破生产和流通的界限。

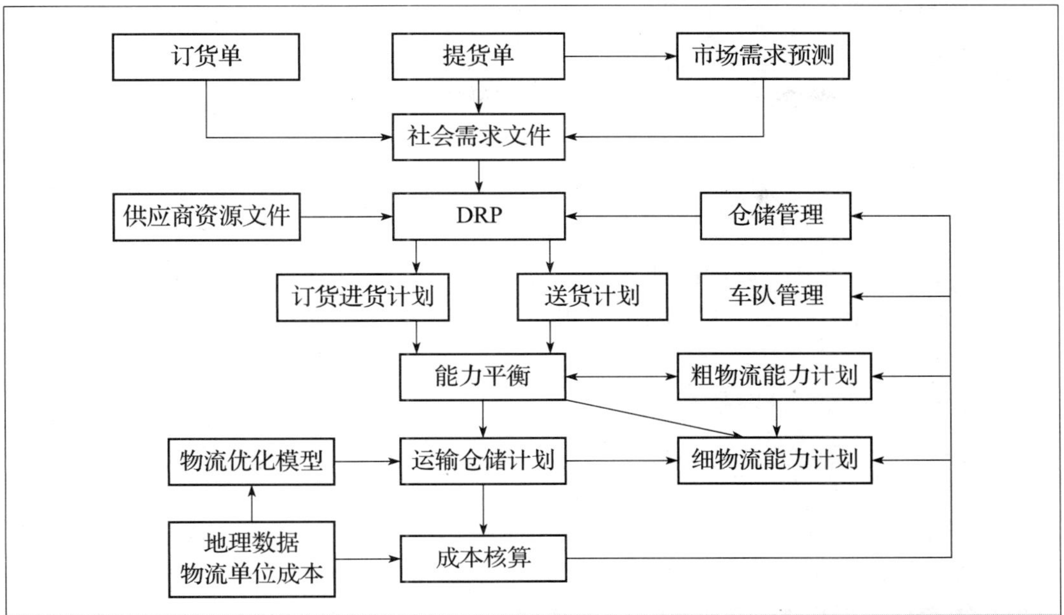

图 9-3 DRP Ⅱ的系统原理

2. 功能

LRP 的系统原理如图 9-4 所示。由图 9-4 可以看出，LRP 是 MRP 和 DRP 的结合，在生产厂内部实施 MRP，在生产厂外部实施 DRP。

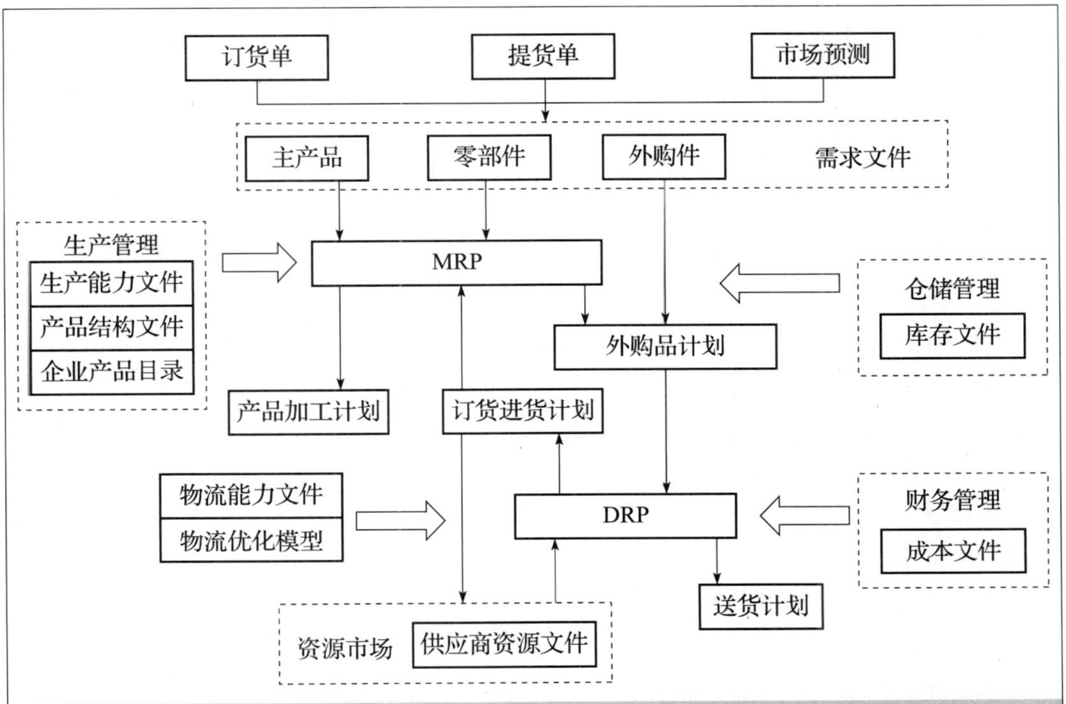

图 9-4 LRP 的系统原理

LRP 系统的具体实施步骤可以分为以下三个。

（1）将订货单、提货单、市场预测等信息整合起来，形成需求文件。需求文件按主产品、零部件和外购品划分为三部分，主产品和零部件计入 MRP 系统进行处理，外购品和经过 MRP 处理后得到的外购品计划结合，进入 DRP 处理。

（2）将需求文件中的主产品和零部件按品种建立 MRP 处理表，对每一个品种进行 MRP 处理。

（3）将 MRP 生成的外购品计划和需求文件中的外购品计划汇总，形成 DRP 的需求文件，建立 DRP 列表，进行 DRP 处理。

9.1.5 客户关系管理系统

1. 概念

客户关系管理（customer relationship management，CRM）思想起源于美国。1999 年，高德纳公司正式提出了客户管理的概念，通过围绕客户细分来组织企业，鼓励满足客户需要的行为，并实现客户与供应商之间的联系等手段，来提高盈利、收入和客户满意度的遍及整个企业的商业策略。CRM 既是一套管理原则，也是一种方法和技术。

客户关系管理系统的核心思想主要包括三个方面。第一，客户是企业发展最重要的资源之一。随着社会的不断发展，人们对资源的认识水平也在不断地提高。从最开始的有形资源，如厂房、设备等，到无形资源，如品牌、专利、口碑等。现在，人们终于认识到了人力作为资源的重要性。在由产品导向转为客户导向的今天，客户被视为企业发展最重要的外部资源。第二，对企业与客户发生的各种关系进行全面管理。企业和客户之间的关系主要包括销售过程中的业务关系、销售过程中发生的关系和售后过程中发生的关系。第三，进一步延伸企业供应链管理。将客户与经销商、销售部门连接起来，建立扁平化的营销体系。

2. 功能

（1）接触层。接触层的功能是帮助企业完成和用户的交流、互动等活动，活动的开展可以通过电话、电子邮件、传真、微信、QQ、短信、面对面会谈等方式实现。

（2）业务层。业务层主要由三大功能模块组成，分别是：营销管理、销售管理、客户服务与支持。

营销管理模块的主要功能是通过对用户和市场进行分析，制定相应的营销计划和策划营销活动，并对营销结果进行统计、建模、分析、反馈。

销售管理主要负责将销售业务的所有环节进行整合，提升销售的自动化程度，缩短销售周期。

客户服务与支持主要是向客户提供良好的服务，满足顾客的独特需求。

（3）分析层。分析层是客户关系管理系统运行的重要保障。分析层作为该系统的后台数据库管理系统，主要功能是分析、处理客户和市场的信息，帮助企业发掘目标客户、洞悉市场需求、制定企业战略。

9.2 电子商务物流模式

9.2.1 自营物流模式

1. 自营物流的概念

自营物流是指电子商务企业对自己业务范围内的物流负责，直接对物流进行组织与管理的模式。自营物流模式意味着企业不仅要经营电子商务的业务，还需要自行建立、管理物流业务，负责货物的仓储与配送等活动。

2. 自营物流的类型

目前，采取自营物流模式的电子商务企业主要分为以下两种类型。

（1）资金雄厚且业务规模较大的电子商务企业。电子商务发展初期，国内的第三方物流公司还处于萌芽阶段，物流业务水平远不能满足大型电子商务企业的需求。因此，这些大型电子商务企业为了拓展市场、提高用户满意度，自行建立、管理、运营物流系统，为其电子商务业务提供仓储、配送等服务。采取自营物流的知名电子商务企业有京东、亚马逊中国等。

（2）传统制造、批发、零售企业建立的电子商务网站。传统的大型制造、批发和零售企业在发展自身业务的过程中已经建立一套物流系统，在开展电子商务的时候，只需要对原来的物流系统进行改造，便可直接使用。这种类型的代表企业有苏宁、国美等。

3. 自营物流模式的优势

（1）配送效率高。用户下单之后，企业可以直接安排配送，不用再将订单信息交给其他物流公司进行处理，消除了中间的信息传递步骤，节省了委托时间。如凡客诚品凭借其自营物流系统，可以保证在用户下单后 24 小时内将货物送达用户。使用自营物流模式，配送时间基本不会受到外界环境的影响，

（2）企业拥有物流系统的有效控制权。由于物流系统完全由电子商务企业负责，因此企业能够决定物流的任何流程，制定有关物流的政策，其他企业无法插手物流系统。如果采用第三方物流模式，物流运作过程完全由第三方公司进行，电子商务企业无法管理和控制。

（3）配送服务水平提高。第三方物流公司在配送服务水平等方面良莠不齐。电子商务企业采用自营模式，可以制定统一的配送服务标准，对员工进行统一的培训，提高配送服务水平，提升企业形象。

（4）保护企业信息安全。如果将物流业务外包给第三方公司，势必会将物流信息或企业的其他内部信息泄露给第三方公司，有可能威胁到企业的信息安全。

4. 自营物流模式的劣势

（1）一次性投资大、风险高。自建物流体系需要搭建物流信息系统、购买物流过程中所需的硬件和软件设备、雇用物流人员等，加之电子商务物流的配送量大、配送范围广等特点，自营物流前期投资大、成本高，使得企业缺乏柔性，与电子商务的灵活性相矛盾，同时面临很高的风险。

（2）需要较强的物流管理能力。自营物流是一个非常庞大的物流体系，需要具有较强物流管理能力的人才进行专门的管理。但是我国专业的物流人才资源稀少，不能保证每个电子商务企业都能解决遇到的复杂物流问题。

（3）物流利用率不可控。由于电子商务企业的自营物流体系只为其自身服务，因此物流配送的规模直接受到销售规模的影响。当企业的销售规模较小时，物流设施的利用率就会降低，难以形成规模经营。

9.2.2 第三方物流模式

1. 第三方物流模式的概念

第三方物流（third-party logistics，TPL 或 3PL）是指独立于供需双方为客户提供专项或全面的物流系统设计或系统运营的物流服务模式。独立于供需双方以外的一方称为第三方，第三方公司不参与商品的买卖，只是进行物流活动和配送服务。由于第三方物流是以签订合同或契约的方式，将物流部分或完全外包给第三方物流公司，因此又称合同物流、契约物流或外包物流。

判定一个物流模式是不是第三方物流，主要看在物流过程中是否出现了第三方公司。通常，A 企业如果将本公司产品的物流服务委托给 B 公司，那么 A 企业采取了第三方物流模式。A 企业称作物流委托方，B 企业称作被委托方。

电子商务的迅速发展使得对物流的要求也越来越高，第三方物流成了电子商务物流关注的热点之一。第三方物流的占有率和物流产业的发展密切相关。西方国家的实证研究显示，当第三方物流的市场占有率达到 50%以上时，物流产业才能平稳发展。因此，第三方物流的发展状况反映了一个国家物流产业的整体水平，而一个国家物流产业的水平又在一定程度上体现了该国的市场竞争能力。因此，专业化的第三方物流成了各国关注与实践的热点。据调查，美国的第三方物流约占 50%，日本为 80%。全球知名的第三方物流公司主要有联合包裹运送服务公司（UPS），它是全球最大的包裹速递机构；联邦快递（Fedex），它是一家环球运输、物流和供应链管理服务供应商。

2. 第三方物流的优势

（1）企业集中精力于核心业务。电子商务企业将物流服务部分或全部外包给第三方企业，省去了自营物流的各种事务处理，因此能够将有限的财力、物力、人力聚焦于企业的核心业务，使核心业务得到充分的重视及良好的发展。在日趋激烈的市场竞争环境下，对于物流非其核心竞争力的企业而言，物流最好交由第三方物流公司来完成。

（2）降低经营成本。电子商务企业可以减少因搭建物流系统所需要的固定资产的投资，加速资本周转，改善企业的现金流量。同时，第三方物流公司凭借其规模优势、专业优势、信息优势和成本优势等，可以帮助企业降低库存和成本。根据美国相关部门的统计，采用第三方物流模式后，美国企业的物流成本平均下降 11.8%，物流资产率下降 24.6%，企业的总库存下降 8.2%。

（3）提供灵活多样的顾客服务。第三方物流公司的业务重心放在物流相关的服务上，因此可以为顾客提供满足不同需求且高效的服务，为顾客创造更多价值。例如，化工供应商对物流安全的要求极高，生鲜供应商要求配送迅速、低温运输等，第三方物流公司都可以按照企业的要求提供特定服务。

3. 第三方物流的劣势

（1）企业不能直接控制物流。相比自营物流中电子商务企业对物流系统拥有绝对的控制权，在第三方物流中，控制权掌握在第三方物流公司的手中，因此电子商务企业无法决定物流的运行过程，因此也就无法保证货品的发货时间、顾客的收货时间、货品包装的完整度、配送服务水平以及顾客满意度等。同时，随着电子商务业务的开展，企业对第三方物流公司的依赖增加，如果第三方物流公司提高物流服务价格，电子商务企业将失去谈判优势。

（2）第三方物流尚未成熟。相比西方国家长达 20 年的第三方物流的发展历史，我国的第三方物流发展尚未成熟，规模化和专业化程度都有待提升。

（3）企业信息泄露的风险。与自营物流不同，企业采取第三方物流模式，势必会与第三方公司产生信息的交换，有可能会泄露企业内部的重要信息，为企业信息安全带来威胁。

9.2.3　物流联盟模式

1. 物流联盟的概念

物流联盟（logistics alliance）模式是一种介于自营物流和第三方物流之间的物流模式，可以有效地降低后两种模式带来的风险。物流联盟是指从事电子商务的生产企业、销售企业和物流企业之间形成相互信任、共担风险、共享收益的物流伙伴关系，争取达到比单独从事物流活动更好的效果。参与物流联盟的企业在物流方面通过契约实现优势互补，从整体上提升物流服务水平。

2. 物流联盟的分类

（1）纵向模式。纵向模式即垂直一体化，是指处于物流活动不同作业环节的企业之间通过相互协调，形成合作性的物流管理系统。在纵向模式下，联盟的利益达到了最大，但是供应链上的每个环节不可能同时达到最优，所以会打击一些企业的积极性，这些企业随时有退出联盟的可能。

（2）横向模式。横向模式即水平一体化，是指处于服务平行位置的几个物流企业结成联盟，包括第三方物流。

（3）混合模式。混合模式下既有处于上下游位置的物流企业，也有处于平行位置的物流企业，它们的核心是第三方物流机构。

3. 物流联盟的优势

（1）降低交易费用。物流联盟的建立帮助物流合作伙伴之间减少了相关交易费用。由于物流合作伙伴之间经常沟通与合作，可使得搜寻交易对象信息方面的费用大为降低；提供个性化的物流服务建立起来的相互信任与承诺，可减少各种履约的风险；物流契约一般签约时间较长，可通过协商减少在服务过程中产生的冲突。

（2）降低风险。单个企业的能力是有限的，如果其对一个领域的探索失败了，将会对企业造成很大的损失。但是当多个企业结成物流联盟后，各个企业可以在不同领域分别采取行动，降低了风险发生的可能性。同时，参与物流联盟的企业在行动上具有一定的协同性，增强了企业抵抗风险的能力。

4. 物流联盟的劣势

（1）信息化差异。采用物流联盟模式，联盟成员的信息化水平参差不齐，在物流信息沟通上可能会出现困难，同时可能会带来信息安全问题。

（2）联盟稳定性较差。随着业务的开展，联盟成员的战略有可能会发生变化，从而脱离物流联盟或者减少资源的投放，影响物流服务的质量。

9.2.4 第四方物流模式

1. 第四方物流的概念

第四方物流（fourth-party logistics，4PL）的概念由美国埃森哲咨询公司于1998年提出，它将第四方物流定义为：一个供应链的整合者以及协调者调配和管理组织本身与其他互补性服务所有的资源、能力和技术来提供综合的供应链解决方案。

第四方物流主要是指由咨询公司提供的物流咨询服务，但咨询公司并不完全等同于第四方物流公司。第四方物流公司应物流公司的要求，为其提供物流系统的分析和诊断，或提供物流系统优化和设计方案等。所以第四方物流公司以其知识、智力、信息和经验为资本，为物流客户提供一整套的物流系统咨询服务。从事物流咨询服务必须具备良好的物流行业背景和相关经验，但并不需要从事具体的物流活动，更不用建设物流基础设施，只是对于整个供应链提供整合方案。第四方物流的关键在于为顾客提供最佳的增值服务，即迅速、高效、低成本和个性化服务等。

2. 第四方物流的优势

（1）提高资产利用率。第四方物流帮助客户减少了资产占用，提高了资产利用率。

（2）信息及服务网络优势。第四方物流可以整合供应链上的信息，能在降低库存的前提下实现有效供应，降低了库存、运输等物流环节的成本。

（3）人才优势。第四方物流公司拥有大量高素质的物流管理人才，可以为用户提供专业的物流服务和定制化的物流解决方案。

9.3 电子商务物流信息技术

9.3.1 条形码技术

1. 条形码的概念

条形码（bar code）又称条码，是在计算机应用实践中产生和发展起来的一种自动识别技术，是由多个宽度不同的黑色长条和空白按照一定的编码规则排列，用以表达一组数字或符号含义的信息的图形标识符。当使用专门的条形码识别设备，如扫描器时，条形码就会被转换成计算机能够处理的数据。常见的一维条形码一般由黑条和空白组成，如图9-5所示。

条形码技术的出现解决了数据输入和采集的瓶颈问题。近些年，二维码技术也得到了迅速发展，使用范围越来越广。二维码的示意图如图9-6所示。

图 9-5　条形码

图 9-6　二维码

2. 条形码的优点

（1）读取速度快。条形码的信息采集速度非常快，一般在 0.3 秒以内。与键盘输入相比，使用条形码技术时间减少了 4/5。

（2）可靠性高。条形码的差错率在 1/1 000 以内，准确率高。

（3）成本低廉。与其他识别商品的方法相比，条形码的标签易于制作、成本低廉、易于推广，一般只需印制在货物或商品的包装上即可。

（4）操作方便，简单实用。条形码的识别设备结构简单，无须专门训练就可上手操作，非常简单便捷。

3. 条形码技术在物流中的应用

条形码技术广泛地应用在电子商务物流中的各个环节，产品的生产、仓储、运输、销售等都可以使用条形码技术进行管理。

（1）在生产过程中的应用。在生产质量管理的过程中，通过条形码可以采集生产测试数据、生产质量数据，对商品的生产进行监控、追踪，随时了解产品已经到生产的哪个步骤以及生产的质量情况。例如，汽车装配线上的汽车条形码可以防止配件装配出错。

（2）在仓储管理中的应用。仓库管理系统会根据货物的名称、规格、产地等信息，为每种货物分配唯一的条形码。在货物进入仓库时，计算机会自动扫描货物的条形码并进行处理，输出入库货物的货位等信息。当货物出库时，可以在计算机中查找，并扫描条形码，记录出库操作。

（3）在运输过程中的应用。条形码技术已广泛运用于货物运输环节。在货物运输中，用条形码技术录入货物的名称、规格、数量等信息，方便对货物进行核算和管理。国际运输协会有专门的规定，物品在运输中，包装上必须贴上条形码，以利于对所运物品进行自动化识别和统计管理。

（4）在超市中的应用。印有条形码的商品在商超进行销售时，结账处的员工可以使用POS机扫描条形码进行快速、精准的计价，同时在电脑中记录商品的销售情况，为后续的商品销量预测以及订货计划制定提供依据。

9.3.2 射频识别技术

1. 概念

射频识别技术（RFID）是一种非接触式的识别技术，利用射频信号实现自动识别目标对象并达到交换信息的目的，识别过程无须人工干预。射频识别技术是目前比较先进的一种非接触式识别技术，它可以快速、准确地一次性读取多个远距离的标签，同时可以穿透非透明、非金属的物体，被认为是21世纪十大最重要的发明之一。

2. 射频识别系统的组成

根据射频识别的原理，射频识别系统一般由标签、读写器和天线三部分组成。

标签又称电子标签，由芯片和耦合元件组成，芯片中存储信息。标签能够自动或者在接收到读写器的信号后，将存储的信息发射出去。标签具有多种分类方式，例如根据标签有无电源，可以将其分为有源射频标签和无源射频标签；根据标签的工作方式，可以将其分为主动式标签和被动式标签。

读写器用于读取标签信息或将信息写入标签，同时可以接收计算机系统的指令。读写器通常由射频接口、逻辑控制单元和天线三部分组成。

天线在射频识别系统中扮演着标签与读写器之间数据传输的角色。天线能将接收到的标签发送的电磁波信号转换为电流信号，同时能将电流信号转换成电磁波发射出去。

3. 工作原理

射频识别系统的标签中保存有规范格式的电子数据，附着在待识别物体的表面。读写器通过天线发送特定频率的射频信号，当标签接收到读写器发出的无线电波时，会将芯片中的信息以一定的频率发送给读写器。读写器的接收天线收到信号后，会将信号传送到读写器的信号处理模块进行解调和解码，再将处理后的信息送至后台管理系统进行下一步操作。

4. 优点

（1）可以在各种环境下工作。射频识别系统可以在灰尘污染、化工材料等各种恶劣的环境中工作。

（2）信息容量大。射频识别系统可携带大量数据，一般能容纳上百亿个字符，可以对产品进行详细的描述。

（3）识别速度快。标签一进入磁场，解读器就可以即时读取其中的信息，而且能够同时处理多个标签，实现批量识别。

5. 射频识别技术的应用

（1）高速公路自动收费。射频识别技术应用于高速公路自动收费系统，代替了原来手工和计算机辅助收费的低效率收费系统。利用射频识别技术远距离、快速识别的特性，可以帮助车辆在高速通过收费站时完成自动缴费，减少了人工的工作量，加快了收费站运行速度，缓解了停车排队造成的交通堵塞问题。

（2）货物入库。射频识别技术的使用提高了物流各个环节的透明度。在货物入库前，在射频识别系统的电子标签内预先写入货物的名称、型号、规格、数量等信息并附着在货物表面。装有货物的叉车行驶到仓库入口处时，入口处的读写器会自动识别货物表面张贴的电子标签，计算机系统将读写器读取的信息进行处理后与系统里已有的收货数据核对。如果正确，叉车将会按照预先设定的位置存放货物，同时货架上的标签数据会自动更新。如果有误，系统则会提示。

（3）货物出库。叉车上的读取器扫描货物上的电子标签，与指令进行对比，确认无误后将货物取走，同时更新货架上的标签数据。叉车从出库门经过时，出库门处的读写器自动识别物品标签，进行出库录入，与出库指令对比，无误后更改数据系统。

（4）货物运输。将电子标签贴在运输车辆和货物上，运输线路上的定点读写器自动读取信息。当接收天线收到信号后，将信号处理后传入计算机系统，实现对车辆和货物位置的动态跟踪和监控。

9.3.3 EDI 技术

1. EDI 的概念

在传统的商务贸易中，参与交易的各方需要通过电话、传真和邮递等方式进行贸易的谈判、磋商、签约和执行，有关的文件也需要通过人工的方式进行处理和邮寄。在一个完整的贸易过程中，含有同样的交易信息的不同文件需要经过多次处理，增加了操作的重复性，同时大大增加了出错的概率，最终导致交易效率的下降。

随着信息技术的发展，人们开始探索电子化的手段以代替传统的纸面信息记录和信息传递方式。电子数据交换（EDI）就是在这样的浪潮下出现在电子商务的世界中。由于 EDI 技术的应用场景不同，使用 EDI 技术想要达到的目的不同，因此 EDI 的概念也没有得到统一。下面介绍几种权威机构对 EDI 的定义。

国际标准化组织（ISO）将 EDI 定义为：将贸易（商业）或行政事务处理按照一个公认的标准变成结构化的事务处理或信息数据格式，从计算机到计算机的电子传输。

国际数据交换协会的 EDI 手册中将 EDI 描述为：EDI 是使用认可的标准化的和结构化的电脑处理的数据，从一个计算机到另一个计算机之间进行的电子传输。

我国《物流术语》（GB/T 18354－2021）中对 EDI 的定义是：EDI 是采用标准化的格式，利用计算机网络进行业务数据的传输和处理。

在电子商务中，EDI 技术被认为是一种按照统一规定的格式，通过计算机系统在公司之间传输订单、发票等作业文件的电子化手段，帮助贸易伙伴之间实现无纸化交易的技术。20 世纪 90 年代以来，随着电子商务交易量的骤增，各种贸易单证的数量也呈爆发式增长，EDI 技术得到了空前的发展，各国的企业界和商业界人士都积极采用 EDI 技术来改善生产和流通领域的环境。据统计，EDI 技术的使用可以使全世界的电子商务公司每年节省 3 000 亿美元。

2. EDI 的特点

（1）EDI 技术在商业领域被广泛应用，能够满足商业用途的电子信息交换。

（2）EDI 技术能够使信息在计算机系统间进行传输。

(3) 通过EDI传输的电子文件，具有标注化、规范化的数据格式，以便计算机能够自动识别和处理。

(4) EDI无须人工干预，由计算机自动读取，大大提高了数据处理的速度和准确性。

3. EDI系统的组成

EDI系统主要由数据标准化、EDI软件和硬件、通信网络三个要素组成，这三个要素相互衔接、相互依存。

4. EDI的运作流程

(1) 发送货物方（生产厂家）接到订单后制定货物运输计划，通过EDI将货物清单和货物运输时间等信息发送给物流运输方和收货方，这样便于物流运输方安排运输车辆和人员，也便于收货方制定收货计划。

(2) 发货方将货物名称、规格、数量等信息通过EDI发送给物流运输方和收货方。

(3) 物流运输方收到货物后进行核对并列出送货清单，通过EDI向收货方发送发货消息。在货物送达到收货方后，通过EDI向发送货物方告知已完成配送并附上运费信息。

(4) 收货方收到货物后，检查无误，通过EDI向发送货物方和物流运输方发送收货确认信息。

5. EDI在物流应用中的优势

(1) 节省了时间和资金。EDI的使用使得传递电子单证从过去漫长的邮寄到今天的几秒。同时，订购、制造和货运之间的周期大大缩短。

(2) 实现了无纸贸易。人们不再使用纸质的单证、票据，而是通过电脑完成电子票据的核对、入账、结算等，减少了纸张的浪费，从技术的角度实现了无纸贸易。

(3) 提高了经营效率。EDI的使用降低了错误率，同时实现了数据的共享，大大提高了企业的经营活动效率。

(4) 改善顾客服务。EDI使得贸易伙伴之间的沟通更为迅速，加快了对顾客需求的反应。

9.3.4 定位技术

无论是在军事领域还是在日常生活中，位置信息都是十分重要的信息。位置信息可以通过定位技术来获取。在电子商务物流活动中，定位技术在确定、跟踪和监控货物的位置上发挥着至关重要的作用。下面将以我国自行研制的全球卫星导航系统——北斗卫星导航系统为例介绍定位技术。

1. 北斗卫星导航系统简介

北斗卫星导航系统（BeiDou Navigation Satellite System，BDS）是我国着眼于国家安全和经济社会发展需要，自行研制并独立运行的全球卫星导航系统，也是继GPS，GLONASS之后第三个成熟的卫星导航系统。北斗卫星导航系统由空间段、地面段和用户段三部分组成，可在全球范围内全天候为各类用户提供高精度、高可靠的定位、导航、授时服务，并且具备短报文通信能力，这是北斗卫星导航系统的核心功能与独特优势。

北斗卫星导航系统自提供服务以来，已在交通运输、气象预报、公共安全等多个领域得到广泛应用，显著提升了经济效益和社会效益。目前，基于北斗卫星导航系统的导航服务已被很多电子商务厂商采用，广泛进入中国大众消费、共享经济和民生领域，应用的新模式、新业态、新经济不断涌现，深刻改变着人们的生产生活方式。

2. 北斗卫星导航系统的特点

（1）定位精度高。北斗卫星导航系统可为服务区域内的用户提供高精度的实时定位服务，其定位精度一般为几十米。若采用差分定位技术，重点地区定位精度可达10米以内，测速精度优于0.2米/秒，与GPS系统定位水平基本接近。

（2）24小时作业。北斗卫星导航系统可以全天候地为用户提供连续不断的导航定位服务，不受环境、气候的影响。

（3）覆盖范围广。北斗卫星导航系统的覆盖面广，没有通信盲区，可以覆盖我国及周边国家和地区，不仅可以为我国服务，也可以为周边国家和地区服务。

（4）具备短报文通信功能。北斗卫星导航系统同时具备定位与通信功能，不需要其他通信系统支持，而GPS系统只能定位，这是北斗卫星导航系统相比GPS系统的优势所在。

（5）安全性高。北斗卫星导航系统是我国自主研发的卫星导航系统，安全、可靠、稳定，保密性强，适合关键部门应用。

3. 定位技术在物流中的应用

（1）定位跟踪。定位技术可以实时确定、跟踪车辆和货物的位置，一方面可以方便顾客查询货物位置；另一方面可以提高车辆和货物的安全性。

（2）车辆调度。在定位技术的帮助下，物流公司可以便捷地调度附近的车辆，加快车辆的周转，实现车辆运载率和物流效率的提升。

（3）路线导航。定位技术可以帮助车辆进行实时定位及路线导航，司机按照规划的路线可以避开拥挤路段，节省时间，从而提高物流运输中的效率。

9.3.5 地理信息系统

1. GIS的概念

《物流术语》（GB/T 18354－2021）对地理信息系统（geographic information system，GIS）的定义为：在计算机技术支持下，对整个或部分地球表层（包括大气层）空间中的有关地理分布数据进行采集、储存、管理、运算、分析、显示和描述的系统。

2. GIS的特点

（1）共同管理空间数据和属性数据。GIS不仅具有管理属性数据的功能，还能采集、管理、分析和输出多种地理空间信息，并将属性数据集成到空间数据上，不仅直观，而且可实现两者互相查询。

（2）具备强大的空间分析能力。由于空间数据和属性数据的集成以及地理空间模型方法的应用，GIS具备空间分析、多要素综合分析和动态预测等功能，能够满足地理研究和辅助决策需要。

（3）具有丰富的信息。GIS数据库中不仅包含丰富的地理信息，还包含与地理信息有关的其他信息，如人口分布、环境污染、区域经济情况、交通情况等。

3. GIS 的应用

（1）基于 GIS 物流中心的选址。物流中心选址的合理程度直接影响企业利润的多少。在 GIS 中，供应地和需求地都可以视为空间实体，利用空间数据可以表达计划区域的基本信息。使用 GIS 进行物流中心的选址可以弥补数学模型的不足，将空间信息和非空间信息联合处理，使得选址更加准确。

（2）基于 GIS 和 GPS 的物流车辆定位。GIS 和 GPS 的结合使用可以称为“双剑合璧”。利用这两种技术组建的数字化物流管理平台可以实时显示车辆的位置，对车辆进行监控、跟踪。客户也能利用互联网了解货物的运输状态。

（3）基于 GIS 的路径规划。交通路线的选择直接影响物流运输成本，因此帮助司机选择最便捷的驾驶路线非常重要。GIS 可以利用它的空间信息管理能力帮助司机进行最优路线的规划、选择。

9.4 跨境电子商务物流

9.4.1 跨境电子商务物流概述

1. 跨境电商物流的概念

随着互联网化和全球化两大趋势的交汇，跨境电子商务的发展成为必然。跨境电子商务的出现加快了国际贸易发展的进程，成为经济全球化的催化剂。2013—2020 年我国跨境电商交易规模如图 9-7 所示。根据商务部、中共中央网络安全和信息化委员会办公室、国家发展和改革委员会三部门联合发布的《“十四五”电子商务发展规划》，2020 年跨境电商零售进出口总额达到了 1.69 万亿元。2021 年，跨境电子商务进入历史性拐点，呈现跨越式发展，在优化我国贸易结构方面起到了积极的作用。随着关税、物流、支付等各个环节的不断完善以及政府优惠政策的不断推出，跨境电商强劲的发展势头将在未来较长时期内延续下去。

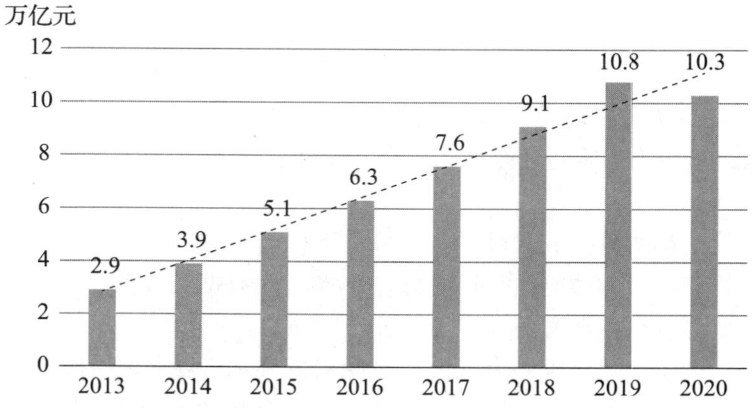

图 9-7　2013—2020 年中国跨境电商交易规模

伴随跨境电子商务的兴起，跨境物流也变得愈发重要。有学者指出，物流在跨境电子商务业务中所占的比例大大增加，决定了各个公司未来的电商服务水平和市场竞争力，如何有效地运营跨境物流成了决定跨境电子商务能否成功的关键。

跨境电子商务物流是指位于不同国家或地区的交易主体通过电子商务平台达成交易并进行支付清算后，通过跨境物流送达商品进而完成交易的一种商务活动。

跨境电子商务物流与境内电子商务物流存在较大的区别。第一，跨境物流涉及两个及两个以上的国家或地区，因此会涉及通关、税收、检验等在境内电子商务物流中不会出现的问题，物流的过程及步骤变得更为复杂。第二，每个国家的物流政策、交通状况等存在差别，电子商务物流在发展过程中必须考虑实际情况，实现物流本土化发展。

2. 跨境电商物流的特点

（1）物流成本高昂。据统计，我国跨境电子商务物流成本占到跨境电子商务总成本的 30%～40%，成本高昂，这种不合理的占比亟须改善。

（2）运输周期长、安全性差。我国跨境快递业务一般需要一周甚至半个月才能将货物送到消费者手中。此外，在跨境电子商务中，物流的追踪是一个难题。由于各个国家的物流系统信息化水平不统一，无法建立物流共享网络，因此消费者无法追踪物流进展。与此同时，跨境电子商务物流的丢包率也比境内物流显著更高。

（3）退换货困难。跨境电子商务物流运输周期长、流程复杂的特点也导致消费者退换货非常困难。在消费者要求退换货时，还会涉及缴纳行邮税等问题，买卖双方可能就费用缴纳问题产生分歧，从而影响跨境交易退换货的顺利进行。

（4）容易受政治文化影响。国家之间对于通关、税收等法律法规的不同在很大程度上制约了跨境电子商务的顺利开展。同时，战争、国际冲突、国家形象甚至宗教信仰等都会在一定程度上影响消费者对跨境电子商务的信任和消费热情。

（5）存在汇率风险。跨境电子商务物流涉及至少两个国家（地区）间的货币兑换，存在一定的汇率风险。

9.4.2 跨境物流的主要模式

跨境物流的主要模式有邮政包裹模式、国际快递模式、国内快递模式、专线物流模式和海外仓储模式等。

1. 邮政包裹模式

邮政包裹是最为传统、直接的跨境物流模式，主要包括中国内地、中国香港以及新加坡的邮政。邮政包裹网络基本覆盖全球，因此这种模式被大多数的中小跨境电商企业采用。据不完全统计，邮政包裹承担了我国跨境电子商务中 70%以上的货物运输，其中 50%左右由中国邮政投递。相比其他跨境物流模式，其优点是物流范围覆盖广泛，运输价格便宜，能够邮寄的物品比较多，但缺点是对物品的尺寸有限制，运输慢、耗时长、丢包率较高，且卖方不能对物流信息进行追踪。通常情况下，从我国发往欧美国家和地区的包裹需要 10 天以上，有时甚至是 20 天以上的时间才能到达。

2. 国际快递模式

国际快递模式指通过国际快递公司邮寄快递的一种方式，这种模式在 2005 年 12 月 11 日我国正式开放速递物流市场后兴起。国际快递公司具有完善的自建快递网络，凭借出色的信息管理系统和遍布世界各地的本地化服务，可以实现寄送速度快、包装好、服务周到，为用户带来了良好的快递体验。但是一般来说，用户需要付出比较昂贵的快递费用，所以一般用户只在时效性很强的场景下才会采用国际快递模式。

国际四大快递企业包括：联邦快递（Fedex）、联合包裹运送服务公司（UPS）、敦豪国际（DHL）、荷兰邮政（TNT）。

3. 国内快递模式

国内快递主要是指全球邮政特快专递（EMS）、顺丰和“四通一达”等国内快递企业的跨境物流业务。

国内的“四通一达”中，圆通从 2005 年就开始关注跨境电商业务，2006 年成立了海外事业部，正式进入跨境物流领域，是国内最早布局跨境物流的快递公司。从 2012 年开始，各大快递公司明显加快了向跨境电商领域进军的步伐，但在 2014 年才发力拓展。比如，美国申通在 2014 年 3 月才上线，圆通也是在 2014 年 4 月才与 CJ 大韩通运开展合作，而中通、汇通、韵达则在 2014 年才开始启动跨境物流业务。顺丰的国际化业务则要成熟些，在 2014 年就已经开通到美国、澳大利亚、韩国、日本、新加坡、马来西亚、泰国、越南等国家或地区的快递服务，发往亚洲国家或地区的快件一般两三天就可以送达。

在国内快递中，全球邮政特快专递的国际化业务是最完善的。其依托邮政渠道，可以直达 60 多个国家或地区，费用相比四大国际商业快递巨头要低，出关能力很强，邮包到达亚洲国家或地区需两三天，到达欧美国家或地区则需 5～7 天。

4. 专线物流模式

专线物流包括 FBA 头程和 FBM 头程/尾程，一般通过航空/海运专线将众多卖家的包裹集中发往目的口岸，清关后再利用当地资源进行配送。专线物流模式的优势在于能将大批商品集中运输，形成规模效应来降低成本，因此专线物流模式的价格比国际快递低，但是时效性比国际快递差。

5. 海外仓储模式

海外仓储服务是指由电子商务平台、物流服务商独立或共同为卖方在境外的销售目的地提供商品仓储、分拣、包装和派送的一站式控制与管理服务。确切地说，海外仓储包括头程运输、仓储管理和本地配送三部分。头程运输是指商家通过海运、空运、陆运或联运将商品运送至海外仓库。仓储管理是指商家通过物流信息系统远程操作海外仓储商品，实时管理库存。本地配送是指海外仓储中心根据订单信息，通过当地邮政或快递企业将商品配送给客户。但是海外仓储在库存管理、供应链管理等方面成本较高。

6. 五种跨境物流模式比较分析

五种跨境物流模式的优势与劣势比较如表 9-1 所示。

表 9-1 跨境物流模式的优势与劣势比较

模式	优势	劣势
邮政包裹	价格低廉、覆盖范围广泛	时效性差、丢包率高、对包裹的限制条件多
国际快递	速度快、丢包率低、服务水平高	价格昂贵
国内快递	比国际快递费用低，出关能力强	覆盖范围较小
专线物流	比邮政包裹速度快，比国际快递费用低，性价比高	覆盖范围较小，对包裹的限制条件多
海外仓储	退换货快捷	初期的建设成本高

9.4.3 我国跨境电子商务物流的发展

1. 跨境电子商务物流发展现状

（1）国际物流发展速度和跨境电子商务需求不匹配。我国跨境电子商务的发展十分迅猛。2017 年我国跨境电子商务交易规模达到 7.6 万亿元。2018 年底，我国跨境电子商务交易规模突破 9 万亿元，达到了 9.1 万亿元，同比增长 19.5%。截至 2019 年底，我国跨境电子商务规模已突破 10 亿元。2020 年达到了 12.5 万亿元。另据前瞻产业研究院预测，我国跨境电子商务交易额 2026 年将达到 26 万亿元左右。我国跨境电子商务交易额呈现不断增长的发展趋势。

跨境电子商务的快速发展为物流带来了巨大的压力。尽管我国的物流行业发展速度很快，但是与庞大的跨境电子商务交易量相比，从事跨境电子商务物流的企业数量仍然较少，大多数的物流配送业务由邮政系统或国际快递公司完成。在如此大的业务量面前，仅仅靠邮政系统和国际快递是远远不够的，尤其是在购物旺季，快件积压、爆仓等现象时有发生，严重阻碍了跨境电子商务的发展。

（2）跨境电子商务物流政策支持不足。跨境电子商务对调整、优化贸易结构具有积极的影响，我国政府相当重视跨境电子商务的发展。商务部等部门出台了《关于实施支持跨境电子商务零售出口有关政策意见的通知》，从进出口检验、税收、信用等多个方面对跨境电子商务提出了支持措施，打破了出口的寒冰。

尽管我国政府制定了一些跨境电子商务物流的支持政策，但是和发达国家相比，政策支持仍显不足，这在很大程度上影响了跨境电子商务企业的积极性，制约了跨境电子商务物流的发展。

（3）物流基础设施不完善。通常来讲，跨境电子商务对于物流的要求比国内的电子商务更高。但是我国的物流行业起步较晚，整体的物流发展环境偏差，物流体系的建设缺乏合理性，各种配套设施也有待完善，例如，缺乏连接各种运输方式的交通枢纽。

（4）物流信息化程度低。发展电子商务物流产业的重要条件之一就是高度信息化。换言之，物流信息资源的整合能力已经成为物流企业核心竞争力的关键部分。但是与发达国家的物流企业相比，我国第三方物流企业的信息化水平还处在低级阶段，信息收集和信息整合能力较弱。

（5）缺乏第三方物流提供专业化服务。虽然我国拥有众多的第三方物流企业，但是大型的、专业化程度高的第三方物流企业非常稀缺。同时，大多数第三方物流企业没有针对跨境电子商务物流的专业化服务。

2. 跨境电子商务物流的优势

（1）去中间商。跨境电子商务的出现为买方和卖方提供了直接沟通的途径，买方能够直接寻找源头卖方，卖方也能在更大的范围内寻找买家，因此中间商的作用大大削弱，传统跨境商务中中间商赚差价的现象不复存在，提升了物流过程中的资金配置效率。

（2）不受地理空间的限制。跨境电子商务打破了地理空间的限制。互联网能让世界各地的买方和卖方进行交易，空间已经不再成为束缚电子商务发展的枷锁。

（3）促使第三方物流蓬勃发展。跨境物流市场逐渐扩大。跨境物流距离远、时间久且涉及清关等问题，相当麻烦。许多跨境物流公司看准这个市场，提供相关服务，如头程服务等。

3. 存在的问题

（1）物流问题。跨境电子商务交易具有小批量、多批次、运输路径长、耗时久等特点，这对物流提出了更大的挑战。目前，跨境电子商务的物流模式主要有邮政包裹、国际快递、国内快递、专线物流和海外仓储等模式。在选择物流模式时，需要对货物的安全性、时效性及订单价格等因素综合考虑。一般来说，物流服务越好意味着订单价格越高，但是卖方会将物流成本转移到买方。如何实现安全性、时效性、价格的平衡是电子商务物流需要考虑的问题。

（2）支付问题。跨境电子商务面临支付风险。尽管传统跨境商务的支付流程已经相当规范，但是对于跨境电子商务来说，尚未建立规范的支付范式。跨境电子商务在电子支付环境、网络安全、电子货币等方面还需要进一步规范。

（3）信用体系问题。跨境电子商务涉及两个及以上的国家，由于语言和文化的差异，信息不对称的问题时有发生。同时，与国内电子商务相比，跨境电子商务买卖双方的信任程度降低，阻碍了跨境电子商务的发展。

（4）通关手续、监管、法律问题。跨境电子商务物流势必面临通关的问题，通关时间的长短影响物流的时效性。同时，大量货物的通关给海关的检查带来了巨大的挑战。

□ 思考题

1. 简述 ERP 系统的功能以及构成。
2. 简述第三方物流模式的含义和优缺点。
3. 简述条形码的优点。

4. 举例说明射频识别技术在电子商务物流中的应用。
5. 简述跨境电子商务物流的主要模式及各自的优缺点。

□ 练习题

一、单项选择题

1. 在 ERP 系统中，共有生产控制管理、物流管理、财务、人力资源管理四大模块，其中，（　　）模块和其他每个模块都有相应的接口。

A. 生产控制管理　　B. 物流管理
C. 财务　　D. 人力资源管理

2. 借助（　　）能够被远距离快速识别的优势，车辆在高速通过收费站时完成自动缴费的功能，减少了人工的工作量，加快了收费站运行速度，缓解了停车排队造成的交通堵塞问题。

A. 二维码　　B. 射频识别系统的标签
C. Code 93 码　　D. 条形码

3. EDI 系统主要由（　　）、EDI 软件和硬件、通信网络三个要素组成，这三个要素相互衔接、相互依存。

A. 数据标准化　　B. 数据离散化
C. 数据标注　　D. 数据分析

4. 在跨境物流模式中，（　　）的速度较快，费用比国际快递低，但是覆盖范围较小，对包裹的限制条件多。

A. 邮政包裹　　B. 国内包裹
C. 专线快递　　D. 海外仓储

5. 第四方物流公司主要为物流客户提供（　　）服务。

A. 物流关系管理　　B. 物流系统咨询
C. 物流争议磋商　　D. 物流配送

二、多项选择题

1. 物流资源计划是以物流手段为基础进行物资资源配置与优化的方法，它是在（　　）的基础上发展而来的，能够打破生产和流通的界限。

A. 物料资源计划　　B. 企业资源计划
C. 生产资源计划　　D. 分销资源计划

2. 电子商务物流模式包括（　　）。

A. 第三方物流　　B. 第四方物流
C. 自营物流　　D. 物流联盟

3. GPS 技术由（　　）构成。

A. 卫星部分　　B. 空间部分
C. 地面监控部分　　D. 用户设备部分

4. 跨境电子商务物流与境内电子商务物流相比，区别主要体现在（　　）。

A. 物流的过程及步骤变得更为复杂　　B. 物流政策、交通状况等的差异

C. 物流成本更低　　D. 中间环节变多

三、判断题

1. 第三方物流的优势包括企业能够直接控制物流，降低经营成本，获得灵活多样的顾客服务。（　　）

2. 采取自营物流模式的电子商务企业主要是资金雄厚且业务规模较大的电子商务企业和传统制造、批发、零售企业建立的电子商务网站。（　　）

3. 物流资源计划是在企业资源计划和物料资源计划的基础上发展而来的。（　　）

4. 物流联盟模式分为纵向模式和横向模式。（　　）

5. 二维码比条形码出现的时间更早。（　　）

6. 射频识别技术是一种接触式的识别技术，利用射频信号实现自动识别目标对象并达到交换信息的目的，识别过程无须人工干预。（　　）

7. 我国当前国际物流发展速度与跨境电子商务需求不匹配，前者发展速度快于后者。（　　）

第十章

新型电子商务模式

案例导入

小红书：标记我的生活

小红书由行吟信息科技（上海）有限公司在 2013 年 6 月推出，定位是年轻生活方式分享的社交平台。平台用户通过图文、短视频等各种形式上传生活碎片，分享生活方式，并形成互动。随着产品的迭代，小红书将社区内容和电商打通，由内容引导消费，开创社交电商的社群经济新模式，在用户生成内容（UGC）电商领域逐步占据领先地位。截至 2021 年底，小红书月活跃用户约 1.3 亿人，用户活跃度增长幅度跃居社交电商平台第一位，成为 200 多个国家和地区年轻消费者的"种草"平台。

2013 年，我国已经超越德国、美国成为世界第一的海外消费国，然而跨境购物存在信息不对称、体验成本高、国内无直接渠道等痛点。小红书上线起初，先推出 PDF 版的出境购物攻略，但其在运营中难以满足用户强烈的信息需求。随后小红书以分享海外好物的社区形式切入市场，通过 UGC 社区形式，创造了用户间的信息互通，沉淀了大量高质量的内容——购物笔记。随着深度用户增多，小红书渐渐摸索出"UGC＋电商"的商业模式，在 2014 年建立跨境电商福利社，通过社区笔记及口碑吸引用户购买欲，维持较高的用户黏性，并向商城引流，实现内容变现，完成"种草—分享—购买"的消费闭环。从购物指南到社区，再转型到"社区＋商城"，小红书的生态链越来越丰富，涉及场景几乎涵盖生活每一处场景。

2018 年，小红书将口号由"全世界的好东西"更改为"标记我的生活"，表明其提供的不只是纯粹的商品，而是生活方式的分享，进一步明确自己内容社区的定位，打造全新的社交电商模式。小红书的电商模式改革了传统的电商模式，通过社交、内容来获取流量。随着我国经济发展步入新常态，互联网技术广泛普及，我国电子商务高速发展，渗透到消费者生活中的方方面面，除了社交电商外，还催生出新零售、共享经济等新型电子商务模式，形成了电子商务发展新态势。

思考题

1. 你怎么看待小红书的发展？
2. 你觉得电子商务还会发展出哪些新模式？

10.1 移动电子商务

10.1.1 移动电子商务的概念

随着21世纪移动通信技术的发展和移动终端的普及，人们的通信设备逐渐从有线设备转向无线设备，交易需求也从有限空间内的商务交易转向随时随地，催生了移动电子商务的新型电子商务模式。移动电子商务（M-commerce）是指利用移动互联网和无线通信技术进行数据传递，通过智能手机、Pad和笔记本电脑等无线终端移动设备与企业电子商务平台连接来完成购物与交易、在线电子支付以及各种商务活动、交易活动、金融活动和相关综合服务活动等。

10.1.2 移动电子商务与传统电子商务的区别及提供的服务

1. 移动电子商务与传统电子商务的区别

无线通信网络的发展为电子商务向移动电子商务发展提供了巨大的驱动力。由于移动通信的新特性，移动电子商务与传统电子商务在若干方面都存在区别。

（1）网络基础设施。移动电子商务基于无线网络技术、移动通信技术等，受到无线电频谱的限制，带宽有限。而传统电子商务侧重无差别的服务。

（2）终端设备。移动电子商务的终端设备广义上包括手机、笔记本电脑、平板电脑等，但大部分情况下为手机，具有显示屏幕小、存储容量小、运算能力低等特点。而传统电子商务相反，其使用个人计算机（PC机），显示屏幕大，内存大，处理器速度快，能处理复杂的应用。

（3）用户群体。移动电子商务的潜在用户群体要大于传统电子商务，在用户规模、用户消费能力等方面存在优势。

（4）移动性。与传统电子商务相比，移动电子商务因为其位置相关性方面的优势，对大量的动态信息的处理能实现个性化服务，产生更多商业机会。

（5）时间、空间限制。移动电子商务不受到时空约束，用户能真正做到随时随地进行商务活动，渠道多为厂家直销，更容易将影响力扩大到全国各地。而传统电子商务活动需要中间商，很大程度上受到时间、空间的限制。

（6）商业模式。移动电子商务偏好采取差异化服务来盈利，如位置成为价值来源，且成本考虑带宽。而传统电子商务更强调低成本和无限的网络空间，消除信息不对称，提供无限的免费信息服务。

2. 移动电子商务提供的服务

移动电子商务能够提供以下各种服务：

（1）个人信息服务（PIM）。个人信息服务是面向用户的个性化服务，使得用户根据需求设置具体的服务内容与方式，主要包括日程安排、字典等。

（2）银行业务。移动电子商务为用户提供了更加便捷的个人财务管理渠道，用户可以使用移动终端进行核查账户、支付账单、转账、接收付款等操作。

（3）交易。移动电子商务具有即时性，因此非常适用于股票交易等。移动设备可用于接收实时财务新闻和信息，也可确认订单，并安全地在线管理股票交易。

（4）购物。借助移动电子商务，用户能够通过其移动通信设备进行网上购物，许多移动购物商城应运而生。传统购物也可通过移动电子商务得到改进。例如，用户可以使用移动设备上的电子钱包等安全支付系统，在商店里或自动售货机上购物。

（5）订票。通过互联网预订机票、车票或入场券已经发展成为一项主要业务，其规模还在继续扩大。移动电子商务使用户能在票价优惠或航班取消时立即得到通知，也可支付票价或在旅行途中临时更改航班或车次。此外，借助移动设备，用户可以先浏览电影剪辑、阅读音乐剧评论，再订购相应娱乐活动的门票。

10.1.3　移动电子商务的发展阶段

移动电子商务的发展基于基础设施的更迭，包括无线网络技术、移动通信技术、计算机应用技术，主要经历了三个阶段。

第一代移动电子商务基于短信息（SMS）服务技术，有一定延迟，实时性差，且由于短信息的长度有限，一些查询无法得到完整的答案。

第二代移动电子商务为了克服第一代的问题，采用无线应用协议（WAP），用户使用手机通过浏览器方式访问网页，很容易访问与获取统一内容格式的网络信息及服务。但这种方式也存在一定问题，例如网页访问的交互能力差，网页访问的安全问题难以保障等。

第三代移动电子商务采用了基于 SOA 架构的 web service、智能移动终端和移动 VPN 技术相结合的第三代访问和处理技术，提高了原先 WAP 网页的交互性、安全性。此外，第三代移动电子商务融合了 3G/4G/5G 移动技术、数据库同步、VPN、身份认证等多种无线网络技术、移动通信技术、计算机应用技术领域的前沿成果，依托专网、无线通信技术，创造了安全、快速的移动电子商务环境。

如今，我国已经是移动互联网大国。根据中国互联网络信息中心（CNNIC）在北京发布的第 47 次《中国互联网络发展状况统计报告》，截至 2020 年底，我国网民规模达 9.89 亿，其中手机网民规模达 9.86 亿，互联网普及率达 70.4%。庞大的移动端用户规模为移动电子商务的进一步发展，提供了巨大的市场机遇。

10.1.4　移动电子商务的划分

1. 依据移动电子商务提供的商品与服务划分

（1）虚拟商品电子商务。虚拟商品电子商务提供数字产品和服务，无法进行物流运输，主要包括电影票、彩票、股票行情和金融信息、网络游戏产品等，由各运营商旗下的服务提供商提供。

（2）实体电子商务。实体电子商务提供具有实体形态的产品和服务，目前国内主要有淘宝、天猫、京东、苏宁易购等商城涉足这一领域。

2. 依据移动电子商务的应用方式划分

（1）远程移动电子商务。远程移动电子商务是指传统电商通过PC端的购物方式自然转化为通过移动终端的购物方式，远程电商与传统电商的品类可重合，但在购物终端、购物应用软件上存在差异，前者为浏览器的购物渠道，后者则大多借助移动App。

（2）近场电子商务。近场电子商务是在移动支付中的近场支付与O2O中的本地化服务共同发展下衍生出来的概念，指通过移动终端选择本地化服务的消费场所，再使用近场支付。

10.1.5 移动电子商务的商业模式

移动电子商务的商业模式是指基于移动通信技术、无线通信技术等，经济实体创造实现价值，获取利润的商业机制。从技术上看，当前我国移动电子商务的商业模式主要包括基于LBS的O2O模式、App商用模式、微信营销模式和移动支付模式。

1. 基于LBS的O2O模式

（1）LBS。LBS（location based service）全称为基于位置的服务，通过GPS、基站技术和GIS系统定位用户位置，进而向用户提供一系列位置相关的服务。

（2）O2O。O2O是指线上营销、购买等活动带动线下消费、经营的模式。O2O将线上线下的信息、体验环节打通，商家上传产品服务、打折促销信息到互联网，消费者产生购物需求后在线支付，再到线下店铺获得产品或服务。

（3）基于LBS的O2O模式。LBS帮助商家基于用户位置提供其需要的服务，O2O模式是基于用户在互联网平台主动搜索发展而来的模式。基于LBS的O2O模式使得商家与用户信息对称，商家可以全程跟踪用户的每一笔交易情况，进行即时交易分析，适当调整营销策略，提供更好的服务。该模式需要智能终端、LBS定位系统、O2O应用平台、第三方支付机构四个方面支持。基于LBS的O2O模式应用广泛，涵盖餐饮、旅游、交通等多个领域，例如美团外卖、滴滴打车。

2. App商用模式

随着移动端网民规模的扩大，手机App能够带来的流量远远超过了传统PC端的流量，因而为了在市场上获得更大的利益，越来越多的电商平台投入建设移动购物商城，开发了对应的手机App客户端，扩大盈利渠道。例如，京东、淘宝、天猫、唯品会都先后开发了专属的App移动客户端，提供的商品及服务涵盖了大众吃穿住行用的各个方面。随着移动互联网普及程度提高，我国电子商务类应用在手机App市场发展迅速，整体呈现上涨态势。

3. 微信营销模式

2011年初，腾讯公司旗下的微信上线，在短短的几年内成为即时通信工具中的主流。截至2020年底，国内微信和海外版微信WeChat月活跃账户数达到12.25亿，已经成为移动互联网最大的流量入口。基于庞大的用户基础，微信已逐渐从单社交属性的通信工具，不断扩展电商概念，向微信电商这一模式发展。相比传统电商，微信平台的社交属性能够实现用户群体最大化，且准入门槛低，适合年轻创业者。目前，大多数微商先开设微商店铺，然后把店铺内的商品或服务通过微信分享，营销的渠道包括微信公众号、微信群、朋友圈。

4. 移动支付模式

移动支付是移动电子商务下的一种新型支付方式，指移动客户端利用手机等电子设备进行电子货币支付。移动支付将互联网、终端设备、金融机构有效地联合起来，形成了一个新型支付体系。移动支付不仅能够进行货币支付，还可以缴纳话费、燃气、水电等生活费用。根据中国银联发布的《2020 移动支付安全大调查研究报告》，2020 年平均每天每人使用 3 次移动支付，移动支付已经成为当今互联网时代的主流支付方式。

10.1.6　移动电子商务存在的问题

移动电子商务及其应用发展迅速，与此同时，有关移动电子商务安全性和隐私性的担忧从未停止，用户身份认证、敏感信息保护、互联网安全监管等问题愈加严重，成为人们关注的焦点。

随着无线网络技术、移动通信技术、计算机应用技术的发展，相应的犯罪手段也开始出现并急剧增长，例如终端窃取假冒、无线网窃听、中间人攻击等方式。移动电子商务的安全问题根据涉及的主体，主要包括移动终端、无线网络、移动电商平台的安全问题。

1. 移动终端的安全问题

移动终端的便携性、操作系统的智能开放带来了不可回避的安全风险，目前移动终端的安全隐患主要有物理安全问题、用户信息丢失、密保被破解等。首先是移动终端容易丢失、被偷窃。目前 iOS 系统和安卓系统都拥有手机丢失后找回的功能，但在离线情况下难以使用，因而无法保障完全的物理安全。其次是移动终端的数据、业务应用安全。移动终端硬件的发展使得外围接口多元化，但也增加了非法接通的可能性，导致私密信息的被窃和病毒的传播。移动终端的操作系统存在的设计漏洞，也可能为用户带来安全威胁。

2010 年，谷歌承认，街景地图汽车在拍摄照片时收集了未加密的 WiFi 网络上的数据信息，这些信息中包含完整的电子邮件地址、网址和密码；2011 年，微博爆发蠕虫病毒事件，其第三方软件 API 接口被利用，通过 CSRF 漏洞制造了蠕虫病毒，未经用户授权在网络传播，对终端造成威胁……一系列的安全威胁事件表明，作为移动终端的智能手机早已成为安全威胁的主要对象。移动终端凭借其多用途、便捷的优势，已经离不开人们日常的使用范围，而其本身的安全问题也会越来越受大众的关注。

2. 无线网络的安全问题

无线网络技术作为移动电子商务的基础，其开放的特性容易被黑客加以利用进行非法行为，如窃听用户通信、篡改通信内容、欺骗通信双方身份等。随着无线网络的发展，从 2G 到 3G 再到 4G，以及目前步入 5G 时代，网络环境日趋复杂，信息的传输与转换的安全隐患也在增多。相比传统有线网络的窃听需要进行搭线窃听，在无线网络中的劫持减少了操作难度。而且在无线局域网络中，两个无线站之间的信息传递需要其他无线站与网络中心进行转发，此时可能会在中转站发生信息篡改行为，使用户被利用进行一些非自愿交易。

3. 移动电商平台的安全问题

目前我国存在众多的移动电子商务平台，良莠不齐。其中一些平台存在较多安全漏洞，平台运营疏于管理，机制不健全，也导致了诸多安全问题。即使是大型移动电商平台，例如，亚马逊中国在 2017 年 6 月也曝出了网站用户信息泄露事件，导致电话诈骗猛增，多名用户遭受经济损失。一方面，在平台的开发与运营中，需要有一系列安全措施，并不断修正完善；另一方面，移动电商平台需要建立全面的安全防御体系，以抵御可能的攻击。

10.2 社交电子商务

10.2.1 社交电子商务的概念

社交电子商务（social commerce）又称社会化电子商务，是指基于人际关系网络，利用互联网社交媒介，将关注、分享、互动等社交元素应用到电子商务全过程中，从而更好地完成交易的商务活动。社交电子商务中的“社交”并非典型社交媒体中的“社交”概念，在社交电子商务中，涉及的用户之间并不产生直接的交流活动。

依据商务部的定义，社交电子商务包括电子商务社交化、传统企业社交电商化和社群电商化三种类型。其中，社群电商化利用社交关系变革零售模式，最具社交电子商务的典型特征。

网经社电子商务研究中心将社交电子商务定义为零售电商的一个分支，在狭义上，是指借助社交网站、社交媒介、网络媒介等传播途径，通过社交互动等方式来购买、销售商品的活动。在广义上，社交电子商务包括拼购类、会员分销类、社区类、导购类、内容直播类等主流模式。

10.2.2 社交电子商务与传统电子商务的区别

社交电子商务与传统电子商务相比，突出的特征与优势在于以下几个方面。

1. 从以商品为中心到以人为中心

传统电子商务围绕商品、供应链进行交易活动。社交电子商务以人为中心，创造了社交关系形成的电子商务形态，由用户与用户、用户与企业之间的互动分享行为，形成口碑效应，激发消费需求，进行交易活动。

2. 从搜索式购物到发现式购物

传统电子商务中，消费者具备统一的流量入口，使得网络购物呈现中心化，搜索的排名对用户选择产生决定性影响，在马太效应下，流量不断向头部商品汇聚，中小长尾商品则丧失发展空间。消费者的购物过程具有盲目性，呈现“人找货”形式，即在消费者产生需求的情况下搜索商品并购买。

在社交电子商务中，以社交网络为枢纽，每个社交节点均可以产生流量并变现，结构呈现去中心化，在他人推荐下，用户对商品的信任过程会减少对品牌的依赖，这为长尾商品提供了更广阔的发展空间。用户之间的分享购买达成了定向的营销，消除搜索环节，直接转变为商品购买，交易形式转变为“货找人”，提升转化效率。

3. 从静态的平台场到动态的裂变场

传统电子商务中，场和货为一个整体，为静态场。平台需要自身通过营销活动来扩大静态场的范围和影响力。而在社交电子商务中，人、货、场为一个整体，为动态场，其中，以人为中心，且是动态的，商家借助口碑效应等实现裂变扩张，为动态场。

10.2.3 社交电子商务的发展

社交电子商务是移动电子商务与社交媒体相结合的电子商务模式创新。一方面，移动终端普及、移动通信技术发展、移动支付成熟等推动着移动电子商务的发展与成熟，而网经社电子商务研究中心相关数据显示，近几年移动网购交易规模的增长率在持续下降，表明移动电子商务发展渐渐触及天花板。另一方面，随着我国已经步入小康社会，在物质基础提高的条件下，人们的精神层面需求日益增长。微博、微信、抖音等多样化的社交媒体蓬勃发展，这些社交媒体成了人们生活的必需品。社交媒体的传播效应可以促进商品信息与体验在强社交关系群中传递，增强用户信任，达成更高的购买转化率。此外，社交媒体覆盖人群全面，比传统的电商平台更能触达用户，为电子商务的进一步发展带来新的契机。

我国社交电子商务发展迅速，一共经历四大阶段，目前逐步进入成熟稳定的时期。

1. 探索期（2011—2014 年）

2011—2014 年是我国社交电子商务发展的探索期。2011 年微信正式上线，在短短的几年内成为即时通信工具中的主流。微信的用户规模扩大，朋友圈、公众号、微信支付等功能不断完善，催生了以个人代购和团队分销为主要形式的微商的发展，这是社交电子商务的最初形态。此时社交电子商务也存在一系列问题，例如假货泛滥、洗脑传销、产品质量安全等。

2. 市场启动期（2015—2016 年）

2015—2016 年是我国社交电子商务发展的市场启动期。2015 年 7 月 1 日，国务院发布《关于积极推进“互联网＋”行动的指导意见》（国发〔2015〕40 号），鼓励企业利用移动社交、新媒体等新渠道，发展社交电商、“粉丝”经济等网络营销新模式。在政策支持下，社交电子商务行业出现结构性调整，大量网红/大 V 发布优质内容集合粉丝流量后通过电商变现，内容电商兴起。同时，商家和个人代理入驻平台完成交易闭环，社交电子商务呈现平台化发展。

3. 高速发展期（2017—2019 年）

2017—2019 年是我国社交电子商务的高速发展期。社交电子商务依靠高效的获客和裂变能力吸引了大量主流资本注入，多家社交电子商务企业扎堆上市，例如腾讯、拼多多、云集、蘑菇街等。2018 年，社交电子商务大爆发，行业市场交易规模突破万亿元。2019 年，同比增长率仍保持在 70%以上，如图 10－1 所示。

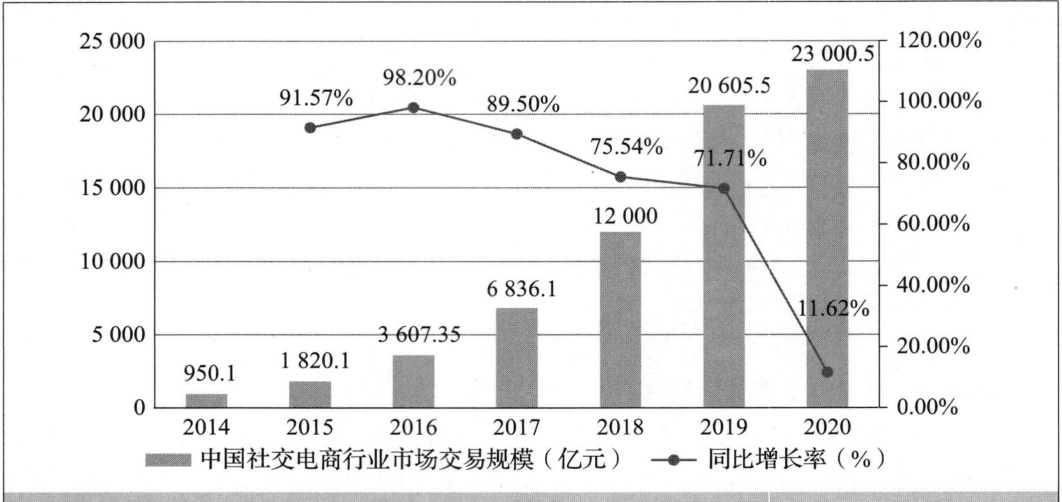

图 10-1 2014—2020 年中国社交电商行业市场交易规模

资料来源：网经社电子商务研究中心.

4. 稳定发展期（2020 年至今）

2020 年至今是我国社交电子商务的稳定发展期，市场和政府双维度规范社交电子商务。《电子商务法》的发布代表着国家层面对这一新兴领域的认可重视和支持发展，社交电子商务进入发展与规范并举、开放与安全并重的新阶段。

10.2.4 社交电子商务的典型商业模式

按照流量获取方式和运营模式的不同，社交电子商务可以分为拼购类、会员分销类、社区团购类、内容类四种较为典型的商业模式。未来随着社交电子商务的发展，有可能出现更多社交与电子商务相结合的新模式。

1. 拼购类社交电商

拼购类社交电商是指聚集两人及以上的用户，以分享方式组团后比单人购买时更低的价格购买商品的模式。从商家角度，拼购类社交电商平台通过低价激发消费者的分享积极性，有效利用社交电子商务的裂变传播特性，花费单次引流成本而获得指数级增长的传播次数与订单数量。此外，拼购的方法需要消费者的深度参与，使其对平台的依赖及该消费者周围人群的参与度进一步加强，降低了获客成本。从消费者角度，订单拼团的发起人与参与者通过微信、微博等社交媒体分享拼购需求，获得相应的奖励与优惠，以较低的价格购买到心仪商品。

拼购类的主要代表平台有拼多多、京东拼购、京喜、苏宁拼购、淘宝特价版、小鹅拼拼、国美美店等。其中，拼多多是拼购类社交电商平台的领先者，拼接低价拼团模式及丰富的游戏式购物体验，在拼购类社交电商中增势迅猛，占据了三线及以下城市的市场。

2. 会员分销类社交电商

会员分销类社交电商是指在社交的基础上，以 S2B2C（supplier to business to consumer）的模式连接供应商与消费者，实现商品流通。分销平台的上游连接商品供应商（S端），为B端店主提供供应链、物流、IT系统、培训、售后等一系列服务，再由店主负责C端的商品销售及用户维护，用户需要通过交纳会员费或完成任务的方式成为会员，利用社交关系进行分销，实现自用省钱、分销赚钱。

会员分销类社交电商模式是早期微商模式的升级。自2014年，微商行业兴起培养了大批具有极强带货与分销能力的人群，但在2015年随着毒面膜等一系列微商产品质量安全问题的事件曝光，微商行业开始断崖式下降。与此同时，社交分销概念出现，使得大量的分销人员转移至社交分销平台成为B端店主，促进了社交分销的发展。与微商模式的店主需要独立承担商品采购、定价、销售流程不同，在会员分销类社交电商模式下，店主专注分销获得奖励的收入，由平台提供标准化的供应链及中后台服务。

会员分销类的主要代表平台有云集、爱库存、斑马会员、贝店、芬香、花生日记、未来集市等。

3. 社区团购类社交电商

社区团购类社交电商是指以小区为单位，商家在小区内招募业主或便利店主成为团长，以微信群为载体，团长在群里发布和推广团购低价商品，用户通过小程序或微信服务号下单，商家配货至团长处，用户到团长处提货，团长根据销售额获得佣金的模式。

社区团购类社交电商模式结合了拼购与会员分销类的优势。通过社区团长依托信任关系进行商品的分销，降低引流成本，且最后一公里由团长配送或用户自提，节约了物流成本。社区拼团进行预售，以销定采，提升上游议价能力的同时降低损耗。

社区团购类的主要代表平台有小红书商城、宝宝树、虫妈邻里团、每日一淘、松鼠拼拼等。社区团购平台品类多以生鲜为主，生鲜产品一方面凭借高频高复购的特性易聚合流量，另一方面毛利低、损耗高、物流成本高，在社区团购模式下可以获得更大盈利空间。

4. 内容类社交电商

内容类社交电商是指通过自有平台或第三方平台，运用意见领袖（KOL）、短视频、直播、热点等多样化的内容引导消费者购物，实现商品与内容的协同，提升电商营销转化效果的模式。内容类社交电商的运作机制为由内容生产者创造高质量个性化的内容，关联商品及服务，再由内容平台分发内容给目标用户，通过内容引导商品及服务的销售获利。

随着网络购物用户规模增大，年轻一代逐渐成为网购的主力人群。根据波士顿咨询公司2019年的一项调查，近一半的消费者主要通过KOL、社交广告为代表的社交媒体及其他数字媒体关注品牌动态，30岁以下的年轻人中有70%以上容易受到不同类型KOL的影响。为了满足年轻一代消费者时间碎片化、消费个性化的购物需求，电商与内容产业链开始协同化发展，通过内容连接消费者，影响价值决策体系，进一步引导消费者购物。

根据载体划分，内容类社交电商的内容包括图文、短视频、直播，三类内容兴起的时间由远及近。图文的出现时间最早，以优质的自媒体宣传文案等方式在微信及小红书等平台实现了裂变传播。2017 年前后，短视频、Vlog 等新媒介兴起，社交内容进一步丰富。近年来直播电商成为内容类社交电商中的热门模式，疫情影响更加速了其成长过程。

内容类的主要代表平台有小红书、抖音、快手、淘宝直播等。

10.3 共享经济

10.3.1 共享经济的概念

共享经济（sharing economy）又称分享经济，是指拥有闲置资源的机构或个人有偿让渡资源使用权给他人，从而使资源分享者从闲置资源中获得额外价值的经济模式。共享经济的关键在于如何实现最优匹配，实现零边际成本。

共享经济的理念萌芽较早，最早可追溯到 20 世纪 70 年代，Felason 和 Speath 在 1978 年提出“协同消费”这一概念，将其定义为多人共同参与消费商品或服务的行为。而后马丁·威茨曼于 1984 年提出“分享经济”的概念，侧重研究西方经济发展过程中工人与资本家的利益分配的问题。然而，这些模式与概念并未引起广泛的关注，直到 2010 年前后，随着优步（Uber）、爱彼迎（Airbnb）、滴滴等基于共享理念的企业兴起并迅速发展，“共享经济”的概念才开始流行起来。“共享经济”一词于 2008 年被 Lessig 首次提及，指的是在无商品所有权的情况下，通过资源的共享、交换、租赁进行的协同消费活动。在经济交易中，它指的是对一个对象（实物商品或服务）的消费被分成单个部分，这些部分通过基于社区的在线服务或通过 B2C 模式中的中介机构协调的 C2C 网络进行协同消费。此后，“网格经济”“零工经济”“对等经济”等概念也陆续提出。

目前，共享经济作为一个新的且在持续发展丰富的经济模式，在全球范围内没有完全统一的定义，业界和学者根据自己的实践经验对共享经济提出了自己的解读。

1. 业界对共享经济的解读

共享经济的商业模式最早由共享租车公司 Zipcar 和 Buzzcar 的创始人罗宾提出，罗宾认为共享经济以“产能过剩＋共享平台＋人人参与”为基础，互联网技术的革新使资源共享便捷化，人们越来越倾向从资源的所有者转向使用者。经济合作与发展组织认为，共享经济是在线平台专注于匹配特定市场的需求和供应，实现点对点（P2P）销售和租赁，并确定了共享经济三种类型：（1）P2P 销售；（2）P2P 共享；（3）众包。普华永道会计师事务所认为共享经济利用数字平台让客户能够访问有形和无形资产，而不是拥有这些资产。

中国互联网协会指出，共享经济是指利用互联网等现代信息技术整合、共享海量的分散化闲置资源，满足多样化需求的经济活动总和。借助大数据处理技术、卫星定位技术、互联网技术（尤其是移动互联网技术）等高新技术手段，共享活动发起者建立起共享平台，共享经济参与者可以按照自己需要，在平台上提供或给予资源，从而使分散且闲置的资源得到快速整合和精确匹配，转移到有需要的用户手中，实现资源的充分利用。

2. 学者对共享经济的解读

学者对共享经济从宏观和微观经济学两方面进行了解读，前者侧重市场模式，后者侧重公司战略、流程、系统及其与消费者的互动。

从宏观经济学的视角来看，共享经济遵循混合市场模式。商品和服务的交换是市场模式的主要内容，这些模式侧重在参与者双方之间转移经济资源，根据资金的投入情况，主要分为两种模式。第一种是传统的市场模式，即两个参与者用商品或服务的所有权交换资金。第二种是赠礼，即一个参与者将商品或服务以赠礼方式送给另一个参与者，在交易过程中不涉及任何资金。混合模式是基于不同类型的市场和非市场模型的共存，也是未来经济交换的发展模式，进而衍生出了共享经济。

从微观经济学的角度来看，共享经济是各个学科讨论的一部分。例如，市场营销学科研究发现如果消费者能够获得来自不同供应商的资源，品牌的相关性会逐渐减弱。供应商视角是商业管理研究的一部分，该研究为现有企业和初创企业以及中小企业确定了共享经济模式下的新战略。管理学研究确定了共享经济模式下公司的不同经营策略：(1) 出售使用权而非所有权；(2) 通过出售商品和服务支持产品的再所有权；(3) 利用未使用的资源和能力；(4) 提供维修和维护服务；(5) 瞄准新客户；(6) 开发全新的商业模式。

10.3.2 共享经济的基本组成要素及与传统经济模式的区别

1. 共享经济的基本组成要素

共享经济的基本组成要素包括以下三个：闲置资源、共享平台、资源供给方与需求方。

(1) 闲置资源。闲置资源是共享经济的第一要素，是资源供给方和需求方实现资源共享的前提和物质基础。这类资源经常处于“占而不同”的状态，由网络平台通过技术整合过剩的产能并将其转化为可交易的产品或服务。我国学者王璟珉等总结出一个“效率-质量”二维模型，将共享经济市场中的闲置资源按照资源属性分为四类：高质低效资源、高质高效资源、低质高效资源、低质低效资源，如图 10－2 所示。

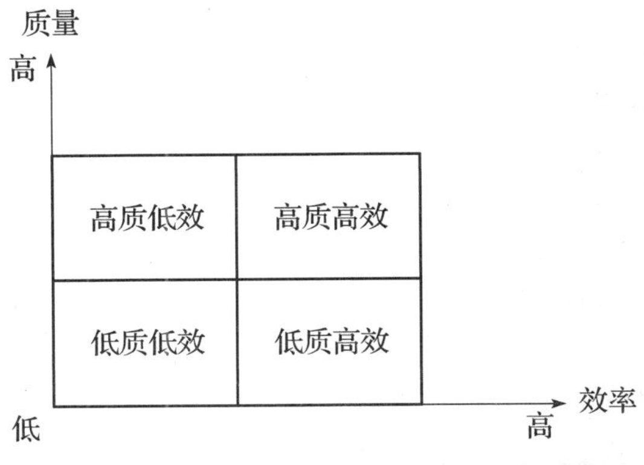

图 10－2 闲置资源分类

高质低效资源即闲置资源本身质量高，但利用效率较低，滴滴打车中的专车即为此类资源的代表。滴滴专车的目标客户为高端商务出行人群，但其服务定位也导致了订单数量较少，车辆利用率较低。

高质高效资源即在资源质量和利用效率上都处于较高的水平，滴滴顺风车为此类资源的代表。顺风车利用大数据算法进行匹配，将闲置的汽车座位共享给顺路的乘客，物美价廉，在保证较优的乘车体验的同时凭借低廉的价格达成较高的车辆利用率。

低质高效资源即资源使用率高，但资源质量较差。出租车为此类资源的代表。出租车为传统交通工具之一，其乘坐体验相比轿车不具有优势，但司机全天可不受限制接单，拥有较高的车辆使用率。

低质低效资源即资源质量和利用率均处于较低的水平，共享单车为此类资源的代表。共享单车出现不久，就产生一系列问题。共享单车市场资源泛滥，出现大量无人管理、被遗弃的“僵尸车”，且车辆报废率、故障率较高。这些资源质量难以保证并且利用效率较低，导致资源浪费和社会负担加重。

（2）共享平台。共享平台是共享经济的核心，主导整个共享经济的发展和模式。共享平台是由第三方创建的、以信息技术为基础的市场平台，通过网络技术对闲置资源进行分销与推广，向供需双方提供交易机会以获取一定的佣金。第三方包括商业机构、组织和政府。与传统电子商务网站帮助供需双方完成交易不同，在共享经济模式下，供需双方只是暂时租赁使用产品或服务，而非销售购买。由于供需双方往往数量庞大，因此需要共享平台作为中介，发挥资源的协调配置作用，降低交易成本。共享平台的出现在前端帮助个体解决办公场地、资金的问题，在后端帮助处理集客的问题，使得商户或个体更好地专注于提供优质产品或服务。Schor 按照共享平台是否营利、资源供给方角色，将共享平台划分为（P2P，非营利）、（P2P，营利）、（B2P，非营利）、（B2P，营利）四种类型。

（3）资源供给方与需求方。资源的供给方与需求方借助共享平台完成交易活动，由资源的供给方提供闲置资源，需求方则在共享平台上提出对产品或服务的需求并付出报酬，以获得对所需闲置资源的使用权。根据供给方和需求方的类型，可以将共享活动分为四种类型——P2P，B2P，P2B，B2B。其中，P2P 交易是最常见的交易形式。参与主体主要为个人或企业，个人主体的交易是共享经济的主要形式，而企业主体对于共享经济的参与更注重经济效益，因此进行的交易活动更具有规范性，对共享经济模式发展的推动作用更强。

2. 共享经济与传统经济模式的区别

共享经济与传统经济模式具有诸多差异性，主要体现在交易资源、平台模式、交易主体、雇佣关系四个方面。

（1）交易资源。传统经济模式下的产品大多是规范化、标准化的，且强调新资源的生产，而共享经济侧重对现有资源的再分配与获取，这些资源对于供给方而言处于闲置状态。

（2）平台模式。传统经济模式下，资源的所有权在公司或个人手中，随着交易活动进行所有权的让渡，但共享经济下的企业大多采用平台模式，实现去中介化，资源所有者仍旧拥有资源的所有权与管理权，共享平台代替了传统经济模式中的供应商、生产商和消费者之间的连接桥梁。

（3）交易主体。传统经济模式下，主要是企业与个人之间的交易，交易存在信息差，消费者处于被动地位。而在共享经济下，以个人为单位的交易是主要形式，企业大多发挥平台用户的连接作用，资源的供需双方信息透明，交易更加公平、灵活。

（4）雇佣关系。在传统经济模式下，员工与企业存在雇佣关系，工作时间、地点、内容、工资发放按照劳动合同规定。而在共享经济下，不存在类似的雇佣关系，资源提供方的工作时间与地点灵活，经济收益由个人工作量决定，平台收取适量佣金。

10.3.3 共享经济产生与发展的驱动力

根据艾媒咨询数据，自 2012 年以来，我国互联网共享经济市场规模呈高速扩大趋势。2019 年起，我国共享经济市场发展趋向平缓，至 2020 年，我国互联网共享经济市场规模已达 84 384 亿元，如图 10－3 所示。

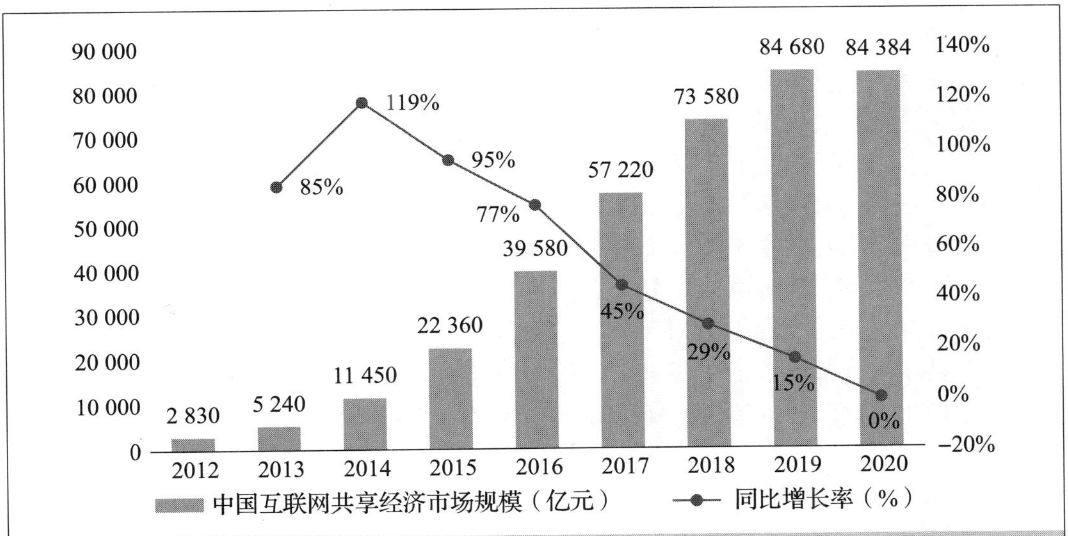

图 10－3 2012—2020 年中国互联网共享经济市场规模

资料来源：艾媒咨询.

共享经济的兴起与发展是社会环境、技术条件双重因素综合作用的结果，其中，社会环境因素主要包括经济危机的刺激、生态环境的恶化、消费观念的转变，技术条件因素包括网络技术的发展和信任机制的建立。

1. 社会环境因素

（1）经济危机的刺激。2008 年爆发的全球性金融危机一定程度上刺激了共享经济的产生。一方面，传统经济模式受到打击，迫切地需要经济增长的新动力；另一方面，长期盛行的粗放、无节制的消费主义使得大量资源闲置，在金融危机的产能过剩问题下，资源的浪费进一步加重。金融危机发生后，经济发展态势低迷，人们的可支配收入减少，转向可持续消费，共享经济应运而生。

（2）生态环境的恶化。经济发展、产业升级带来了比较严重的环境问题，人们对于生态环境恶化的担忧也在一定程度上促进了共享经济的产生与发展。在有限的自然资源下，低水平的消耗和浪费会导致生态环境的进一步恶化，环境保护意识的提高促使人们选择可持续消费。共享经济下，可持续的资源有利于环境保护，提高了资源的利用率，减少了人们对资源的占用和破坏，生产过剩现象得到缓解。

（3）消费观念的转变。人们消费观念的转变在一定程度上推动了共享经济的产生和发展。在原来的消费观中，人们对资源的所有权较为看重，但随着物质的极大饱和，经济过剩，社会生活方式逐渐朝着更具流动性和适应能力的方向转变，人们对于所有权的重视程度下降，更倾向于“轻资产”的消费模式，偏好使用权，对消费体验的要求提高。

2. 技术条件因素

（1）网络技术的发展。移动互联网技术的飞速发展是共享经济产生与发展的强大推动力。共享经济兴起之前，类似的租赁业务已经出现，例如设备出租等，但由于技术手段限制，资源在广泛度和效率之间难以平衡，缺乏规模效应。网络技术的发展降低了租赁交易的信息成本，减少了信息不对称，促进了共享经济的发展。互联网和社交网络技术为人们交流分享提供了便捷的渠道，开源共享、云计算等技术的发展为共享经济提供了充分的技术支持。

（2）信任机制的建立。信任是共享经济得以可持续发展的一个决定性因素。在传统经济模式下，商家与客户间存在信息差，消费者信心需要通过试错来建立，很可能产生信任危机。而在共享经济下，信息透明度较高，共享平台通过降低信息不对称和建立线上声誉机制，为解决信任危机提供了一种有效途径。共享经济下的信任包括供需双方的相互授信、交易双方对于共享平台的信任。目前，以优步、爱彼迎、滴滴等为代表的共享平台都建立了信任机制，依靠广泛的参与者提供评价和信誉评分，有效地调和了陌生人之间实现消费共享的问题，为共享经济的发展提供了良好的信任环境。

10.3.4 共享经济产生的影响

1. 共享经济产生的经济影响

共享经济推动分工更加细化深入。在共享经济中，参与者广泛接受使用权消费的观念，所有权和物质主义将逐渐弱化，企业只需控制无形品牌、核心技术等关系企业核心竞争力的要素，而从生产、管理、营销到客户服务的其他环节都可以外包，逐渐形成分工更加精细的产业生态体系。

共享经济推动交易模式发生重大变革。在传统经济模式下，产品需要通过中间环节规模庞大的渠道商和分销商（可统称为中介），才能从生产过渡到消费环节。卖方将产品批发给中间商，买方再从中间商购买，在整个商品流转过程中，买卖双方一般不会见面，买方对产品质量、出厂价等信息也无法知悉，在交易过程中处于弱势地位。然而，在共享经济模式下，买卖双方在共享平台上进行直接议价交易和互动，而共享平台仅仅为交易双方提供一个虚拟市场（包括市场中的交易规则、信任机制、交易安全等技术保障）。可见，共享经济推动了整个产业价值从生产者到消费者间的重新分配，中间食利阶层逐渐远离，而买卖双方利益分配更加平衡。

共享经济推动产业转型与结构调整。在传统经济模式中，经济交易的前提是要转移交易产品的所有权，而共享经济中的交易只需暂时性地转移使用权，消费观念的转变将直接推动企业经营模式与产业结构的演变。在共享经济模式中，企业盈利能力的强弱将不再依赖出售产品的数量，而与产品的使用频次相关。在这一逻辑下，企业产品的设计和制造就会更多地考虑耐用性、无缝升级换代以及便于再次利用，而企业的经营模式也将从生产制造向下游的增值服务延伸，企业的收入将主要来源于售后增值服务。

共享模式推动经济发展加速向绿色化转型。在传统经济模式中，快速消费文化导致了大量浪费的产生。而在共享经济中，消费者逐渐意识到自己需要的只是产品消费所提供的功能，企业的责任也不再停留在产品制造和销售环节，而是要覆盖整个产品生命周期。共享经济推动“使用—丢弃”的快速消费模式逐渐转向“使用—再使用—回收再利用”的闭环运行模式。二手产品的共享或再次交易减少了对新增资源的消耗，同时大幅提升了既有社会资源的利用效率，直接推动循环经济发展。

2. 共享经济产生的环境影响

共享经济有利于节能减排和绿色经济发展。共享经济通过减少排放、最小化油耗、减少资源浪费等方式，对环境可持续产生有利影响。对于交通部门，车辆共享可以减少车辆行驶里程，从而对环境产生积极影响。这种共享活动还可以刺激消费者行为的长期变化，使得个人交通选择从拥有车辆转向通过共享方式满足出行需求。类似地，自行车共享可以减少消耗石油产品并产生碳排放的机动车辆的使用。

10.4 新零售

10.4.1 新零售的概念

新零售（new retailing）是指企业以互联网为依托，运用大数据、人工智能等技术手段，对商品的生产、流通、销售过程进行升级改造，进而重塑业态结构和生态圈，并对线上服务、线下体验、现代物流进行深度融合的零售新模式。

我国电子商务发展已经步入成熟期，2015 年，实体零售企业纷纷开拓线上渠道，电商企业则转向线下渠道的开拓，零售活动渐渐打破原有的边界，许多学者和业界人士认识到，相比传统的零售的概念，当前的零售模式内涵应更加丰富，外延应更加宽广。新零售概念由时任阿里巴巴集团董事局主席的马云于 2016 年 10 月首次提出，强调了线上线下和物流的结合。此后新零售成为一个业界新词被广泛传播，引起了学界、业界的关注。我国也颁发了一系列与零售业转型相关的政策，2016 年双十一当天，国务院办公厅印发了《关于推动实体零售创新转型的意见》（国办发〔2016〕78 号），明确了推动我国新零售发展的 18 个方面。

目前，由于新零售处在发展的初级阶段，相关的理论研究较少，尚未形成共识。业界和学者对新零售提出了自己的解读。

1. 业界对新零售的解读

新零售理念提出者马云认为，在未来，线下与线上零售将深度结合，再加上现代物流，服务商利用大数据、云计算等创新技术，构成未来新零售的概念；亿欧公司创始人黄渊普对新零售的解读是，新零售是更加全面地通过整个线上线下融合，利用先进的技术，收集C端消费者的需求，去反推整个生产，以达到C2B完全无库存销售；阿里研究院也对新零售做出了明确的定义，即新零售是以消费者体验为中心的数据驱动泛零售形态，它的核心在于重构从而产生全新的商业业态，核心价值是最大限度地提升流通效率。其基本特征包括三个方面：以心为本，围绕消费需求，重构人、货、场，实现以消费者体验为中心；零售二重性，从物理化和数据化二维角度思考新零售；零售物种大爆发，形成多元零售新形态，向人人零售迈进。

业界也有一些企业家对新零售的概念持不同甚至反对的意见。京东集团董事局主席刘强东认为，零售无所谓新旧，零售业态的变革改变不了成本、效率、体验的本质；著名物流专家王继祥认为，零售只有好坏之分，并无新旧之别，零售新业态更重要的是内涵和本质的界定。

此外，不同的零售变革主导企业使用了不同的概念界定传统零售的变革，例如京东使用无界零售，苏宁和腾讯使用智慧零售等，尽管称谓存在区别，但均是对当下零售业态颠覆式变革的描述。

2. 学者对新零售的解读

我国学者杨雪梅基于马云提出的新零售概念，总结认为新零售是线上线下和物流的紧密结合（“线上＋线下＋物流”），核心是以消费者为中心的会员、支付、库存、服务等方面数据的全面打通，目标是面向线上线下全客群提供全渠道、全品类、全时段、全体验服务，满足人们随时随地、随心所欲的全方位需求；蒋亚萍、任晓韵将新零售解读为以互联网技术为手段，线上线下结合，架构“店商＋电商”的经营格局，实现零售创新。

哈佛大学教授梅尔科尔姆于1958年提出了“零售之轮”理论假设，指出新型零售商常常会以低成本、低价格、低毛利作为基本策略进入市场，逐渐取代原来的零售商，再不断提高经营服务质量直至具有高成本、高价格、高毛利。日本学者中西正雄于20世纪90年代在梅尔科尔姆“零售之轮”理论假设的基础上提出了“新零售之轮”理论，在对零售业态发展规律研究后，提出零售业以技术革新为先导，使企业在物流配送、成本把控、信息管理等方面获得提升，才能推动零售业态发展的观点，成为新零售的理论支撑。

10.4.2 新零售与传统零售的联系与区别

新零售在传统零售的基础上发展而来，两者均围绕人、货、场，实现信息流、资金流、物流的交互。新零售与传统零售的区别主要表现在以下几个方面。

1. 经营范围

经营范围包括顾客地域及产品经营范围。传统零售位于线下，较多受到物理空间的限制，产品经营范围与店铺选址、商品陈列、商品品类等有关，同样受到一定限制。

新零售拓宽了线上的渠道，较少受到物理空间的限制，同时，产品经营依赖网络虚拟空间，在物流不受限制的情况下，商品丰富度极大地提高。例如，淘宝的一个店铺能够不受物理空间限制，经营多个品类的商品，并覆盖全国市场。

2. 经营灵活性

传统零售的经营相对缺乏灵活性，其核实库存、补货盘货、规模扩张等均需要花费一定时间，且多为人工进行，较为烦琐。而新零售突破了时间的限制，顾客随时随地可以在网站上下单，商品的信息调整由商家通过后台信息系统高效率完成，在互联网大数据的计算分析下，为商家提供经营数据分析，方便其更好地进货、补货，减少货物堆积，提高经营效率和效益。

3. 经营环节

传统零售的经营环节较多，包含多级代理，商家对产业链上游的议价能力较弱，经营成本较高，导致产品会以较高的价格销售。新零售可以省去一切不必要的流通环节，实现去中心化，获利方式从信息不对等的差价转移到产品与效能的增值，削减经营成本，有利于商家建立价格优势。

4. 竞争态势

传统零售受到经营范围的限制，通常通过连锁的形式产生规模经济，同一业态以及不同业态之间的竞争较弱。而新零售下规模经济与网络协同效应显著，消费者转换成本较低，商家之间竞争激烈。

5. 消费者成本与体验

传统零售中，消费者除了要支付购物价格外，还有额外的交通、时间等交易成本，但能够享受到购物的娱乐、社交等派生价值，对所要购买的产品可以获得全面的了解与感知。新零售能够大大节省消费者购物的额外成本，但图片、文字、小视频等形式展现的产品无法真正满足消费者对于目标产品或服务的了解需求。然而，传统零售的场景较为单一，即到店、取货、付款，完成交易流程。在新零售下，场景多元化，实体店与电商平台相结合，包括门店购、App 购、店中店触屏购、VR 购、直播购等多种形式，丰富了消费者的购物体验。

10.4.3 新零售产生与发展的驱动力

国家统计局数据显示，我国社会消费品零售规模稳步增长，2019 年达到 41.2 万亿元。网络零售额占比也不断上升，2019 年网络零售额达到 10.6 万亿元，占社会消费品零售总额的 25.7%。阿里研究院认为新零售的诞生源于技术驱动、消费升级、行业增长三重因素；商务部流通产业促进中心认为新零售的产生是技术升级为其提供发动机，消费升级则为其增强牵引力。综合诸多观点，行业发展诉求是新零售发展的前提，技术创新和消费升级是其发展的基本动力，在行业发展、消费升级和技术创新的推动下，新零售产业蓬勃发展。

1. 行业发展

我国传统零售业不断受到电商平台的冲击，然而传统电商由于互联网快速发展与移动终端的大范围普及所带来的用户增长与人口红利正在逐渐萎缩，也遇到了发展瓶颈。网经社电子商务研究中心相关数据显示，近几年移动网购交易规模的增长率在持续下降。这表明，传统零售向纯电商转型的方式不再可行，需要进行变革，探索新的零售模式。

2. 消费升级

传统电商的购物体验一直是短板，相比线下实体店提供的商品或服务的可视、可触、可感、可用等属性，线上电商难以提供真实场景的购物体验以满足消费者日益增长的对于高品质体验式消费的需求。随着“90后”“00后”逐渐成为现代社会消费群体的主力，新一代消费群体更加注重消费场景与体验，消费升级进程进一步加快。因此，零售商需要打造个性化、智能化的消费服务，对传统电商进行变革，融入线下以打造全渠道零售平台，优化消费者体验，使其在享受线上购物的方便快捷的同时，也能获得线下购物的真实体验。

3. 技术创新

新兴技术的不断创新、发展和应用推广对于传统零售向新零售变革具有重要影响。新零售作为一种新兴的商业零售模式，涉及线上网络平台、线下实体商家、仓储物流等多个方面的深度融合，需要有一系列新兴技术的支撑，包括大数据、云计算、物联网、区块链、人工智能等。人工智能在消费者需求挖掘、产品生产、物流配送、商品自动识别结算等环节实现有效替代传统人工。新零售不仅是渠道的融合，更是线上和线下数据的贯通，并依托云计算的分布式处理、分布式数据库和云存储、虚拟化技术。云计算帮助零售商打破各个网点之间的数据孤岛，实现线上、线下数据统一汇集，形成统一的数据平台，有效提高零售企业运营效率。物联网技术是新零售实现线上线下商业闭环的关键，物联网以极低的成本将商品信息数据化，将线下零售商业行为转移到互联网，建立完整的商品和消费者数据库。技术创新为零售企业优化产品生产流程，降低生产成本及客群运维成本，同时提升消费者体验。

10.4.4 新零售的核心要素

人、货、场是零售组成的三要素，新零售的“新”体现在对这三者进行了重构与升级。

1. 人

人指的是消费者，新零售模式下对“人”这一要素的重构，在于以消费者为核心，消费者的消费需求逐渐成为价值活动的起点，技术支持下消费者画像更加清晰。一方面，电商平台已经出现多元化的流量获取方式，例如社群电商、垂直电商、网红经济、短视频、直播等；另一方面，线下迅速普及的摄像头、智能货架、移动支付等也正逐步实现线下流量的数据化。这使得消费者的用户画像越来越精准，潜在的新需求被充分挖掘。企业能够抓住某一消费群体的生物属性、兴趣偏好、表情情绪、消费记录等特征，为消费者提供更个性化的产品及服务。

2. 货

货指的是商品及服务，新零售模式下对“货”这一要素的重构，在于提升以消费者为中心的供应链管理效率。数据驱动下的新零售实现了从前端到后端不同应用场景的数据化。数据挖掘和不断的算法反馈迭代，提供了从选品、商品陈列、商品定价到销售预测、库存管理等智能决策服务，帮助商家构建以需求驱动的供应链体系。

3. 场

场指的是消费的场所或场景，新零售模式下对“场”这一要素的重构，在于打破线下有形场景与线上无形场景的边界，真正实现零售业态的全渠道升级。随着图像识别、人工智能、智能制造等技术的逐步成熟，在移动支付迅速普及的情况下，消费场景多元化，便利性极大提高。通过线上线下渠道的高度整合协同，所有渠道进一步深度融合互通，实现渠道间客流、资金流、物流、信息流的自由流通，进而为消费者提供各个渠道间的无缝化购物体验。

10.4.5　新零售发展趋势

1. 规模化、无界化、智慧化

新零售具有规模运营的特征，主要表现在两个方面。一方面，新兴技术创新驱动新零售发展，线上线下海量资源的整合对新零售效率和服务水平至关重要；另一方面，电子商务具有规模经济与网络效应特征，线上线下与物流协同的体系构建需要依托规模化的运营组织，同时线上电商平台建设串联传统零售企业更需要规模化的运营。

无界化是新零售的基本趋势。人、货、场是新零售的核心三要素，无界化主要体现在零售场景、货物、人与企业的边界将逐渐模糊。在零售场景上，时间和空间的边界将逐步消失，去中心化趋势显著；在货物上，新零售中商品、服务、数据、内容的组合盛行，产业边界将逐渐模糊；在人与企业之间，用户将参与产品设计，也可能成为企业的分销商，实现供需合一、人企互动、协同共创。

新零售依托一系列新兴技术创新实现发展，具有天然的智慧零售属性。以数据、算法和计算能力为关键要素的核心科技与零售产业不同环节的融合加深正催生出越来越多具有实用性和针对性的零售科技，也使得零售产业的数字化转型朝着更加智能化、普及化和深度一体化的方向发展。

2. 新零售生态逐步完善，多零售业态共存

当前，我国零售业发展呈现新常态，传统零售竞争压力增大与传统电商人口红利趋尽，使得线上线下的零售企业转型需求日益迫切。纯电商向 O2O 趋势演进，开展线下多业态布局。目前一些企业已经开始新零售的具体尝试，成为新零售与新技术和新资源结合的榜样，例如国内的京东、淘宝，国外的亚马逊。在这些行业巨头的示范下，更多的企业将加速数字化转型进程，推动新零售生态逐步完善。

新零售在大数据、云计算、物联网、人工智能等新兴技术创新赋能下，表现出巨大潜力。然而，消费需求的多样性使得新零售业态难以完全垄断，目前我国新零售发展尚处于初期阶段，因而新旧零售业态将长期共存，并形成相互竞争、相互补充的市场局面。

3. 竞争由价格转向差异化，线上线下物流深度融合

规模、成本、效率是零售业的三个关键内容，传统零售业竞争焦点为低价策略。在居民收入持续增长、主力消费人群年轻化的形势下，人们的消费需求呈现出个性化、

多样化特征，促使零售企业采取差异化竞争策略，趋向更细分的领域发展，致力于提升消费者的购物体验。新零售“线上＋线下＋物流”深度融合，协同发展，更好地迎合消费升级趋势是必然选择。新零售将走向全渠道运营，建立全链路、精准高效的渠道营销体系。

□ 思考题

1. 什么是新零售？新零售与传统零售相比有哪些不同？

2. 新零售产生的驱动力有哪些？

3. 人、货、场是零售组成的三要素，新零售如何对其进行重构升级？

4. 以京东、亚马逊等任一代表企业为例，分析其新零售模式，谈谈你对新零售的理解。

5. 从机遇与挑战视角，讨论新零售的未来发展趋势。

□ 练习题

一、单项选择题

1. 在社交电子商务中，人、货、场为一个整体，为动态场，其中，（　　）为中心且是动态的，商家借助口碑效应等实现裂变扩张，为动态场。

A. 人　　B. 货　　C. 场　　D. 景

2. 我国社交电子商务发展迅速，目前逐步进入（　　）时期。

A. 探索　　B. 市场启动　　C. 稳定发展　　D. 高速发展

3. 根据“效率-质量”二维模型，共享经济市场中的闲置资源可以按照资源属性分为四类。滴滴顺风车属于其中的（　　）资源类别。

A. 高质高效　　B. 低质高效　　C. 低质低效　　D. 高质低效

4. 根据“效率-质量”二维模型，共享经济市场中的闲置资源可以按照资源属性分为四类。出租车属于其中的（　　）资源类别。

A. 高质高效　　B. 低质高效　　C. 低质低效　　D. 高质低效

5. 规模、成本、效率是零售业的三个关键内容。新零售中，在居民收入持续增长、主力消费人群年轻化的形式下，零售企业采取（　　）的竞争策略。

A. 价格优势　　B. 差异化　　C. 集中化　　D. 市场扩张

二、多项选择题

1. 移动电子商务的商业模式包括（　　）等。

A. 基于 LBS 的 O2O 模式　　B. 微信营销模式

C. App 商用模式　　D. 社区团购模式

2. 移动支付是移动电子商务中的一种新型支付方式，指移动客户端利用手机等电子产品进行电子货币支付，移动支付将（　　）有效地联合起来，形成了一个新型支付体系。

A. 终端设备　　B. 商业机构　　C. 互联网　　D. 金融机构

3. 社区团购类社交电商模式结合了（　　）社交电商模式的优势。通过社区团长依托信任关系进行商品的分销，降低引流成本，且最后一公里由团长配送或用户自提，节约了物流成本。

A. 内容类　　B. 会员分销类　　C. 拼购类　　D. App 商用类

4. 共享经济的基本组成要素有三个，分别为（　　）。

A. 商业模式　　B. 共享平台

C. 资源供给方与需求方　　D. 闲置资源

5. 新零售产生与发展的驱动力为（　　）。

A. 技术驱动　　B. 信任机制　　C. 行业增长　　D. 消费升级

三、判断题

1. 移动电子商务按照应用方式分为远程移动电子商务和近场电子商务。（　　）

2. 在传统的电子商务中，消费者为发现式购物，而在社交电子商务中则为搜索式购物。（　　）

3. 会员分销类的主要代表平台有小红书、宝宝树、虫妈邻里团等。（　　）

4. 共享经济的关键在于如何实现最优匹配，实现零边际成本。（　　）

5. 共享经济的兴起与发展是社会环境、技术条件双重因素综合作用的结果，其中，社会环境因素主要包括突发公共卫生危机的刺激、生态环境的恶化、消费观念的转变。（　　）

第十一章

电子商务案例①

11.1 两三事——让每一件衣服都诉说出自己的故事

11.1.1 背景

两三事公司始创于2005年的北京，2009年8月迁至广州，是一家集服装专业设计、生产、销售为一体，拥有自主品牌的电子商务企业。2009年，两三事品牌正式创立，主营时尚美妆。初听这个名字，你可能很难将它与服装结合起来，但当你真正了解其中的含义时，才会发现“两三事”这一品牌名称真正的魅力所在。每一件衣服有她的灵魂，不是肤浅的一件单品。每期新品都囊括主题的拍摄、情景式的文案编写、音乐与视频的烘托表达。每一件衣服都有自己的故事，这就是两三事，展示衣服的精神和灵魂。

11.1.2 创新契机

两三事的创始人穆雷蕾作为美学研究生，本身非常爱美，而且对服装天生敏感。在上学期间，穆雷蕾就经常去北京动物园服装批发市场购买各种各样的衣服，自己搭配，经过穆雷蕾搭配的服装都特别有美感，同学、朋友购买服装都喜欢请她帮忙搭配。2005—2008年是两三事发展的第一阶段，当时穆雷蕾还在北京邮电大学研习美学课程，虽然有了淘宝店铺，但是没有完整的团队，两三事只能算她课余的爱好。2008年毕业后，穆雷蕾留校做了一名教学秘书，工作很清闲，但是仅仅过了几个月，她就决定辞去学校的工作，专职做网店。最初，她从北京本地的批发市场拿货。随着网络购物在2009年的再次兴起，加上穆雷蕾对于客户的精心维护和拓展，店铺的营业收入逐渐增加，本地的货源已经不能满足需要，两三事团队于是开始到全国各地积极寻找货源。

① 本章案例来自中国人民大学案例中心。

2009年，两三事把自己的运营团队从北京搬到了更接近货源地的广州，并且聘请专业摄影师、专业设计师为客户提供更好的服务。在这之前，两三事已经积累不少忠实的客户。至此，其淘宝之路才算正式拉开帷幕。从2009年至今，两三事曾连续4年进入淘宝女装TOP 100，并于2011年以淘品牌的身份入驻天猫。这个孵化于淘宝的设计师品牌正在努力实现它的品牌梦。经过一番艰苦的努力，目前已经与杭州、广州等服装产业发达地区的几家工厂形成长期合作关系，解决了供应链问题。

11.1.3 品牌定位

1. 差异定位

两三事的定位很明确，选择了定位小众，也就选择了一条与众不同的路。两三事的客户群体中，年龄以25～29岁为主，占35%，年龄在29～34岁的占30%，18～24岁的仅占20%。在25～34岁这个年龄段的女性，既重视服装的款式与个性，又在意服装的质量与品牌文化，同时有一定的经济基础。品牌定位并不仅仅是公司提出的一句口号，而应该让客户自身感受到品牌的定位，从产品设计、营销推广、网站设计、产品包装、宣传资料等一系列方面整合品牌诉求和客户的感知，从而产生品牌风格和目标客户的共鸣。

其实从2005年发展至今，两三事的风格变化并不大，它对自己的定位是“小邪恶大女人”，这是一种比较抽象的说法，如果用更具体一些的形容词，则是精致、玩味、随性、特立独行。两三事把这些词汇印在自己的宣传册上，分发给它的客户。无论是花大价钱拍影片传播理念，还是用文案、音乐、视频等手段树立立体的品牌形象，最终都会作用于品牌的受众。

从源头来说，两三事是穆雷蕾个人风格的延伸，曾有记者这样描述她：这是一种需要从15岁就开始文艺，一直坚持到30岁才能积淀下来的风格底蕴，而大多数人由于学习、工作、生活的原因在半途就放弃了。她沿着我们很多人都走过，但半路折回的那条路，一路到底地走了下去。穆雷蕾每年有1/4的时间都游走在国外，她热爱摇滚乐。早期两三事的文案、图片都是由穆雷蕾本人一手操刀，从两三事品牌介绍中常常能看到达达主义之类的元素，她驾驭的视觉部门同样呈现出很强的欧美风格。整体质量几乎可以与市面上的时尚杂志一拼。

两三事的首页也与其他店铺不同。一般店铺的首页可以说是呈现产品的黄金位置，但是两三事的首页往往三屏过了还没看到产品。两三事首页还有线上背景音乐，店内的5首背景音乐通常都是穆雷蕾一手挑选，非常富有特色。据说很多粉丝没事儿就会开着店铺页面，当成电台来听。看两三事的页面，清一色的外模、豪放不羁的造型，让人猜测是否从国外某个先锋品牌中攫取而来。服装的展示呼应品牌的个性，带动搭配服装的浏览量。许多服装品牌店铺采用阐释类文案，即详细描述服装的材料、尺寸、功能以及穿着感受，使客户对产品有全方位的理解。两三事的文案却是在每次上新时，为每款服装取一个艺术化的名字，配上一个故事，即将理性文案和感性文案充分融合。类似款式的服装，在其他店铺中的名字可能是“女装欧美休闲连帽绒面短外套”，而在两三事中，它名为“午后三点的恋人”。理性的阐述类文案详细描述服装的款式、材质、功能等，而感性文案通过服装背后的故事将客户带入一个情境，使藏在服装内的抽象概念形象化，并通过极富人情化的方式引起客户的共鸣，强化品牌的形象。

2. 品牌文化

两三事强调人穿衣服，而不是衣服穿人。所以在配文案时，都会先叙述一个故事，然后才介绍衣服的物理特性。“我们相信衣服是有灵魂的，每件衣服都有独特的故事。”两三事的血管里流淌着和它的创始人相同的血液，白羊座的穆雷蕾把自己简单粗暴幻想型的人格统统体现在她一手创造的品牌上。

这个品牌的每件衣服都拥有一个名字，或者是衣服上的一个意象，或者是完全不着边际的一个形容，但是一旦与衣服结合，你又会觉得说不出的妥帖。名字就像是一个咒语，可以赋予衣服独特的灵魂。两三事这种天马行空的想象有时像一部荒诞不经的时尚大片，它不惜血本地在调性上下足了功夫，你以为它是在卖衣服，其实它是在传达理念，直到把你变成两三事的同类。

3. 品牌调性

创始人穆雷蕾曾在采访中说道：“两三事要做中国的香奈儿，做高品质的、有设计感的服装。做世界的两三事：中国未来 20 年必将崛起一批世界级的品牌，我们希望在其中占有一席之地。这是我们的目标，也是我们的理想。我们会坚持前进。”

中国缺乏的是本土品牌，这种品牌的培育不是短时间内可以完成的，两三事就想做这样的事。例如在幼儿教育行业，我们使用的都是西方蒙台梭利、加德纳等的理论，我们自己却没有系统的方法论。服装行业更是如此。既然中国的消费者觉得在很多方面我们的国产产品比不上外资的老品牌，尤其在技术领域，那么是否就表明，我们只有等到消费者的心智特点慢慢改变了，国产品牌才有机会走向高端呢？如果按照目前的营销理论，答案是肯定的。但营销毕竟是与消费者玩的一场心理战争，只要采用逆向的思维方法，就可以做到。

每个人的审美都不同，那么为何会有品牌一直走在时尚的前端呢？香奈儿的叛逆、自我主张，让她在当时的男权社会焕发出迷人的光彩，变成人们追逐的对象。所以杨俊认为，品牌的表现形式是以其所希望表达的精神为向导的。只要这种精神诉求存在，这个品牌就会有市场。而两三事的风格为西式服装，这就好比李安拍美国电影，他必须先了解美国的文化，穿一件衣服，喜欢一种风格，也需要先从了解这种风格背后的文化开始。两三事的关键词与西方女权主义联系在一起，而西方的经典品牌通常都有类似的精神内核。从历史的发展中，也可以看出人性逐渐得到释放的过程。

两三事很有做品牌的觉悟，调性是需要长期经营的，诉诸精神的东西肯定不会像方便面那样一泡就开，而是需要静处一隅，历久弥香。两三事的调性便决定了它不可能是一个创造销售奇迹的标杆，小众品牌就是得耐得住寂寞。

目前两三事的顾客主要分布在一线城市，所以这种理念的下沉空间还很广阔。年龄层分布也以 25～29 岁为主，占 35%，29～34 岁占 30%，18～24 岁仅占 20%。可以看出，品牌定位的针对人群主要是追求生活品质的中产阶层白领。美国近代经济学家凡勃伦通过对中产阶层白领的考察形象地说明了一个阶层的消费生活方式的潜在逻辑，即通过消费来维护自己的身份和阶层地位。由此预示了中产阶层对标签的注重，并提供了从消费选择角度区分与度量阶层的有效手段。两三事正是抓住了中产阶层消费者的这种追求心理，一开始，顾客可能对其页面中的西方文化不是很了解，但是随着和客服的交流，以及对品牌了解的深入，会逐渐形成精神上的共鸣，“甚至一些人成为两三事的客户后，会爱上我们推荐的音乐和小说，会想去了解我们致敬的那些女性”。这其实是两三事与买家之间建立深层关系、满足精神诉求的一种纽带。

11.1.4　产品营销

有了清晰又坚定的产品定位，为了更好地将产品推广出去，两三事也配套了一些不错的方法。

两三事在整体精致、玩味、个性的风格下细致地划分为几个系列：随性、特立独行、玩味等，细分市场，完善产品构成。在此基础上，它的产品更新速度很快，两三事的上新频率为每周一次，每次14～16款，整个店铺的SKU（stock keeping unit，库存量单位）维持在400个左右。由于本身是小众品牌，上新时单个SKU的备货量比较小，如果得到的反馈好，再进行加单生产，因此两三事的库存压力比较小。这种营造出的产品稀缺感非但不会影响销售额，反而会刺激消费者的购买欲望。与稀缺款相对应的还有少数留存经年的款式，常常是基本款，如衬衫、风衣。比如逾情记——穆雷蕾27岁生日派对的衬衫，在服装电商这个款式迭代快速，一年前的存货都无人问津的江湖里，逾情记卖了4年，总出货量接近10万件，如今依然是两三事店内销量前三名的款式。款式多，让客户有得选；货量少，会刺激客户迅速做出购买决策。

社交媒体是建立关系的重要途径。品牌与消费者之间的关系是感性的，尤其像服装这种带有强烈个人情感色彩的品牌，一旦消费者主动与某服装品牌建立了关系，如进行关注、接受推荐推送，这种维系就会给很多非顶级、知名度一般，但有个性的高品质原创品牌带来机会。目前“三微”的思路是，微淘作为吸引新客户的入口，微博作为活动用户的阵地，微信作为最终沉淀用户的池子。微淘上有很多新客户，他们尝试通过各种活动，将用户往微博和微信引流，尤其是微信。因为微信最紧贴用户，而且支付接口上线后，不但能快速沟通，还能直接产生购买。

收集反馈并相应调整生产成为目前两三事微信最为重要的功能之一，“每隔一段时间我们会在微信上发布新款预告，并放出样衣图片，让用户选择最想买的是哪件”。口袋通投票与统计的功能可以帮助他们快速将需求统计为生产订单。两三事微信平台的月销量目前稳定在30万元左右。“在整个微信电商的圈子里也能排进前50名了。”口袋通商户运营青山曾说。口袋通是国内最大的微信电商平台，入驻商户5万家，占据了微信电商80%左右的市场。利用微信做用户反馈修正的商户在口袋通当真不少。

人们常说，传统媒体与新媒体的区别在于，前者是信息单向传递，而后者是双向沟通，快捷的双向沟通使得根据反馈做出快速决策与修正成为可能，这也正是互联网的精髓所在。然而，能将其运用得当的人并不多，穆雷蕾是其中的一个。在中国香港的一场高端面料展会上，穆雷蕾面对眼前的几块面料爱不释手，拍下照片发到了微信上，问粉丝更喜欢哪种。粉丝的反馈中，喜欢A面料的最多，喜欢B面料的次之。然而，面料的生产周期很长，订货要1个月，制成成衣又需要15天，45天对服装行业而言已经是一个非常长的周期。但两三事还是上架开卖了，只贴上了面料的细节图，单价为600元左右，预售期为45天，由于面料本身的订货量就有限，蜂拥而至的粉丝很快就把几百件的预售额度都抢完了。很多没抢到的粉丝有些遗憾，于是两三事又对B款的面料做了类似的预售。

11.1.5 尾声

近几年来，两三事积极开拓线下的渠道，从2017年开始实施“城市占领”计划，并且引入天猫智慧门店新零售探索方式，先后在长沙、佛山、武汉、广州等地开设了多家品牌线下门店。同时，两三事也面临一些困境，包括如何主抓自然流量和客户维护；是否量力而行选择聚划算、硬广等付费广告；淘宝首焦、聚划算等推广方式是否适合两三事这种小众定位品牌；如何有效控制风格款比例，培养店内小爆款，提高新顾客下单转化率；如何依据市场数据指导研发方向；如何对市场需求做出快速响应。网络销售与实体店铺最大的不同是设计、打样、生产、物流都要快速反应，还要保证品质和控制成本。这些问题都在等待着两三事的回答。

□ 思考题

结合本案例，说明如何确定目标客户群体，进行客户细分。

11.2 速途网络——打造中国领先的新媒体生态运营商

桌面互联网向移动互联网转移已不再是趋势，而是现实。以微信为平台的移动互联网生态，正在催生新媒体和新营销的业态变革。移动新媒体和网络营销正在成为移动互联网的风口之一，为速途网络带来了广阔的发展空间。速途网络成立于2009年，是中国领先的新媒体生态运营商。主营业务包括新媒体产品与服务、内容营销服务、新媒体营销平台业务三大业务板块，具有业内领先的新媒体全生态链服务能力。速途网络成立十几年来一直不断创新，坚持在新媒体运营和内容营销的方向上积累和沉淀。速途网络旗下的微媒体联盟最早开创自媒体联盟模式，目前也是国内最大的自媒体联盟之一，拥有数百个微信公众号，成为国内最具代表性的新媒体领域的风向标之一。

目前，速途网络旗下拥有微媒体联盟、微社群联盟、媒界PRAD等知名新媒体业务品牌。其中，微媒体联盟覆盖互联网、汽车、娱乐、教育、游戏等几十个行业，拥有创意社、互联网新鲜事、每日瑜伽、猫来了等500余个知名微信公众号，每天贡献超过100篇优质原创内容，同时入驻今日头条、百度百家、网易新闻、搜狐新闻等多个移动客户端平台，覆盖移动端用户超过1亿人。

2014年，速途网络获得达晨创投A轮融资1 000万元。2015年6月，速途网络完成B轮融资，由华谊兄弟发起成立的孚惠资本领投，深圳乐速投基金跟投，为近年新媒体领域较大的一笔投资。2016年5月，速途网络挂牌新三板，致力于打造成为我国领先的新媒体生态运营商，这也是业内首次有企业提出“新媒体生态运营商”概念，提供包括内容营销、移动新媒体产品资源、新媒体营销平台等产品和服务。速途网络具备新媒体营销的全产业链综合服务能力，并在各类服务中体现出不同于传统媒体公司的核心竞争力。

11.2.1 创业契机：新媒体是不断变化的

2008年11月29日，首届新媒体节在北京举办，评选出了2008中国新媒体年度大奖和2008新媒体年度十大领军人物。热闹的新媒体节引起了范锋的思考：什么是新媒体？

其实这个问题，范锋在2001年研究生毕业后就已经想过。那个时候，大家认为所有的互联网公司都是新媒体，像新浪、搜狐这种门户网站，即所谓的Web 1.0时代，编辑单向地决定内容的方向，用户当天看到的头条新闻可能与主编当日的个人喜好有关系，主编把什么放到头条，用户就看什么头条。归根结底，其实是商业公司作为主体把以前没有放在网络上的内容或知识搬运到网上，这就是Web 1.0，也是当时范锋理解的新媒体。

但随着博客的推出，这个问题在范锋心里很快有了不同的答案。2002年，博客"教父"方兴东创办了博客中国，范锋渐渐发现，博客这种模式与搜狐和新浪这些门户网站有一个明显的区别，就是用户真正地参与到了内容的创作中。同期，另一个让范锋有了同样感触的是天涯论坛，彼时的天涯论坛已经形成一个充满人文关怀的特色社区。范锋注意到，互联网时代不仅在空间和时间上弥补了传统媒体的不足，同时更能激发人们的表达和内容生产欲望。后来正如范锋所预见的，博客时代已经到来。在博客时代，内容不再由编辑生产，而是由用户去自主地生产，甚至可能整个网页的管理都由相关版主负责，这个版主不是这些网站的员工，就是用户本身。

新媒体从来不是一成不变的概念，新媒体是不断变化的，每一个时代新媒体都被不同的时代风格注释。在Web 1.0时代，新媒体是内容的搬运者，现在用户创作内容的浪潮即将到来，这就是新媒体的下一个浪潮。在这个浪潮下可以做什么呢？这时，一个新的想法在范锋脑海中形成，有没有可能去做这样一个平台，这个平台专门聚焦某一个行业，每天用户看到的内容都是由这个平台的用户自己上传到平台的，即让用户生产内容，组织内容，而非由网站找人。不是用户找信息，而是反过来信息找人，形成方便用户在互联网世界畅游的信息化高速公路。这条信息化高速公路就是速途网络。就这样，范锋心里埋下了创业的种子。

11.2.2 媒体基因：始终把握时代浪潮

速途网络于2009年成立，范锋在早期将其定位成一个专门报道互联网领域的垂直媒体，他看到当时还没有一家专门以互联网行业为报道对象的垂直媒体，决定从这个角度切入，做这个行业第一个吃螃蟹的人。速途网络的早期团队中很多人都是媒体出身，每天可以产生大量优质的原创内容，这随后也吸引了很多互联网原住民的加入。慢慢地，速途网络逐渐形成了有规模的内容生产和发布平台，但随之而来的一个问题是：在当时的情况下，靠做媒体是很难盈利的，这样的模式下，如何盈利？

这个时候，范锋发现很多企业都认同这样一件事情：网上的新闻质量良莠不齐，只有被百度新闻源这样大体量的平台录入的内容，才有价值。这给了范锋一个启示，速途网络不光做内容，还可以帮助这些企业，在大新闻源的媒体上做定向的内容服务和传播，基于互联网的内容做营销，为企业进行内容营销。2010 年，范锋在公司年会上提出了内容营销的概念，速途网络应该发展成基于 PC 端的内容与服务平台。

在 PC 端享受到了内容与服务平台带来的红利，并没有让速途网络止步不前、停止思考。2012 年，微博用户持续增长，微信走上历史舞台，速途网络团队敏锐地意识到，移动互联网时代即将到来。速途网络开始加快向移动互联网布局，微信公众号刚刚推出的时候，很多企业还意识不到微信公众号的价值。速途网络专门成立了一个 50 人的团队，布局这一模块，在这期间注册了 500 多个微信公众号，几乎覆盖了各行各业、生活的方方面面。同时，基于微信公众号落地速途网络次平台的理念，速途网络建立了微信公众号的代运营模式，基于自身成熟的新媒体经验，帮助企业运营微信公众号。

11.2.3 新生态：移动新媒体+内容营销

基于媒体行业的显著变革，广告与内容营销行业开始融合，由企业主、新媒体运营商、新媒体营销服务商、消费者等组成的新媒体生态圈开始出现。同时，由于互联网营销传播途径的改变，企业广告主的需求更加精准，从单纯的广告推送发展至希望与消费者建立强关系，并追求频繁互动，积累粉丝，而此类需求对于内容的要求变得更高。

速途网络致力于打造成为我国领先的新媒体生态运营商，强大的内容营销策划及传播能力是其核心优势之一。速途网络帮助联想控股开通并代运营官方微信公众号——联想控股微空间，创意和编写新媒体栏目及内容，策划“千人提问柳传志”活动，用创新形式解读联想控股及成员企业管理方法论，荣获由中国新闻周刊、财视传媒、新榜联合评选的“2015 企业级自媒体价值榜 TOP 15”荣誉。

就是这样一支充满活力又不失沉稳的生力军，获得了很多大企业的认可。速途网络主要客户包括联想控股、奇虎 360、阅文集团、美团、神州专车、奇酷手机、路路达润滑油、蓝色光标、爱奇艺、腾讯、彩生活、搜狐、用友、京东、红星美凯龙等。

1. 新媒体生态运营商：运营必须够强大

绝大多数传统的广告公司或者公关公司不具备自有渠道，常见的模式是与媒体签订框架协议，提升对于渠道的议价能力，再将这些资源推荐给客户赚取差价。而在移动新媒体时代，单个知名微信公众号的粉丝数量，就相当于一档电视节目的观众数量，或者一家平面媒体的发行量，影响力可想而知。而如果一家新媒体公司运营着数百个微信公众号，其可能爆发的能量则难以估计，这也是新媒体生态运营商与传统服务商之间最大的区别。

速途网络旗下的微媒体联盟为国内目前最大的移动新媒体联盟之一，覆盖互联网、汽车、娱乐、教育、游戏等几十个行业，运营超过 500 个微信公众号，覆盖上亿移动端用户，是国内目前覆盖粉丝最多、行业最广的专业自媒体联盟之一。

速途网络构建了新媒体生态链条中最重要的两大核心资源，即做好内容的人和有足够影响力的渠道。不可忽视的是，由于拥有自主运营新媒体的渠道，速途网络的内容营销业务不再100%依赖第三方媒介渠道，再加上将自有资源销售给传统的广告或公关公司所获得的收入，企业利润率显著提升，这对于一家志在上市的公司而言颇为宝贵。

数据显示，速途网络旗下的微媒体联盟服务超过1 000个企业客户、公关及广告公司等中介渠道。2014年度和2015年度，速途网络分别实现营业收入3 002万元、6 319.7万元，2016年收入达到1亿元，利润超过1 500万元。公司员工超过400人。

速途网络旗下的微社群联盟也颇具规模，该产品以群内互动维护、线上线下联动为形式，以新创意、新玩法、新交互为手段，沉淀了巨大的线上线下精准人脉网，实现有信任、有参与、有互动、有反馈的新推广爆发力，具备最新锐的互动式新媒体运营能力。目前微社群联盟活跃用户超过50万，是我国最大的微社群联盟之一。

2. 平台化：新媒体生态发展的关键

速途网络在平台方面早有布局，速途网络分三期开发了拥有自主知识产权的平台技术，包括微媒体商务服务平台（vmt-mall）、微信技术服务平台（vmt-center，系统功能采用模块化结构），以及PRAD新媒体营销平台，在业内居于领先地位。

值得一提的是，速途网络还具备数据分析及研究能力。速途研究院是速途网络旗下的基础数据研究机构，创立于2012年，对电子商务、网络广告、互联网、移动互联网等众多领域深度研究。

11.2.4 五大驱动力推动速途网络发展

1. 永远年轻："90后"打天下

速途网络所拥有的就是永远年轻的活力部队。公开信息显示，速途网络"90后"员工占比超过90%。年轻人挑大梁是速途网络的一大特点。据说在速途网络，业绩最好的销售团队平均年龄只有26岁，而这个销售团队每年能够贡献超过3 000万元营业收入，这在新媒体行业十分引人侧目。

速途网络核心高管成员均为资深媒体和营销人士，拥有十余年媒体、网络媒体及市场营销从业经验，熟悉网络媒体产品形态、传播规律以及各种技术手段，并拥有深厚的产业背景和媒体圈人脉资源。

2. 敏捷快速迭代

在互联网时代，作为一家既具备媒体基因又拥有互联网基因的互联网公司，速途网络制胜的法宝就是它的敏捷性。在内容营销领域，传统的4A公司因其决策流程较为复杂，往往会陷入效率低、价值低的怪圈，而对速途网络来说，当面对一个项目时，其理念就是MVP（最小化可行产品），砍掉大而杂的部分，用最快的时间、最简单的步骤实现既定的需求，用最小的代价解决问题，快速进入市场，接触客户并获得反馈，通过反馈不断修改迭代开发。

3. 阿米巴模式：自我进化内部创新

在管理模式上，速途网络更习惯将自己定位成类阿米巴模式的以人为概念的公司治理模式，速途网络不把自己标榜成一个特别规模化、标准化的企业。相反，速途网络将所有员工的兴趣作为公司整体管理的基础，新媒体本身的特点就是以人的兴趣为导向。公司的员工喜欢什么，如果在决策上可行，公司就会鼓励他们去做什么，鼓励员工提出有创意的点子。速途网络专门为这样的创新动力提供了强大的制度支撑，使得全公司形成一种自下而上的创新创业文化。

4. 不知疲倦，勤奋和热爱是速途网络的核心信条

和很多互联网公司一样，在速途网络加班也是常态，这群人的勤奋以及对行业的热爱让人印象深刻。以速途研究院为例，自成立以来，速途研究院发布超过 500 份数据报告，产量颇高。而负责新媒体运营的员工则每天都能够为广大粉丝奉献优质的文章。负责内容营销的员工更是只能跟着客户的时间转，比客户上班早，比客户下班晚，随便一个创意需求，就能带领设计伙伴忙到半夜。

速途网络旗下百万粉丝微信公众号“创意社”前主编梁闪闪曾说：“每一个热爱生活的人，都值得被温柔以待。”的确，一群有着大脑洞而且特别勤奋的年轻人，有谁不喜欢呢?

5. 谁说“程序猿”玩不转新媒体? 技术基因深入骨髓

很多人认为媒体和技术并不相干，但速途网络从成立之初就确立了必须有自己的技术团队的想法。早在 2009 年，速途网络所用的内容发布系统就是由自有团队开发的。而时至今日，速途网络不仅分三期开发了拥有自主知识产权的新媒体平台技术，甚至其内部所用的 OA 系统，也都出自公司技术团队之手。据介绍，速途网络自主研发的微媒体商务服务平台可为微信公众号所有者提供商务推广服务，速途网络内部孵化的项目——媒界 PRAD，起初定位于打造新媒体领域的“淘宝”，而后由于业内同质化严重，团队迅速转变思路，转而专注提供新媒体资源检索功能，打造公关人必备的新媒体刊例。此外，速途网络还于 2016 年成立了助力互联公司，主要专注新媒体技术服务，如 H5 制作、微信端开发等。

11.2.5 尾声

作为业内领先的新媒体生态运营商，速途网络 2016—2017 年在新媒体多个细分行业进行了布局，随后成立了 VR 新媒体事业部、速途娱乐事业部、趣玩车新媒体事业部等多个部门，推进垂直领域布局，这些部门有望成为未来公司新的营收增长点。

2016 年，内容付费整体开始崛起，消费升级推动内容付费的趋势，直播、图片、资讯等众多内容付费市场迎来全面的爆发，在众多项目的宣传推广中，速途网络积累了扎实的口碑营销经验。2017 年 3 月，速途网络宣布成立速途影业，依托旗下丰富的新媒体宣发资源及营销策划能力进入影视行业，并全力拓展影视投资、影视制作等业务，致力于打造新媒体影视生态链。

速途网络基于新媒体，不断开疆拓土。但是，新媒体企业如何保持热度吸引粉丝，同时提高用户的活跃度，以及如何变现，仍是需要持续思考的问题。在大数据时代，如何采用人工智能、深度学习、增强学习的方法，充分利用大数据资源帮助企业更好地运营与拓展，仍是速途网络下一步需要考虑的问题。

□ 思考题

速途网络经历了哪些技术驱动的转型？又是如何实现的？

11.3 从电商平台开店到微信自有平台——农副产品 B2C 电子商务在中国的探索

11.3.1 引言

2011 年春天的一个夜晚，张和平怎么也睡不着，他的思绪还停留在白天与一家知名电商的 COO 李明讨论的几个问题上。商业计划书中罗列了不少可选的农副产品，比如山西老家的陈醋、大枣等，虽然李明也比较认可他提出的部分农副产品的盈利能力，但这可能是短期的，未来又会怎么样呢？公司经营需要有稍微长远的打算，在经营的过程中可以逐步调整。此外，张和平在商业计划书中描述的商业模式是一个典型的 B2C 交易平台，所有的农副产品均由公司在全国各地统一采购，明码标价，消费者在这个平台上选购、下单、结算，而物流外包给了第三方。这个模式与现下流行的 B2C 平台如京东、1 号会员店、亚马逊中国、天猫、我买网等并没有明显的区别，而这些 B2C 平台已经经营多年，无论是经营的商品范围还是经营管理的成熟度，都是新上线的 B2C 平台所难以超越的，可能唯一的区别就在于垂直化的整合与专注，即单一经营农副产品，只是这些已经确立市场地位的 B2C 平台的一个业务板块而已。李明告诉张和平，这个项目更严峻的挑战是，大大小小的农副产品电子商务平台已经超过 3 000 家，而中粮的我买网（www.womai.com）是其中的佼佼者。这个项目如何能在竞争激烈的市场中找到立足之地呢？张和平不是随便认输的人，不管怎么说，这两个问题让他意识到，自己做的功课还不够，对于农副产品通过电子商务的形式经营的本质还认识得不够透彻。

11.3.2 贡天下的诞生：以特产贡品贡献天下

张和平 20 世纪 90 年代初毕业于山西大学哲学系，分配在山西省建二公司工作。上班一年后，他发现自己对单位的工作提不起精神，随后决定辞职另谋他途。最初迫于生计售卖冰激凌，然后采纳了朋友的意见决定在冬天给火锅店供应羊肉，多年辗转，1999 年，张和平把目光投向了刚刚兴起的超市。他先后代理了维之王、宁化府等山西本地土特产品，如维之王山楂蜜饯、宁化府老陈醋等。在三年时间内，由于适销对路，他的事业越做越大，曾经一个月净赚 10 万元。

2000 年之后，张和平一直专注于经营本地农副土特产品，虽然每年的营业额和利润都有不同程度的增长，但就像是一头在爬坡的慢牛。他对现状也不太满意。2010 年冬天，一次朋友聚会上，忽然就聊到了网上购物。产品居然也可以放在网上卖！这让平时不太关注电子商务的张和平眼界大开。自此，他有空就上网查看淘宝、京东、当当等网站，看看人家都卖什么商品，自己也经常下单购买一些喜欢的本地土特产品，体验网上购物的流程。他首先想到的就是在淘宝上开个网店，他给自己的网店取名

“贡天下”。贡，兼取贡品和贡献两义：质量上乘谓之贡品，双手捧上谓之贡献。这反映了张和平本人对电商本质纯朴的认知，如果不能为消费者提供上乘的、值得信赖的产品，效率再高、购物流程再方便也无用。

但是，他自己完全没有电商方面的经验。本着边实践边探索的想法，张和平在淘宝上开了一家店。实践下来发现与预期差距比较大，淘宝上卖农副产品的店铺数以万计，单是山西老陈醋就有五六百个商品，同质化现象特别严重，一个月下来也没有多少消费者光顾，销售量少得可怜。同行建议在淘宝上打广告，虽然这是一笔不小的开支，但是为了提高销量、吸引流量，张和平还是花钱打了一段时间的广告，效果当然不错。不过，问题又来了，没有广告的时候，库存卖不动，打了广告以后，货又供应不上，眼看着很多销售机会错失了。看来，淘宝上卖农副产品的效益不像媒体宣传的那样，在淘宝上开店成本也不低。“只见贼吃肉，不见贼挨打”，张和平需要懂行的人来帮自己。此外，在淘宝上打广告，就像上瘾一样，总需要打广告才能提振销售，产生了广告依赖症。参加有些促销式的广告，例如聚划算，短时间内可以大幅提振销售，但是只要不参与，销售就立马下滑，销售量的离散化给采购、库存、订单处理、物流等后台管理带来巨大冲击。

在一次上网时，张和平无意中看到一条消息，将在北京举办一场电子商务方面的业界盛会，他决定去参加。会上，他听到了许多令人耳目一新的电子商务业态和技术应用前沿，午餐的时候一群山西人聚在了一起，张和平认识了一个叫李明的老乡，李明当时在红孩儿（2012 年被苏宁收购）任职，在电商运营方面有非常丰富的经验，同样有非常强的乡土情结，对于农副产品电子商务也非常看好。二人聊起来颇有相见恨晚之意。张和平特别希望能把李明拉来做自己的帮手，可是李明在一家颇有前途的公司任高管，优厚的待遇可能比自己的收入还要高，他会愿意放弃红孩儿来自己即将成立的公司吗？临别时，他们约定下次张和平来北京时进一步探讨。这就回到了开始时，两个人在晚餐时讨论商业计划书的场景。

11.3.3 面临的问题

1. 哪些类型的农副产品适合做电商

在跟李明深谈的过程中，张和平对自己这些年经营本地土特产品的一些经验进行了反思和总结。什么样的农副产品适合做电商？

首先，是消费者认可度高、需求量大且具有特色的土特产品，比如山西的老陈醋、阳澄湖的大闸蟹、五芳斋的粽子等，消费者不太在乎比传统渠道购买贵多少钱，个性非常显著，认知度比较高，这样的产品适合做电商，并且适合做大范围的电商。

其次，是货值比较高的产品、特色显著的农副产品。比如松茸、海鲜、螃蟹，以及进口水果（比如泰国的榴梿）。进口水果一般比较稀有，人们的认知度也比较高，能卖出好价钱。国内产的农副产品，除原产地的人外，一般都对其价格不那么敏感，特别是一些生鲜通过顺丰冷链运输，运输成本会比较高。只有那些货值比较高、特色更显著的农副产品，才会受到消费者的青睐，消费者才愿意通过网上渠道选择这样的农副产品。

李明非常认可张和平总结的第一点，但对于第二点还不是特别认同。李明觉得这几种农副产品尽管货值比较高，可是牵涉的物流成本（如冷链运输）也比较高，这样那些看起来货值高的商品到头来也不一定有很大的利润。

对于经营的农副产品种类，李明提出了另一个看法。随着电商竞争的加剧，以京东为代表的电商树立了当天下单当天抵达的物流标杆，这也把消费者对电商的期望拉升了，往往希望早上买东西，下午就收到，所以出现了一天两配、一天一配的状况。但是对于部分农副产品而言，追求如此快的物流不是十分必要。比如大米、小米、粮油，一定是上午买的下午就要吃吗？不一定，这样就可以用相对比较缓慢的物流公司来运输，下单后一周到达也能被消费者接受。如果今天下单，除了江浙沪本地的物流比较发达且快速以外，跨地区的物流可能就需要五六天才能送到。这样一来，相对缓慢的物流公司的成本就会低得多。现实情况是，农副产品电商运营过程中，大多数的成本不是支付给农副产品提供商，而是支付给物流公司。所以这一类农副产品不一定要追求快。但是对保鲜的产品，比如松茸，保鲜期一旦过了就会腐坏，这一类农副产品就需要支付比较高的物流成本。

2. *农副产品在 B2C 电商怎么卖？天罗地网请君入瓮*

张和平对于怎么卖没有特别好的想法。李明曾经接触过有关农超对接的项目，对于公司和农户签约来年农副产品购销合同的过程比较熟悉。李明觉得，鲜活的农副产品非常适合进行预售。实际上和戴尔的电脑销售是同一个道理，生产的电脑都是有订单的，而不是给库存生产。预售解决了农副产品最大的挑战——保鲜期和保质期的问题，即按照订单来采购，预售多少就采购多少，这样不必考虑供给和需求的波动，就可以把性价比做到最高，产品的品质提升到最高，让消费者的体验达到最优。国外的一些鲜花零售商采取类似的方式，就可以消除鲜花流通过程中的仓储时间，让消费者享受到更长时间开放的鲜花。

李明也很认可张和平在淘宝开店的做法。对于张和平在淘宝开店经营过程中面临的问题，李明提出了一个解决思路。他说，为什么不可以在国内主要的电商平台上开店呢？现在的电商平台大多支持第三方销售，也就是店中店。此外，为什么不可以在淘宝、天猫开多家店铺呢？既然开店铺的成本低，打广告引流量的成本高，多开几家、几十家店铺是不是也可以增加曝光度呢？这是张和平以前没有想到过的。

此后的一个月，张和平和李明进行了多次密集的交流，对农副产品电商的经营范围和商业模式基本上达成了共识。两个月后，张和平创立了山西贡天下电子商务有限公司，把自己原先在网下的业务搬到了网上，张和平出任董事长，李明任总经理。无论消费者在哪里，通过贡天下特产网站都可以集中购买到山西的土特农副产品。后来陆续增加了生鲜馆、云南馆、海南馆、广西馆和东盟馆。当然，他们还实践了李明的想法，用贡天下这个品牌在天猫、淘宝、1 号会员店、京东、当当和维品会等电商平台同时开了 60 家店铺，每个店铺安排 2～3 人来运营。

11.3.4　自动降价拍卖系统

在荷兰式拍卖和动态定价机制的启发下，经过一个月的内部试运行，贡天下推出了令人耳目一新的销售方式——七天拍。通过微信公众号，消费者可参加拍卖，通过微信支付。七天拍这种销售方式在 2014 年下半年刚开始时是面向 PC 端的，也就是说，消费者在电脑上下单完成拍卖和交易。后来，看到微信骤然普及，手机用户微信每天频繁刷屏，许多商家在微信开店，铺天盖地地进行微信营销，陈志扬（2014 年加入贡天下）和团队适时推出了微信版七天拍，消费者通过添加贡天下公众号即可参加七天拍，同时为减少维护成本停止了 PC 版。

为了增进口碑的传播效果，七天拍还增加了一项分享功能，刚开始的规则是只要消费者在自己的好友圈中分享正在拍卖的农副产品，就可以享受到下一个阶梯的价格，后来改成了代言人模式，本质上也是分享给自己的朋友，后者也参加了拍卖，代言人就可以获得一定的奖励（朋友如果是首次参加拍卖则奖励 10 元，否则奖励朋友支付金额的 6%）。虽然这项措施需要花费额外的成本，但是朋友间在微信上口口相传，流量迅速增加，获得了大量消费者的关注和参与。每次拍卖的所有交易中，有 30%～80%的消费者都获得了奖励。此外，为了加强与消费者的沟通和交流，陈志扬团队又增加了消费者吐槽评论的功能。尽管部分消费者对于物流、商品的品质等有一些抱怨，但多数消费者还是对这种售卖农副产品的电子商务方式表示出极大的热情和鼓励。现在，七天拍同时实施代言人模式和分享降价两项分享功能。原来只要一分享，不看效果就可以获得降价；现在作为代言人分享后，其他人只有下单后才会给分享者佣金，必须有效果才会降价。分享降价是指客户分享了就可以享受第二天的价格。

为了增加游戏化的成分，七天拍推出了新人任务，就像游戏一样，新用户会有一个任务，完成以后会给用户一个大礼包。还有一个功能是 1 元分享，即用户购买东西以后可以分享给 20 个朋友，让他们有机会用 1 元钱买到贡天下的产品。另外，贡天下还推出了会员服务，希望进一步增加用户的黏性。

张和平发现，这种拍卖方式可以非常好地与预售方式结合起来。也就是说，拍卖过程仅仅是消费者表达自己的支付意愿并完成支付的过程，拍卖结束之后迅速组织统一发货，对于生鲜如云南的松茸、时令水果等而言，可以大幅减少在途物流的时间，使农副产品到消费者餐桌上的新鲜度得到最大的提升。

还有一些拍卖只针对某一地区，这样就可以一次集中发货到这个地区。贡天下现在正在尝试这种方式，比如一天晚上就有 3 款产品是分区域的。哈密瓜只售给江浙沪，也只有江浙沪微信用户能看到并参加拍卖。新疆有机杏只售给北京，也只有北京的微信用户能看到并参加拍卖。江浙沪的订单从嘉兴发货，用户就在周边，物流成本可以大幅降低；有机杏从新疆先空运到北京，到北京物流集散点后，再二次配送。

现在七天拍在微信上的注册用户已经达到 20 万，最多的一晚订单达到 5 800 份。如果继续包邮，就意味着七天拍每天的物流亏损是 56 万元，因为物流成本是刚性支出，需要支付给快递公司，为了降低成本，七天拍又尝试开始在七天拍和 15 分钟拍不包邮，让用户自己承担运费。

11.3.5 向第三方平台转型

七天拍的人气越来越旺，也吸引了很多农副产品供应商的关注，有些供应商主动找上门，希望能借助七天拍的平台拍卖他们的产品。李明说，2014年底，七天拍中供应商的产品占到50%，2015年初占到70%。现阶段，贡天下给供应商提供的服务都是免费的，但是其他所有的费用包括降至1元钱的风险都由供应商自己承担。

平台模式下，供应商良莠不齐，把控品质的方法一是把控产品本身的品质，二是把控服务的品质。现阶段把控的方法是，收取供应商一定的保证金，虽然不收佣金，但是供应商要交保证金，如果发生质量问题，则由供应商自己来承担。

11.3.6 尾声

张和平感觉比较大的压力还是来自运营的成本，通过各种售卖方式，销售量增加了，销售额也提升了，但是利润微薄。就拿这个令人新奇的七天拍来说，总体来看，各个产品的平均售价略低于市场价格。到头来是否会赔本赚吆喝（虽然亏损，但通过做广告扩大了知名度）？下一步就要在降低运营成本上琢磨出好的办法。此外，七天拍和15分钟拍还可以拍卖哪些产品？如何向用户推荐产品？如何通过产品组合促进用户的交叉购买？这些都是张和平及其运营团队亟须考虑的问题。

□ 思考题

贡天下的七天拍和15分钟拍还可以拍卖哪些产品？如何向用户推荐产品？如何通过产品组合促进用户的交叉购买？

11.4 敦煌网——打造数字贸易生态体系

11.4.1 背景

2002年8月，王树彤不再担任卓越网首席执行官，随即离开卓越网。2004年，王树彤创立敦煌网，提出为成功付费的经营模式，打破了以往电子商务的会员收费制，立志成为我国国际贸易领域电子商务的领航者。

同样做跨境电商，阿里巴巴以大规模交易为主，而王树彤以其领先的全球中小零售商一站式贸易服务平台，做中国制造与全球中小零售商之间最短的直线，以B2B模式为全球中小企业架起了一条网上“丝绸之路”。她将敦煌网在线年交易额做到百亿元级别。

11.4.2 进军B2B

现在B2C电子商务的发展已经趋于成熟，而B2B电子商务由于流程复杂、交易金额大、风险高等原因一直不能快速地发展起来。敦煌网一开始定位为服务企业级用户的B2B领域，与阿里巴巴收取会员费的盈利模式不同，在敦煌网上，买卖双方免费注册、发布产品信息，敦煌网依靠买卖双方交易收取不同比例的服务费。在技术与功能上，敦煌网更像易贝，整合了卖方、买方资源，以第三方身份确定交易规则，提供服务，但不同的是，敦煌网面对的是企业市场。

截至2021年7月，敦煌网已拥有230万以上累计注册供应商，年均上传产品数量超过 2 500 万，累计注册买家超过 3 640 万，覆盖全球 223 个国家及地区，拥有 100 多条物流线路和 10 多个海外仓。2020 年，敦煌网成为美国市场中最大的中国跨境出口小额 B2B 消费品电子商务平台，商品交易总额达到 18.65 亿美元，占据了约 17%的市场份额。

目前来看，敦煌网已经影响局部地区零售业的微生态。敦煌网提供的案例显示，一些原本在美国本土采购的小零售商开始把主要进货渠道转移到敦煌网，许多小店每周都要在敦煌网进货几百到几千美元充实店面。

11.4.3 差异化定位——小 B to 小 B

按照市场交易机制和所有者结构不同，B2B 电子商务市场可以分为买方导向型、卖方导向型和中立市场。目前看来，提供中立交易的由第三方创建的 B2B 公共平台成为 B2B 电子商务市场的主要推动力。第三方 B2B 电子商务的特点是为供需双方提供信息和交易平台，企业自身不参与生产、采购及一些交易过程。

王树彤曾表示，B2C 模式对于贸易落地国家和地区的中小零售业带来的冲击几乎无可避免，因此具有结构性的阻力，而大 B to 大 B 的大宗贸易中，交易双方都相对强势，在实际交易过程中很容易绕开平台直接交易，从而沦为“信息黄页”。因此，敦煌网选取了一条小 B to 小 B 的精准赛道，服务全球中小零售商，从而在可提供服务的内容、深度以及可延展性上比 B2C 模式更有想象空间，同时对供应链的把控能力也比 B2C 模式要求更高。敦煌网认为离散的采购长尾市场对于一站式的在线交易平台是一个机会，因为越小宗的企业间交易越容易事先在线采购。

敦煌网与其他 B2B 平台的不同之处在于：一是传统 B2B 平台展示供求信息，交易在线下完成，且以面向大中型供应商为主，而敦煌网上的供应商以国内的小企业为主，买家是海外中小采购商和个人，整个交易都可以在敦煌网上一站式完成；二是传统的 B2B 电子商务网站普遍向国内的卖家收取会员费，敦煌网则在交易成功的基础上，根据不同行业的特性向海外买家收取不同比例的服务佣金，一般在 7%左右。

11.4.4 打造数字贸易生态体系

经过十几年的打造，整个敦煌网的生态体系包含生态贸易和数字体系，围绕贸易有了自己的物流、在线支付信贷、培训等。敦煌网形成了六大板块构成的生态圈，积累了大量活跃 B 端用户，拥有良好的信用口碑。

1. DHLink

DHLink 海外仓服务是指国内跨境电商卖家根据市场分析进行选品备货，委托 DHLink 将产品从中国出口，通过海、陆、空的运输方式运至国外，完成清关，储存到买家所在国的仓库。境外买家通过网上下单购买所需物品，卖家对海外的仓库下达指令完成订单履行，产品从仓库发出，以最快的速度送至买家手中，进而为卖家节约物流成本，提高物流时效。

2. DHpay

DHpay 是敦煌网旗下独立的第三方在线收款工具，可以为敦煌网 224 个国家和地区 400 万规模的买家提供在线跨境支付服务。DHpay 相比 Stripe、贝宝等支付收款工具拥有以下优势：手续费低；支持多种货币交易；人民币结算、周期短；具有完善的风控管理；业内专利保证高支付成功率。

3. DHport

DHport 是敦煌网旗下的外贸交易服务一体化平台，由敦煌网多年外贸经验积累升级而来，其运营副总裁王添天曾表示，他们的目标是连接暂时没有知名品牌的中国制造商，尤其是那些不懂电商但拥有物美价廉的产品并能够销往全球的制造商。

该平台全面整合了关务系统、国际物流系统、支付服务系统以及金融服务系统等四大功能模块，为外贸企业提供一站式可视化的全流程外贸综合服务。通过整合线上线下资源，DHport 打造了线上化外贸闭环模式。同时，这一模式也帮助专注于传统外贸的中国中小企业通过电子商务走向全球市场，为传统外贸的中小企业拓宽寻求订单的渠道。

4. DHgate Mobile

互联网移动化使得海外采购商更为便捷地处理商务成为可能。由此，DHgate Mobile App 应运而生。

"敦煌网在全球 230 个国家有超过 400 万采购商，并且这个数字不断呈几何级数增长。面对海量的国际买家，我们一直在积极帮助他们寻求更多的、适应采购商当地情况的支付方式。从不久前上线的 Wap 到刚刚上线的 App，都是敦煌网在支付方式方面不断完善的结果。"敦煌网首席执行官王树彤曾这样表示，"DHgate Mobile App 成功上线后，通过 App，广大的国外采购商可以通过智能终端购买中国的商品，随时随地轻轻松松实现外贸交易，满足国际买家多样化的支付需求。"

5. DHtraining

基于对电商运营能力建设的价值理解，敦煌网建立了跨境电商知识库，并启动了一系列全球培训计划，使中小企业获得提升电商业务所需的知识和技能，例如实训类的敦煌动力营、偏在线课程类的敦煌大学、自 2014 年启动的 CBET 项目。

6. DHcredit

敦煌网联合中国建设银行、民生银行、招商银行，陆续推出了基于网络实时交易的在线小额贷款服务及基于整个供应链金融的全套服务。例如，推出的 e 保通降低了传统贷款业务对于小企业的准入门槛，无须实物抵押、第三方担保，只要是在敦煌网诚实经营的卖家，都可以依靠在敦煌网积累的信誉向中国建设银行申请贷款，根据申请人在平台的交易情况和资信记录，通过中国建设银行的线上信贷审核，便可以获取资金。

11.4.5 生态背后的技术驱动

敦煌网的成立以 web 技术为基础，而随着信息技术不断发展和升级，移动互联网、大数据、云计算、人工智能和区块链等使得敦煌网想要构建的数字贸易生态体系成为现实并逐步成熟。

敦煌网从创立之初就十分注重数据的沉淀积累，在十几年的历程中，数据成了企业发展的动力之一。在营销方面，敦煌网搭建了广告自投放平台——杨帆平台，通过该平台不需要烦琐的技术，即可对接海外优质媒体资源，并且能获得全方位的数据报告，量化广告投放效果。杨帆平台以广告资源仓库做技术驱动，通过工具为平台卖家进行程序化的投放和程序化的购买，以数据管理平台做技术推动。在数据管理平台上通过敦煌网一手大数据积累以及第三方数据积累，可以对用户进行精准画像，通过精准的算法投放广告，可以清晰地告诉卖家客户在哪里，需求是什么，以及后续 CRM 和精准画像是什么。

敦煌网十分看好“人工智能+电商”的新模式，认为其必将带来发现未知、扩展已知的全新消费者购物体验。敦煌网推出的 AI 搜索，可以实时在平台上找到 394 个同款商品，这个“相似推荐”功能上线后让平台网站成交金额（gross merchandise volume，GMV）提升了 20%以上。在 2018 APEC 中小企业跨境电商峰会上，敦煌网进一步发布了基于 AI 技术的“智能搭配”功能，即 AI 视觉因子结合敦煌网 14 年数据积累和算法，让图片搜索功能进一步升级，通过识别买家上传的图片情境，为其推荐与其情境相关联的搭配产品，从而有效提升卖家产品的曝光率。此外，敦煌网与码隆科技达成合作，将推出无人货柜视觉识别方案等。“人工智能+电商”将给电商带来发现未知、扩展已知的新购物体验，并带来新流量，并且可以运用反盗版等过滤技术、异常宝贝描述识别、商品数据分析等功能使得运营智能化。

敦煌网所独创的数字贸易智能生态体系（DTIS）的设计逻辑是以服务沉淀数据、以数据建立信用、以信用保障交易、以交易升级服务，在这一闭环中实现信息层面、资金层面、流通层面的循环优化，进化衍生贸易服务新物种，促进外贸整体生态不断进化。

11.4.6 “一带一路”，海外拓展

敦煌网为响应十九大报告提出的“以‘一带一路’建设为重点，拓展对外贸易，培育贸易新业态新模式，推进贸易强国建设，推动形成全面开放新格局”的号召，于 2017 年 10 月正式发布驼铃计划，旨在通过跨境电商会议与培训、产业带集群、O2O 海外营销、供应链金融四个领域赋能传统中小企业，全方位扶助并解决中小企业对接国际市场竞争的痛点、难点问题，从而成功参与“一带一路”倡议，共享“一带一路”红利。

在驼铃计划推出一年后，敦煌网针对当下国内厂商品牌意识淡薄的问题，又推出了民族品牌丝路行项目。该项目的提出是为了进一步赋能中小企业参与“一带一路”倡议，提升中国品牌的国际影响力，帮助国内优质供应商迅速拓展海外市场，打造国际品牌。

敦煌网整个海外拓展有三种模式，第一种是双边数字贸易合作，其中典型的就是中土项目，其是由国家发展和改革委员会和土方共同签署，敦煌网承接的全球第一个双边网上丝绸之路项目。

第二种是合资合股强强联合。例如，敦煌网在印度尼西亚与印度尼西亚三林集团直接成立合资公司，共同开展电商联营的模式。目前，敦煌网打算借助三林集团在印度尼

西亚的 11 000 家便利店资源，打造“新贸易＋新零售”“一网万店”创新模式。

第三种是数字贸易中心（DTC）。敦煌网的 DTC 目前已经经历 1.0 版本和 2.0 版本，由交易展示加简单的仓储功能到当地数字贸易的孵化运营中心，进行了升级。目前，敦煌网的 DTC 已落地 7 个国家。

11.4.7　尾声

敦煌网是国内首个为中小企业提供 B2B 网上交易的平台，多年以来，其解决了诸多跨境电商企业的问题，打造出了数字贸易生态体系。而随着跨境电商呈现出从消费互联网过渡到产业互联网，从交易平台升级为“交易＋服务”平台，从封闭系统演变到开放生态这三大新趋势，敦煌网更是用金融科技、营销和物流的进一步升级来赋能卖家。敦煌网创始人兼首席执行官王树彤在 2019 APEC 中小企业跨境电商峰会上表示，全球化仍是未来。数字贸易将继续推动就业、经济增长和创新合作。敦煌网也将充分利用国际领先的专业平台优势，布局整合多种流量资源，在不断深耕欧美传统优势市场的同时，在包括“一带一路”沿线在内的更广阔新兴市场中取得突破。

在跨境电子商务这一领域中，敦煌网可以说已经是一名经验丰富的老兵，十几年来饱受历练。而在敦煌网不断成长的过程中，阿里速卖通和兰亭集势等平台一直对其虎视眈眈。麦肯锡于 2019 年 3 月发布的 The Future of Shopping：Connected，Virtual and Augmente 研究报告指出，跨境购物的发展速度使得消费者对尝试全新线上渠道越来越渴望，线上渠道代替实体购物成为趋势，这样的趋势必将影响到跨境电商，从而影响到敦煌网。

对于未来的机遇与挑战，敦煌网将是如何应对，让我们拭目以待。

□ 思考题

敦煌网是如何找到自己的市场定位的？又是如何通过新技术的不断创新和产品的不断迭代引领市场的？

11.5　易宝支付案例分析

11.5.1　背景

受益于互联网经济的高速发展，第三方支付业务越来越为大众所认可和接受。第三方支付是具有一定实力和信誉保障能力的独立机构，可以为买方和卖方提供双方交易所需的支持平台。自 2011 年中国人民银行开始颁布支付业务许可证至 2018 年 4 月，共有 271 家机构获得许可成为非银行支付机构，进入支付领域。根据易观 2017 年第四季度中国第三方支付机构综合支付市场交易份额占比统计，支付宝、腾讯金融和银联商务分别以 44.51%，30.36%和 12.12%的市场份额位居前三位。三者市场份额总和达到 86.99%。

面对支付宝和微信支付这种巨无霸的竞争对手，中小型第三方支付企业应如何避免同质化，找到自己的优势形成商业模式？如何培养自己的核心竞争力？成立于 2003

年的易宝支付给出了自己的答案。易宝支付在2005年首创了行业支付，不同于支付宝和微信支付等行业巨头向广度发展，它深耕行业，于纵深处为多个行业提供量身定做的支付方案，如航空旅游、数字娱乐、行政教育等，并在这些领域保持领先地位。同时，易宝支付陆续推出了网上在线支付、POS支付、非银行卡支付、基金易购通和一键支付等创新产品。不断的创新和增值给企业带来了持续发展的动力。

11.5.2 商业模式基石：做行业支付服务

说起电子支付，人们最先想到的就是网购，支付宝背后有淘宝的大量C端用户群体，微信支付背后有7亿的社交用户。唐彬知道，和支付宝、微信拼C端支付，一点机会也没有。但是比网购潜力更大的一个市场，实际上是传统行业电子化，B2B市场远大于B2C市场。传统行业的电子化势必带来其电子支付的电子化、资金流的电子化，这也是为什么易宝支付团队认为，从长远来看，传统行业电子化所带来的支付需求其实要比人们网购大得多，而目前这还是个蓝海。

于是，唐彬决定易宝支付的定位就是B端账户，只做行业支付，深耕行业用户。这种选择是针对当时易宝支付的实际情况做出的，彼时的易宝支付既没有像支付宝背后的淘宝平台做基础，也不像2014年的微信已有足够的用户基础，在C端展开布局不易，因此易宝支付避开了巨头们选择的2C模式，选择了2B模式，面向行业做支付解决方案，从而避免了第三方支付企业中业务同质化严重的现象，在激烈的市场竞争中得以生存并发展。

那么从哪些行业入手呢？在唐彬和团队看来，航空公司与其机票代理机构之间在支付环节就存在很多痛点问题。2003年航空公司用的都是纸质客票，支付方式都是货到付款，有个人跑腿给你，再把现金收上来。而航空公司和各级代理之间如何分账，也是一个难题。还有零售行业，形形色色的传统零售行业电子化同样对支付有非常复杂的需求，很多时候需要的不只是像银联提供的收银机，或者是微信、支付宝提供扫码支付的通道。

除了服务对象，服务内容也需要进行创新。第三方支付最初的需求是因为在虚拟的互联网中买方和卖方之间存在天然的不信任，以及交易的不安全性和不确定性。买方和卖方需要一个双方都能够信任的、安全的交易媒介，在交易过程中暂时保管货款。如果仅仅是选择某个行业作为客户，而不在第三方支付服务内容和方式上进行创新，提高进入门槛，则这样的2B模式也将很快为企业带来恶意竞价等恶劣的市场竞争环境。唐彬和团队看到了如航空旅游业这样的行业整个产业链的各个环节对支付的需求，希望创造一种新的支付模式，即行业支付模式，把产业链的上下游打通，将支付、分账、资金归集管理、营销增值和授信服务等融为一体。这种创新的行业支付模式是易宝支付日后立足市场的重要基石。

11.5.3 服务创新与增值：形成核心竞争力

1. 行业支付解决方案

在向航空公司提供支付服务的过程中，唐彬意识到，航空公司与一级代理之间是企业与企业间的B2B的概念，一级代理与二级代理或者三级代理间是企业对消费者的B2B2C的关系。用户支付机票款项以后，航空公司和各级代理间如何分账，就是一个难题。易宝支付针对航空行业的客户需求设计好一套标准优化的支付流程，大大提高分账的现金流效率。这样一来，易宝支付也不仅仅是在解决支付问题，同时也可以为客户提供账户管理服务，其服务内容不再局限于简单的点对点支付服务，而是基于行业整个交易链条上下游的资金流通和账户管理提供解决方案。

唐彬清晰地认识到易宝支付没有淘宝、腾讯这样强大的用户资源，因此选择了2B模式，面向行业来做支付解决方案。虽然在用户认知度方面会弱一些，但这种模式后劲会更足。经过多年发展，易宝支付也建立了自己的优势。以航空旅游为例，现在全国每10张机票中，就有3张机票是通过易宝支付的。再比如行政教育，目前全国公务员考试70%的网上缴费使用的是易宝支付，游戏行业占有80%～90%，手游则几乎是100%。此外，不少POS服务也使用易宝支付。

唐彬所规划的公司发展轨迹中，易宝支付未来要做的绝不只是一家简单的支付公司，而是一个服务交易平台。而他眼中的后劲，也是指易宝支付要做“支付＋金融”会比支付宝容易一些，因为易宝支付面向整个行业做支付解决方案，掌握整个行业各个链条的交易信息，信息质量比支付宝高，所以控制风险的能力比支付宝更强。因此，在未来的金融领域，易宝支付可能会比支付宝有更大的发展空间。

2. 供应链授信

易宝支付的服务对象有很多中小型代理公司，它们在发展过程中普遍面临向金融机构融资困难的问题。唐彬决定与银行合作，利用银行给易宝支付授信，易宝支付再给行业代理公司授信的供应链授信方式向代理公司提供短期流动融资。在唐彬看来，银行不愿承担直接融资给代理公司的风险，但是他们可以通过交易支付链的流量和数据，了解如何控制风险，来承担资金借出方的角色。为了赢得银行的信任，加深双方的授信合作，易宝支付将资金流进行了闭环处理，也就是说，易宝支付授信给代理公司后，下游的机票款流入之后先按一定逻辑进入易宝支付的账面，以便还清银行的授信额度。这样的资金闭环处理不仅提高了信息的透明度，而且大大降低了拖欠还款的风险，让行业支付的各个节点连成一体，资金通畅，高效便捷。这种供应链授信的创新模式，是易宝支付所提供的行业支付解决方案中重要的一环，也是前所未有的全新服务方式。

3. 布局“支付＋金融＋营销”

易宝支付坚持聚焦关键行业的核心战略，立足支付，深耕行业。核心竞争力包括三个方面：一是做全案的电子支付；二是定位行业支付专家，根据不同行业的需求定制服务；三是增值服务，在整个交易过程中挖掘更多的营销价值。用唐彬的话来说，易宝支付未来要做的不是简单的支付公司，而是一个“支付＋金融＋营销”的交易服务平台。随着跨界支付的发展，金融和营销将成为易宝支付的主攻领域。

支付既具金融属性又有网络属性，发放牌照之前以网络属性为主，发放牌照之后则更凸显其金融属性。相比银行，支付公司的优势在于更灵活、更中立、服务质量更好。在后牌照时代，支付将改变金融，并与营销相互结合。银行的三大基础金融服务是存、贷、汇，而支付结算就是汇。从这个意义上看，互联网支付就是互联网金融。同时，支付还可以推动营销，帮助商家发现更深层次的商机。

在唐彬看来，可以从两个层面来理解互联网金融：一是工具层面，比如电子银行实现了产品销售渠道的电子化；二是平台层面，通过网络整合资源并开放共享，这也是互联网金融的必争之地。作为交易的核心，支付公司的优势在于有大量关于用户和商家的数据储备，可以满足他们的理财和融资需求，并能通过闭环管理好风险。

随着行业的传统客户电子化进程加快，易宝支付还有一项很重要的服务——互联网营销。当一个电子化的传统行业的上下游链条打通之后，易宝支付所收集到的信息将更加真实，平台的资金流量也将更稳定，市场发展就会具有更加广阔的空间，与那些以电子商务为基础的 C2C 支付公司相比，这是易宝支付所形成的一种得天独厚的天然优势。

11.5.4 借力数字行业切入移动支付：迎接新挑战

除了打造“支付＋金融＋营销”的交易服务平台外，易宝支付的另一个战略重点是布局移动支付领域。唐彬认为，要在移动支付领域成功，关键是要形成良性的生态链，打通银行的便捷通道，对应用程序开发者开放手机支付功能，并快速积累一定的下载量和预置手机规模。

到 2013 年下半年，易宝支付每天有上百万笔交易产生，日交易额约为 10 亿元，以每年翻一番的速度增长，但移动端交易额所占的比例还不到 10%。尽管如此，当时唐彬的团队已经预见到，未来两年移动端的规模可以达到 1/3 左右。到 2016 年，易宝支付已经实现全年完成网络支付业务总量数亿笔，总金额逾万亿元，笔数及金额占总量的比重超过 90%。

唐彬认为，在易宝支付涉足的这些行业中，手游行业、票务行业的确是易宝支付推广移动端的重中之重。首先，从用户普及度来看，手游行业在移动支付上表现更突出。这类交易次数多，金额小，没有物流环节，用户更容易接受，所以容易发展起来。其次，从规模来看，移动票务（如机票）行业的支付前景也很大。目前这个行业中，有 30%以上的支付在手机端完成，未来仍然有很大的市场空间。

11.5.5 打造开放的创业创新文化：聚积发展的持续动力

由于看好基于交易和数据的模式创新，唐彬投资了一家名为“五味网络餐厅”的公司。这家公司通过互联网技术，改变用户的用餐体验和内部餐馆的管理，提前预订还能打折，消费过程中有任何问题都可以反馈。为了把支付和网络公益结合起来，唐彬于 2008 年启动了易宝公益圈。由于唐彬的行业模式只针对 B2B 业务，因而普通消费者往往对此知之甚少，但在易宝公益圈的平台上，互联网自下而上的理念和安全便捷、可监督的捐款方式，方能让“人人可慈善”落地生根。迄今为止，已通过 gongyi. yeepay. com 平台为需要帮助的人捐款逾 7 000 万元。

除此之外，易宝支付还初步建立了基于信任和责任的精英文化，唐彬认为如果过于信任和宽容，就有可能被利用。但如果一个企业没有信任的文化，就不可能成为一家伟大的企业，所以在信任的同时要严防底线。唐彬称，信任是团队协作的基础。信任要从管理者开放心态、勇于向团队成员暴露自己的弱点、坦诚自己的不足开始。同时，信任还要求管理者对优秀员工充分授权，但授权不授责。“在易宝支付，员工上下班不需要打卡，全凭自觉。”唐彬说。但是，正是因为对员工的信任，被某些不自觉的人钻空子利用了，这种行为一经发现，第一次予以警告，第二次直接开除，既有信任，又有底线，公司发展得越来越好。

唐彬多次强调易宝支付“一群人的浪漫”的企业精神，这也是易宝支付作为一家融合中西方企业管理方式和文化的互联网企业一直为人称道之处。易宝支付被称为支付行业的黄埔军校，其十几年的发展过程中培养的人才不仅仅将公司打造成为行业一流的参与者，更为中国金融科技的各个领域做出贡献，可谓是撑起了半壁江山。

11.5.6 尾声：未来的挑战

易宝支付在唐彬的带领下已经逐步成为我国行业支付的开创者和领导者，但是想要持久地保持易宝支付在这个领域的领先优势，还面临一系列的挑战。

随着市场的成熟，我国的电子支付对 B 端的市场会越来越重视。因为我国的市场相对不成熟，所以支付公司乃至创业者的注意力还都停留在 C 端，真正成熟的市场对 B 端的价值会越来越认可，比如如何切入传统行业的电子支付市场，集团公司如何实现资金归集，子公司与集团之间怎样结账，以及供应链上下游之间如何分账，企业级客户将会有更多关于支付资金流的具体需求。易宝支付应如何切入这些市场？如何取得这些客户的信任？如何为这些客户创造价值？

未来的支付可能会叠加越来越多的增值服务。在支付的基础上，将会看到更多所谓的“支付+”，因为支付是交易中的最后一公里，所以当支付企业获取更多的交易大数据之后，就可以构建更多的模型来做进一步的增值服务。增值服务主要是两类：一类与营销有关，另一类则与金融有关。和营销有关是因为利用数据分析与挖掘，就可以预测在这笔支付完成之后，用户还可能产生哪些新的交易数据，为商务伙伴提供精确的推广服务，带来更多的营销机会。金融方面也是一样，数据、风险模型可以帮助完善授信、融资等工作，所以未来的支付绝不仅仅是收单这一项工作。易宝支付的支付解决方案未来应如何在这些领域持续发力？

在互联网时代，所有的产业都在互联网化，支付行业也处于线上线下一体化的关键阶段，这意味着支付市场依然存在巨大的机遇。但由于监管规则的相对滞后，企业鱼龙混杂，以及诚信体系不健全等原因，支付行业同样面临一系列风险，如资金跟踪难度加大，使得非法转移资产、洗钱、诈骗等行为都成为不可忽视的隐患。面对这些行业风险和政策风险，如何应对也是易宝支付面临的重要挑战。

□ 思考题

易宝支付是如何制定适合自己的蓝海战略，确定自己的优势，培养核心竞争能力的？

参考文献

[1] Grossman, S. J., Stiglitz, J. E. On the Impossibility of Informationally Efficient Markets. American Economic Review, 1980, 70 (3): 393-408.

[2] Smith, J. M. Evolution and the Theory of Games. Cambridge University Press, 1982.

[3] Watts, D. J., Strogatz, S. H. Collective Dynamics of "Small World" Networks. Nature, 1998, 393: 440-442.

[4] Jayawardhena, C., Foley, P. Overcoming Constraints on Electronic Commerce-Internet Payment Systems. Journal of General Management, 1998, 24 (2): 19-35.

[5] Dahlberg, T., Guo, J., Ondrus, J. A Critical Review of Mobile Payment Research. Electronic Commerce Research and Applications, 2015, 14 (5): 265-284.

[6] 陈禹，王明明．信息经济学教程．2 版．北京：清华大学出版社，2011.

[7] 刘有贵，蒋年云．委托代理理论述评．学术界，2006 (1)：69-78.

[8] 逄健，刘佳．摩尔定律发展述评．科技管理研究，2015 (15)：46-50.

[9] 王晔，张铭洪．网络经济学．2 版．北京：高等教育出版社，2013.

[10] 王卫兵．网红经济的生成逻辑、伦理反思及规范引导．求实，2016 (8)：43-49.

[11] 鲜军．电子商务概论．北京：机械工业出版社，2019.

[12] 许小年．商业的本质和互联网．北京：机械工业出版社，2020.

[13] 张伟年．网络经济与传统经济．经济管理，2004 (15)：38-40.

[14] 赵放．体验经济的本质及其成长性分析．社会科学战线，2010 (3)：24-27.

[15] 刘寅斌，肖智戈，芦萌萌，陆启岫．我国网络游戏开拓海外市场现状及发展对策．商业经济研究，2018 (24)：171-174.

[16] 张晴，于津平．投入数字化与全球价值链高端攀升：来自中国制造业企业的微观

证据．经济评论，2020（6）：72－89.
[17] 孙国强，李腾．数字经济背景下企业网络数字化转型路径研究．科学学与科学技术管理，2021（1）：128－145.
[18] 罗佩华，魏彦珩．电子商务法律法规．3版．北京：清华大学出版社，2019.
[19] 刘志慧．电子商务法律法规．北京：清华大学出版社，2015.
[20] 赖勤，蒋文杰．跨境电商平台商业模式分析：以天猫国际为例．经济研究，34－36.
[21] 崔爱平．国际物流与货运代理运作．上海：复旦大学出版社，2013.
[22] 陈梅君，张亦弛．物流国际化研究．中国流通经济，2002（1）：15－17.
[23] 黄斌，傅龙海．国际贸易概论．北京：对外经济贸易大学出版社，2012.
[24] 胡英帆，刘丽．国际贸易实务．上海：上海财经大学出版社，2018.
[25] 刘东民，宋爽．数字货币、跨境支付与国际货币体系变革．金融论坛，2020（11）：3－10.
[26] 刘文歌，刘丽艳．国际物流与货运代理．北京：清华大学出版社，2012.
[27] 史成东，李辉，郭福利．国际物流学．北京：北京理工大学出版社，2016.
[28] 帅青红．电子支付与结算．大连：东北财经大学出版社，2011.
[29] 张思颖，胡西华．国际物流．武汉：华中科技大学出版社，2015.
[30] 赵元铭，高南虎，边洁英．国际贸易与电子商务战略研究．长春：吉林人民出版社，2017.
[31] 周曙东．电子商务概论．4版．南京：东南大学出版社，2015.
[32] 张劲松．网上电子支付与结算．北京：人民邮电出版社，2011.
[33] 蒋先玲，徐晓兰．第三方支付态势与监管：自互联网金融观察．改革，2014（6）：113－121.
[34] 谢平，邹传伟．互联网金融模式研究．金融研究，2012（12）：11－22.
[35] 李继尊．关于互联网金融的思考．管理世界，2015（7）：1－7，16.
[36] 吴晓求，等．互联网金融：逻辑与结构．北京：中国人民大学出版社，2015.
[37] 赵华伟．互联网金融．北京：清华大学出版社，2017.
[38] 贲圣林，等．互联网金融理论与实务．北京：清华大学出版社，2017.
[39] 庞小凤，马涛．我国互联网信托发展及其业务思考．现代经济探讨，2016（7）：52－55.
[40] 邓倩．新媒体营销研究综述与展望．科学决策，2020（8）：67－88.
[41] 佟晓筠，王翥．电子商务技术与安全．北京：中国铁道出版社，2017.
[42] 佟晓筠．电子商务安全及案例．北京：中国铁道出版社，2010.
[43] 王忠诚．电子商务安全．北京：机械工业出版社，2005.
[44] 张波．电子商务安全．北京：机械工业出版社，2015.
[45] 赵卫东，黄丽华．电子商务模式．系统管理学报，2007（1）：96.

中国人民大学出版社　管理分社

教师教学服务说明

中国人民大学出版社管理分社以出版工商管理和公共管理类精品图书为宗旨。为更好地服务一线教师，我们着力建设了一批数字化、立体化的网络教学资源。教师可以通过以下方式获得免费下载教学资源的权限：

★ 在中国人民大学出版社网站 www.crup.com.cn 进行注册，注册后进入“会员中心”，在左侧点击“我的教师认证”，填写相关信息，提交后等待审核。我们将在一个工作日内为您开通相关资源的下载权限。

★ 如您急需教学资源或需要其他帮助，请加入教师 QQ 群或在工作时间与我们联络。

中国人民大学出版社　管理分社

教师 QQ 群： 648333426（工商管理）　114970332（财会）　648117133（公共管理）
教师群仅限教师加入，入群请备注（学校＋姓名）

联系电话： 010-62515735，62515987，62515782，82501048，62514760

电子邮箱： glcbfs@crup.com.cn

通讯地址： 北京市海淀区中关村大街甲 59 号文化大厦 1501 室（100872）

管理书社　　人大社财会　　公共管理与政治学悦读坊